W0252130

Sergej Lebedew

MENSCHEN IM AUGUST

Roman

Aus dem Russischen
von Franziska Zwerg

S. FISCHER

FSC
www.fsc.org
MIX
Papier aus verantwortungsvollen Quellen
FSC® C083411

Erschienen bei S. FISCHER

Der Originaltitel lautet ›Люди августа‹
© Sergej Lebedew 2015

Für die deutschsprachige Ausgabe:
© S. Fischer Verlag GmbH, Frankfurt am Main 2015

Satz: Dörlemann Satz, Lemförde
Druck und Bindung: CPI books GmbH, Leck
Printed in Germany
ISBN 978-3-10-042511-9

Das Schicksal war uns auf den Fersen –
Ein Wahnsinniger – das Messer in der Hand.

ARSENI TARKOWSKI

Prolog

Oh, Buch der Zwietracht, Handschrift des Unglücks! Es wurde weiß Gott in guter Absicht, für ein hohes Ziel geschrieben: um die brüchigen Lebenslinien der Nachkommen zu richten, sie vom fatalen Familienerbe zu befreien und zu schützen vor den Fallen des Lebens, die in der Vergangenheit wurzeln.

Und um die Zukunft günstig zu stimmen, blieb ein Mensch von den Schilderungen ausgeschlossen und wurde nicht auf die Arche des Manuskripts gelassen; er blieb draußen, im Dunkeln – wie man denen Einlass verwehrt, die sich beschmutzt haben und andere beschmutzen können. Aber diese scheinbar richtige Entscheidung ließ das alte Fatum in einem neuen Samenkorn aufkeimen. Durch sie wurde das Buch zum Beginn eines teuflischen Spiels, das sich über Generationen und Epochen hinzog.

Aber ganz am Anfang dieses Wegs, im Herbst 1991, war das Buch ein großartiges Geschenk, eine ersehnte Begegnung; es schien genau zum richtigen Zeitpunkt aufzutauchen, ein Buch als Künder großer und kleiner Veränderungen, die sich im Land und mit den Menschen vollzogen.

Was waren das für Monate! Auf der Lubjanka, wo im August der Eiserne Feliks dumpf auf dem Asphalt aufschlug, herrschte das Gefühl vor, dass hier und jetzt ein neues Land entstand. Wir waren bereits ein Teil von ihm und mussten nur noch einige Anstrengungen aufbringen, um uns von unserem traurigen und düsteren Erbe zu lösen. Mit der Wahrheit über die Vergangenheit würden wir deren Fehler nicht wiederholen, und die Geschichte ginge einen neuen Weg.

Zum unauffälligen Helden dieser Zeit wurde für mich der Bergsteiger, der zum Denkmal für Feliks Dzierżyński hinaufstieg, um ihm ein Seil vom Arm des Krans umzuwerfen. Er kletterte hinauf, warf es, stieg hinunter – und war weg, verschwunden in der Menge, unerkennbar; einer von Hunderten, Tausenden und Abertausenden junger Menschen, der »Menschen im August«, wie ich uns damals nannte.

Das bronzene Götzenbild war gestürzt, die verlogene Vergangenheit verworfen. Und die wahre Vergangenheit lag in diesem Buch, einem Manuskript in braunem Leineneinband, dessen Heftrücken mit einem rauen, gewachsten Faden genäht war. Einem unerwarteten, unvermuteten Manuskript, das mir meine Großmutter Tanja in den letzten Augusttagen gab.

Als Kind wusste ich als Einziger in der Familie, dass sie einen Text schrieb, und ich ahnte, dass es ihre Memoiren waren. Aber so ging es Jahr um Jahr, manchmal konnte ich monatelang nicht beobachten, dass sie sich an den Tisch setzte und das Heft aufschlug. Ich hatte mich bereits an die Endlosigkeit ihrer Niederschrift gewöhnt und meinte, es sei ein innerer Dialog, der nicht für einen außenstehenden Leser bestimmt war. Dann, Ende der achtziger Jahre, erkrankte meine Großmutter, die Beschwerden wechselten einander ab, und für einige Jahre war das Heft mit ihrer Handschrift irgendwohin verschwunden. Verschwunden war es damit auch aus meinen Gedanken, ich vergaß es mit der leichtfertigen Eile eines Heranwachsenden, der die Tage verschlingt. An das Manuskript zu denken hätte bedeutet, eine trügerische und eigentlich unbegründete Hoffnung am Leben zu halten.

Eine Hoffnung? Ja.

Wenn ich darüber nachdachte, fühlte ich, dass das Heft meiner Großmutter in dem Leben, das ich lebte, etwas geradezu Verbotenes und Undenkbares darstellte. Ich verfügte nicht über geniale Geistesschärfe, empfand aber trotzdem – wie man eine Gefühlslage, eine Gestimmtheit empfindet –, dass ich mich auf dem unergründlichen Terrain des Verschweigens bewegte.

Bei einem Kind gibt es die ursprüngliche Gewissheit, dass Erwachsene gleichwie ein anständiges Leben führen. Ja, sie erzählen dem Kind nicht viel, denn dafür ist es »noch zu klein«, und zu den Geheimnissen der Erwachsenen vorzudringen gehört zu den aufregendsten Beschäftigungen in der Kindheit. Aber wie kann ein Kind ahnen, dass es eine Menge von Dingen gibt, die generell aus dem Bereich des Aussprechbaren entfernt wurden, dass es eine Sprache gibt, in der geschwiegen wird?

Ohne die Zusammenhänge zu sehen, fallen einem Kind nur Merkwürdigkeiten auf, unvermittelte Pausen in einem Gespräch, und es fühlt, wie seine Nächsten auf einmal zu Fremden werden, die irgendetwas streng zu bewachen scheinen. In den dreißiger und vierziger Jahren sorgte ein Maulkorb für das Schweigen; Anfang der achtziger Jahre war der Maulkorb weg, doch man war an ihn gewöhnt, er war bereits mit der Persönlichkeit verwachsen und scheinbar genuiner Teil des Menschen. So wird Schweigen zur *Schweigsamkeit*, wird eine Erscheinung zur Eigenschaft, und nie würde man diese vermeintliche Eigenschaft mit den wahren, aber unbekannten Gründen ihrer Entstehung in Verbindung bringen.

Großmutter Tanja war sozusagen eine Adeptin dieser Schweigensreligion. Anderen Menschen waren zumindest ein Rest des Unausgesprochenen und die Last des Ungesagten anzumerken, die ihnen auf der Seele lagen; bei Tischgesprächen brachen Wörter aus ihnen heraus, die unverständlich waren und sich vor sich selbst zu fürchten schienen. Großmutter Tanja hatte diesen Fluss der Wörter in sich abgeschnitten wie ein Mönch im höchsten Grad der Entsagung; ihr Schweigen war ein innerliches.

Meine Eltern hatten eine eigene, absolut überzeugende Erklärung dafür, warum Großmutter Tanja sich nicht gern an die Vergangenheit erinnerte oder von ihr sprach; diese Erklärung bestand aus zwei Teilen.

Erstens hatte sie als Redakteurin bei »Politisdat« gearbeitet, einem Parteiverlag für politische Literatur. Und auch wenn ihr Lektorat rein technischer und nicht ideologischer Natur gewesen war, gingen meine Eltern davon aus (was wahrscheinlich teilweise zutraf), dass Großmutter Tanja an die strenge Disziplin in den Abteilungen, Fluren und Zimmern von »Politisdat« gewöhnt war, wo man die offizielle Vergangenheit gewissermaßen *produzierte* – also niederschrieb, leicht retuschierte und für gültig erklärte. Zweitens gab es ein Familiengeheimnis, das so kunstvoll präsentiert wurde, dass es nicht wie ein Geheimnis wirkte. Mein im Krieg geborener Vater war ohne Vater aufgewachsen; er hatte ihn nicht gekannt, so wenig wie ich meinen Großvater. Über ihn wurde nie gesprochen, es fehlte an jeglichen Beweisen seiner Existenz; selbst der Vatersname meines Vaters –

Michajlowitsch – schien willkürlich gewählt und hatte hinsichtlich einer Verwandtschaftslinie nichts zu bedeuten. Anstelle des Menschen war wie bei einem amputierten Bein eine auffällige, selbstredende Leere geblieben, die keine Fragen aufwerfen konnte; als komme es eben vor, dass Kinder aus dem Nichts geboren werden, durch die Umstände, ohne Beteiligung eines Mannes.

Parallel dazu und in absolutem Gegensatz zu dieser Leere existierte eine Legende, eine Geschichte, die sich Großmutter Tanja wahrscheinlich für meinen noch nicht erwachsenen Vater ausgedacht hatte. Nach dieser Legende war Großvater Michail Funker gewesen, hatte meine Großmutter noch vor dem Krieg auf einer Sportlerparade kennengelernt, sie hatten sich ineinander verliebt und wollten heiraten, aber dann begann der Krieg, und Großvater Michail geriet mit einer Gruppe von Kundschaftern weit hinter die deutsche Front, fast nach Deutschland selbst. Vielleicht war er dort gefallen, vielleicht lebte er auch noch, vielleicht war er immer noch in Deutschland hinter dem »Eisernen Vorhang« und sandte geheime Depeschen. Meine Großmutter hatte diese Figur für ihren Sohn geschaffen, dessen Altersgenossen auf ihre heldenhaften Väter, ob tot oder lebendig, stolz waren. Sie hatte ihn eingeladen zu einem Spiel der Phantasie, und er hatte dieses Spiel selbstverständlich angenommen.

Von da an führte dieses Phantom in unserer Familie ein Eigenleben; alle wussten zwar, dass es sich bei dieser Legende um eine Lüge handelte, weil es aber eine wohlmeinende Lüge war, nahm man sie durch die ständigen Wiederholungen und aus Gewohnheit an, als sei es die Wahrheit.

Auch ich glaubte bis ins Jugendalter an diese Legende; ich weiß nicht einmal mehr, wer sie mir erzählte. Mit elf oder zwölf Jahren wurde mir klar, dass die Geschichte vom Spionage-Funker ein gutgemeinter Betrug war. Aber erstaunlicherweise zerstörte meine Entdeckung die Legende nicht; es füllte immerhin die Leere aus und bot einen gewissen Hinweis auf die reale Existenz meines Großvaters. Ich war fasziniert, wie langsam und konsequent sich eine Schwindelei mit der Realität verwob, die dann für meine Kinder, sollten sie geboren werden, zu einer wahrheitsgetreuen Überlieferung werden würde.

Meine Eltern schienen zu meinen, hinter dem Schweigen meiner Großmutter über Großvater Michail verberge sich eine persönliche Tragödie; er sei nicht einfach nur an die Front gegangen, gefallen oder vermisst; nein, wahrscheinlich hatte er sie und das Kind sitzenlassen, war zu einer anderen Frau gegangen, hatte sich als ehrlos erwiesen; vielleicht hatte der Krieg seine Feigheit offenbart, er war vom Schlachtfeld geflohen, verurteilt und erschossen worden.

Bemerkenswerterweise äußerte nie jemand die Vermutung, Großvater Michail könne Kriegsgefangener oder Wlassow-Anhänger[1] gewesen sein, könne nach der Gefangenschaft in ein sibirisches Lager verbannt oder wegen Kritik an der Sowjetordnung verhaftet worden sein, wie zum Beispiel der Artillerie-Hauptmann Solschenizyn. Das wäre ein Historiendrama mit politischem Beigeschmack gewesen, und im Fall meiner Großmutter sah man in erster Linie eine private, man konnte sogar sagen – weibliche Tragödie (oder wollte sie sehen?); eine schöne, achtbare Frau war in vielerlei Hinsicht an *den Falschen* geraten.

1 Die Anmerkungen stehen am Ende des Bandes ab Seite 359. Im Text sind die Stellen mit * gekennzeichnet.

Ein solcher Standpunkt lieferte unter anderem eine hervorragende Begründung, warum man Großmutter Tanja nicht nach Großvater Michail fragen sollte; als *private* Tragödie gehörte er ihr allein, es war eine Geschichte der verletzten Gefühle. Niemand fragte sie also, und mir kam es so vor, als ob diese Konstellation allen gelegen kam, schließlich fürchteten meine Eltern unterschwellig, das von Großmutter gehütete Geheimnis sei in Wirklichkeit gar nicht so privat; überhaupt gab es in der Vergangenheit so einiges, vor dem uns Großmutters Schweigen bewahrte.

An der Wand von Großmutters Zimmer hing eine Vielzahl alter Fotografien – mein Urgroßvater, meine Urgroßmutter, die Geschwister meiner Großmutter, nahe und entfernte Verwandte; sie nahmen gleichsam ständig am Familienleben teil, beobachteten zum Beispiel meine kindlichen Späße auf Großmutters Sofa, sahen, wie ich Spielkarten vertauschte, wenn ich beim »Durak« schummelte, oder wie ich einen Trupp von Spielzeugsoldaten abkommandierte, der die deutschen Positionen hinter dem Hügel des Kopfkissens stürmen sollte.

Aber meine Großmutter erzählte mir nichts über sie. Deswegen war deren Anwesenheit nur imaginär. Die Fotografien, die so ausdrucksstark, so echt waren, versperrten und versiegelten in Wirklichkeit den Zugang zur Vergangenheit, als seien sie namenlose Schutzgeister über unserem Heim.

Im August 1991 meinte ich, Großmutters Manuskript stoße diese Tür zur Vergangenheit auf. Sie ließ das Heft einfach bei mir auf dem Tisch liegen, ohne ein Wort, ohne eine Notiz, wie etwas Selbstredendes, das der Gang der Ereignisse hervorgebracht hatte – gestern noch undenkbar, heute unvermeidlich. Dreihundert Seiten, beschrieben mit verschiedenen Stiften, verschiedenen Tinten, Seiten, die bereits angegilbt waren – die Niederschrift wurde vor sehr langer Zeit begonnen.

Noch nicht wissend, worüber Großmutter Tanja eigentlich geschrieben hatte, war ich schon sicher, das Dunkel der Vergangenheit würde verschwinden, sobald ich ihre Erinnerungen gelesen hätte. Ich würde alle und alles erkennen, würde neu geboren und ginge in ein neues Leben, das Buch selbst führe mich dorthin.

Auch ohne eine Erklärung meiner Großmutter wusste ich, dass das Buch mir gehört, für mich bestimmt war, und ich meinen Eltern wohl nicht davon erzählen sollte. Meine Großmutter hatte diese Botschaft nur mir zugedacht, die anderen hielt sie nicht für fähig, sich zu wandeln, deswegen hatte sie auch alles geheim gehalten. So gewaltig war das Gefühl des Besitzens, das Gefühl des *Vollzugs*, dass ich die Lektüre des Manuskripts von Tag zu Tag verschob und diese Zeit, ähnlich dem Vorgefühl der Liebe, auskostete; wahrscheinlich war das der erste Fehler in einer langen, langen Kette.

Eines Abends ging ich mit dem Manuskript auf den Balkon und dachte, ich würde an diesem Tag mit dem Lesen beginnen; dazu brauchte ich Wind, Blätterrascheln, Dämmerung, erste Sterne – als Vorspiel zur Lektüre. Ich bemerkte nicht, hörte nicht, wie mein Vater nach Hause kam, zu mir ins Zimmer trat und mich mit dem Manuskript in der Hand antraf.

Selbstverständlich fehlte es mir an Gleichmut oder Verschlagenheit zu sagen, es sei ein Schulheft. Auch wenn er sich nichts anmerken ließ, war mein Vater äußerst erstaunt und beleidigt – warum hatte Großmutter ihre Memoiren mir und nicht ihm, ihrem Sohn gegeben?

Er fragte mich, ob ich zu lesen begonnen hätte, und ich, ein ehrlicher Dummkopf, fühlte mich auf einmal unbegründet schuldig vor ihm und gestand – nein, ich habe noch nicht begonnen. Mein Vater bat, das Manuskript »anschauen« zu dürfen – und so gab ich es ihm und wusste in dem Moment, dass ich es ganz weggegeben hatte, dass mein Vater es lesen und nicht eher zurückgeben würde, bis er fertig war. Ich gebe zu, mir tat mein Vater leid, ich wollte nicht, dass es zwischen ihm und Großmutter zum Streit käme; zum Streit oder zur Entfremdung; und dafür opferte ich mein Recht der ersten Lektüre, auch wenn ich mir der Größe dieses Opfers bewusst war.

Man hätte meinen können, es machte keinen Unterschied, wer das Manuskript las und wann, warte einen Monat oder so lange, wie dein Vater braucht, und du bekommst das Manuskript zurück, was ändert dieser Monat, was ändert sich dadurch, dass du die Zeilen nicht als Erster, sondern als Zweiter siehst?

Und dennoch tat es mir leid, dass mein Vater die Handschrift abgefangen hatte, er schien nicht zu verstehen, wie wichtig sie für mich war, und dachte, ich sei nur von flüchtiger Neugier getrieben. Ich wiederum hatte nun keine Möglichkeit mehr, ihm meine Empfindungen zu erklären. Ich fühlte ein Dilemma, eine Irritation und bedauerte, dass ich nicht gefasst, schlau, listig gewesen war – konnte jedoch nichts rückgängig machen.

Mein Vater war nie ein schneller Leser gewesen, selbst wenn in einem Buch eine langweilige Passage auftauchte, die man hätte überspringen können, las er sie anscheinend mit doppelter Aufmerksamkeit, um seine Willenskraft und Ausdauer zu trainieren. Natürlich hatte ich erwartet, dass er diesmal den Text verschlingen würde, in einem Tag, in zweien, in einem Zug. Aber als wolle er meine Geduld prüfen, las er, umgeben von Enzyklopädien und Nachschlagewerken, nur etwa drei, vier Seiten am Tag. Dabei machte er sich umfangreiche Notizen, zeichnete irgendwelche Graphiken, Schemata und skizzierte einen Stammbaum.

Manches Mal wollte mein Vater mit Großmutter Tanja sprechen, etwas klären, sie nach Details fragen – denn schließlich, so meinte er, habe sie einiges ausgelassen.

Aber scheinbar hatte Großmutter Tanja tatsächlich alles aufgeschrieben; der Prozess des Schreibens war für sie eine Gedächtnisstütze gewesen. Und nach Beendigung der Niederschrift schien das Papier mehr zu wissen, als Großmutter erinnern konnte. Sie wurde krank und schwach, stand nur mit Mühe aus dem Bett auf, klagte über Kopfschmerzen; in kürzester Zeit, in buchstäblich zwei, drei Wochen vergaß sie alles, worüber sie geschrieben hatte, schien nicht einmal mehr von der Existenz eigener Memoiren zu wissen, auch wenn sie sich an zeitnahe Dinge und Ereignisse im häuslichen Kreis genau, wenn auch ein wenig tastend, erinnerte.

Ihre Existenz war wie in zwei Teile zerfallen, ein Mensch war zum Anhängsel eines Stapels beschriebener Blätter geworden. Auf der Waage des Daseins wogen Tinte und Papier schwerer als ein Menschenleib. Erstaunt schaute sie auf das Heft, das mein Vater ihr zeigte, und lächelte verlegen – als wisse sie selbst nicht, woher das alles kam, wie es entstanden war.

Meine Eltern holten Ärzte, diese verschrieben Tabletten, sprachen von den Hirngefäßen, nickten verständnisvoll – was soll man da machen, das Alter ... Bei mir verstärkte sich das Gefühl, meine Großmutter habe der Krankheit selbst den Weg geebnet, sich aus dem Leben zurückgezogen. Etwas ging mit ihr vor, das nichts mit einer Erkrankung zu tun hatte.

Ich verbrachte deutlich mehr Zeit zu Hause als meine Eltern, mir oblag die Fürsorgepflicht für Großmutter Tanja. Abends und morgens, wenn wir zu viert in der Wohnung waren, benahm sich meine Großmutter wie immer, so wie früher, wie in der gesamten Zeit, in der ich sie kannte. Aber wenn meine Eltern das Haus verließen und meine Großmutter mich zeitweise aus ihrem Blickfeld verlor, vergaß sie, missachtete sie, dass noch jemand in der Wohnung war, und es zeigte sich eine andere, mir unbekannte Großmutter Tanja.

Sie hatte sich schon immer durch die außerordentliche Genauigkeit einer Redakteurin ausgezeichnet; ich konnte mich nicht erinnern, dass sie früher etwas zerbrochen, verstreut, vergossen oder umgeworfen hätte, dass ihr der Brei angebrannt oder die Milch übergelaufen wären und den Herd verschmutzten, oder dass sie sich mit einer Nadel in den Finger gestochen hätte. Und nun schienen die Elemente und Dinge geradezu den Aufstand zu proben, und es verging kein Tag ohne eine kleine Katastrophe. In meiner Großmutter hauste jetzt ein kleiner Dämon der Zerstörung, der die Kräfte des Chaos zum Leben erweckte; und ich war wie ein Wächter, der mit ihm rang.

Ein Dämon, ein kleiner Dämon nutzte die Schwäche meiner Großmutter und ihre Vergesslichkeit meisterlich aus; es schien, als habe er sich das Ziel gesetzt, die Wohnung vollständig zu vernichten. Großmutter schaltete wer weiß wozu das Gas ein, und ich lüftete danach die Küche; sie legte die Zeitung viel zu nah an den brennenden Herdring, schaltete das Heizgerät an, ohne zu merken, dass der Vorhang die glühenden Spiralen berührte; Brand, Überschwemmung, Diebe – wie oft schloss Großmutter die Wohnungstür auf und ließ sie angelehnt offen stehen –, alle denkbaren Unglücksfälle suchten beharrlich einen Weg in unser Haus.

Und dann wurde mir klar, dass sie etwas vernichten wollte; sie ging durch die Zimmer und befragte die Dinge, die etwas vor ihr verbargen. Als ich eines Tages vom Einkaufen zurückkam, traf ich sie weinend an – über einer Schüssel, die voller Papierasche war; sie hatte etwas verbrannt und offenbar erst dann begriffen, dass es das Falsche war.

Das Manuskript – suchte sie nach dem Manuskript, um es zu verbrennen? Hatte sie es sich anders überlegt? Wollte sie ihre Erinnerungen zurückhaben? Aber das Manuskript lag bei meinem Vater auf dem Tisch, meine Großmutter war unzählige Male daran vorbeigegangen. Wusste sie nicht mehr, wie das Heft aussah? Hatte sie vergessen, was sie vernichten wollte, und versuchte deswegen, das Unglück ins Haus zu locken, damit es alles auf einmal verschlang? Was war dort Besonderes, was sie aufgeschrieben hatte, warum war sie so unruhig und aufgewühlt, wenn sie mir selbst das Manuskript zum Lesen überlassen hatte? Hing es irgendwie damit zusammen, dass mein Vater es las und nicht ich? Wusste meine Großmutter davon?

Wie oft wollte ich, wenn mein Vater bei der Arbeit war, das Manuskript aufschlagen; aber mein Vater hatte eine Eigenheit – er war überakkurat und hätte auf jeden Fall gemerkt, dass jemand das Heft angerührt hatte; bereits als Kind wusste ich, dass ich durchaus in den Schrank meiner Mutter und meiner Großmutter kriechen konnte, aber hätte ich das Territorium meines Vaters betreten und zum Beispiel den Stangenzirkel aus dem Reißzeug genommen, um damit ein hochaufgeschossenes Metallmännchen zu konstruieren, wäre ich ganz sicher ertappt worden, egal wie millimetergenau ich danach alles an seinen Platz zurückgelegt hätte. Außerdem fand ich, das Manuskript könne man nicht auf zwei verteilen, es wie ein gewöhnliches Buch behandeln, das einfach und zugänglich ist – schlag auf und lies.

Mein Vater las indes die Memoiren meiner Großmutter, ohne etwas von ihrer Unruhe zu wissen – meinem Gefühl folgend, dass es besser so sei, erzählte ich ihm nichts, und zum Abend hin beruhigte sich Großmutter und war wie immer. Er meinte, ihr sei eines Tages bewusst geworden, dass sie nicht mehr lang zu leben hatte, und habe beschlossen, vor ihrem Ende all das zu erzählen, was sie wusste und gesehen hatte; als Einzige, die von der älteren Generation der einst vielzähligen Familie übriggeblieben war, erfüllte sie ihre Pflicht gegenüber Vorfahren und Nachkommen.

Mein Vater war völlig überwältigt von dem sich offenbarenden Ausmaß der Vergangenheit; als eigentlich zurückhaltender Mensch ohne Neigung zu Affekten, erzählte er immer wieder einige Episoden: Wer hätte das gedacht, unser entferntester Vorfahre war ein tatarischer Mirza, der nach der Schlacht auf dem Kulikowo Pole* in den russischen Militärdienst ging … Stellt euch vor, die Kinder ließen sich auf der Schleppe eines Abendkleides über das Parkett ihrer Villa ziehen … Sie rutschten von einem Lazarettzelt, als sei es eine Schlitterbahn … Und Großmutter hat also noch Tuchatschewski** zu Gesicht bekommen …

Er zitierte aus dem Manuskript, wenn Freunde meiner Eltern zu Besuch kamen, und diese Zitate wurden von Mund zu Mund weitergegeben – mit Staunen, mit Begeisterung. Tag für Tag, Woche für Woche hörte ich diese fragmentarischen Sätze, und in mir wuchs ein dunkler Zweifel, ein Argwohn, der mich selbst erstaunte.

Warum verwandelte sich Großmutter Tanja tagsüber in ein irrlichterndes Gespenst? Wegen Tuchatschewski? Wegen der Schleppe? Wegen des Lazarettzelts? Nein, das konnte es nicht sein.

Nach ungefähr zwei Monaten übergab mir mein Vater feierlich, viel zu feierlich, endlich das Manuskript. Offensichtlich fühlte er sich schuldig, dass er es abgefangen hatte, und wollte sich mit dieser Feierlichkeit entschuldigen. Aber vor allem waren wir jetzt nicht mehr nur Vater und Sohn, sondern Urenkel, Ururenkel und Nachkommen jener, die bereits im Schatten der Jahrhunderte standen und nur noch in unserem Familiennamen weiterlebten.

Wie mir erst viel später klarwurde, hatte meine Großmutter etwas in dieses Buch gelegt, das sich nur dem ersten Leser offenbaren sollte. Und dieser mir zugedachte Zauber der ersten Lektüre war nun meinem Vater zugefallen – wie ein irrtümlich abgeschossener Pfeil des Amors einen zufälligen Vorübergehenden in einen hoffnungslos leidenden Verliebten verwandelt.

Selbst als zweiter Leser und im Wissen, in welcher Aufregung meine Großmutter lebte, war ich dem Text geradezu verfallen. Er lebte und atmete, er sang seine Melodie wie eine edle Spieluhr. Aufgestoßen wurden die Fenster zu den Jahrhunderten, im Hintergrund zeichneten sich die Figuren großer Persönlichkeiten ab; Schiffe liefen aus Häfen aus, Blut floss, Menschen wechselten Länder und Staatszugehörigkeiten. Ich ließ mich ein, versenkte mich in den Text, flog durch die Epochen, die Mauern der Finsternis traten beiseite, und immer mehr dehnte sich die Dimension des Lichts aus, sah ich das historische *Terrain*, auf dem meine entfernten Vorfahren agiert hatten.

Und wenn ich aufgehört und den Text kein zweites Mal gelesen hätte, wäre es bei dem herrlichen Gefühl der sich öffnenden Grenzen geblieben. Aber ich las ihn wieder und wieder – ein zweites, drittes, viertes, fünftes Mal; mich befremdete von Anfang an eine selbstverständliche und deswegen schwer fassbare Eigentümlichkeit.

Die Memoiren bestanden aus zwei Teilen.

Der erste Teil umfasste das achtzehnte und neunzehnte Jahrhundert, die Familienlegenden; meine Großmutter hatte sie so aufgeschrieben, wie sie sie als Kind von den Älteren gehört hatte: Die Kinder wurden hinter Wandschirmen zu Bett gebracht, aber sie stellten sich nur schlafend, während die Erwachsenen sich Geschichten über die Vorfahren erzählten, ihre Begegnungen, ihre Verliebtheiten, ihren Tod und das Getrenntsein. Eine Familie zu sein bedeutet genau das – nachts in einem großen Zimmer an einem Tisch zu sitzen und diese Geschichten zu hören.

Eine Haltestation irgendwo bei Kaluga im Winter, zwei Züge, die in den Schneewehen stecken geblieben sind, mein Ururgroßvater begegnet meiner Ururgroßmutter … Ihre Ehe gegen den Willen der Verwandten, meine Ururgroßmutter eine Kleinbürgerin aus einer armen Familie, mein Ururgroßvater Oberst mit Aussichten auf den Generalsrang, Erbe eines Landguts, Liebling der altadligen Verwandtschaft, die im Spiel der Eitelkeiten ihre Hoffnungen auf ihn setzt. Ihre Heirat, das Eheleben, der Erwerb eines kleinen Guts bei Serpuchow, die Geburt dreier Kinder, der Tod meines Ururgroßvaters im Kaukasus. Mein Urgroßvater, ein Militärarzt im Russisch-Japanischen Krieg, trifft danach genauso zufällig wie sein Vater seine künftige Frau in einer abgelegenen Kleinstadt an der Transsibirischen Eisenbahn, wo sein Lazarettzug stationiert ist. Wieder eine Heirat ohne Zustimmung der Verwandten, wieder Kinder, dann der Beginn des Ersten Weltkriegs …

Oh, wie gut, wie rührend und zuckersüß glänzend diese Geschichten waren, echte Geschichten aus dem neunzehnten Jahrhundert. Für einen Menschen am Ende des zwanzigsten Jahrhunderts ein paradiesischer Zustand, zu dessen historischer Unberührtheit es kein Zurück gab. Ich konnte mich nicht mit ihnen in Verbindung bringen, mit den gebildeten Aristokraten, die sich ihres Adelstitels schämten, mit jenen, für die die Belagerung von Sewastopol im Krimkrieg oder die Schlacht von Schipka* Ende der siebziger Jahre der Höhepunkt von Schrecken und Leid gewesen waren.

Im zweiten Teil schrieb meine Großmutter darüber, was sie selbst gesehen und erlebt hatte: der Erste Weltkrieg, der Bürgerkrieg, die zwanziger, dreißiger Jahre, der Große Vaterländische Krieg, die Wanderjahre mit dem Lazarett ihres Vaters hinter den Fronten der russischen Armeen in Galizien und der Ukraine; 1917 – die Krankheit ihres Vaters, die Rückkehr auf das Gut, Einsiedlertum; 1918 – mein Urgroßvater tritt in die Rote Armee ein; wieder unterwegs mit dem Lazarett, diesmal im Hinterland der Roten Fronten und Kampfgruppen; die große Zersplitterung, Feindschaft unter Brüdern, ein Teil der Verwandten emigriert, der jüngere Bruder meines Urgroßvaters, ein Offizier, dient in der Armee von Koltschak**, dann ist er verschollen; der ältere Bruder, ein Geistlicher, verlässt mit Wrangels*** Truppen die Krim, oder er wird von den Roten erschossen, als diese die Halbinsel einnehmen. Die Unbestimmtheit, ob die Brüder umgekommen sind – beide allererste Feinde der Sowjetmacht, *Pope und Zarenoffizier* – oder ob sie überlebt haben, im Ausland sind, oder sich unter falschem Namen irgendwo auf sowjetischem Boden verstecken, gab dem familiären Gram über die Verluste lange Jahre einen bittermandelnen Beigeschmack; in gewissem Sinne wäre es für die in der Sowjetunion Gebliebenen besser gewesen, wären beide Brüder unter Zeugen umgekommen.

Die späten zwanziger Jahre – meine Großmutter studiert, Geschwister, Vetter und Kusinen ersten und zweiten Grades heiraten, damit beginnt der Zerfall der alten Familie: Zwei Drittel der neuen Verbindungen wären zehn Jahre zuvor undenkbar gewesen. Meine Großmutter – allein. Lernte sie niemanden kennen? Blieb ihre Liebe unerwidert?

Die dreißiger Jahre – nicht mehr als zehn Seiten für ein ganzes Jahrzehnt, und selbst diese wurden scheinbar unter innerem Zwang geschrieben; Anekdoten von der Arbeit in der Druckerei, Alltagsgeschichten, großartige Vorhaben – die ganze Familie tritt einer Wohnungsbaukooperative bei. 1938 stirbt meine Urgroßmutter, und sieben von zehn Seiten sind ihrer Beerdigung gewidmet.

Der Krieg – meine Großmutter ist bereits schwanger, wobei das Kind völlig unvermittelt im Text auftaucht und gleichzeitig so beiläufig, als habe es meine Großmutter schon zehn Jahre in unverändert embryonalem Zustand in sich getragen, sei mit ihm verwachsen und habe sich an ihn gewöhnt – und nun zeigt sie es den Lesern, und es beginnt sich zu entwickeln und zu wachsen, wie es sich für ein Kind gehört.

Die Niederkunft im August; der Herbst, die Deutschen

stehen vor Moskau; Panik, Plündereien, Flucht nach Osten; Gegenoffensive der sowjetischen Truppen, der Dezemberangriff bei Finsternis, Frost und Schnee; der erste Tote – ein Vetter meiner Großmutter fällt im Nahkampf in einem Schützengraben. In den ersten fünf Kriegsmonaten wurde niemand aus der Familie verletzt – und nun der Tod, als ginge er ein Klassenbuch von A bis Z durch und sei bei unserem Familiennamen angekommen; kein Aufschub mehr.

All jene Menschen, die auf den Seiten ihrer Erinnerungen Ende der zwanziger, Anfang der dreißiger Jahre aufgetaucht waren, kamen jetzt wieder vor – zum letzten Mal. Meine Großmutter schaffte es gerade noch festzuhalten, wer wann starb und unter welchen Umständen, falls sie ihr bekannt waren. Wer im Hinterland geblieben war, fand sich auf einmal an vorderster Front wieder: Ein Vetter meiner Großmutter, ein Akademiemitglied, hatte vielen Verwandten Arbeit in Leningrad beschafft. Er selbst wurde als unersetzlicher Experte ausgeflogen, die anderen blieben im Einschluss der Blockade, deren Ende keiner von ihnen erlebte.

Aber derartige Einzelheiten erfuhr ich erst aus den Notizen meines Vaters – er hatte einiges bei Verwandten nachgefragt und Dokumente miteinander verglichen. Meine Großmutter hatte das alles scheinbar widerwillig geschrieben; dieser Teil der Erinnerungen war so etwas wie eine erzwungene Zugabe zum ersten Teil.

Ich war ein wenig enttäuscht. Ich hatte ein gewaltiges Orgelgewitter erwartet. Aber diese unerfüllte Erwartung half mir schließlich zu ergründen, in welcher Weise die Erinnerungen geschrieben waren, welche Subtexte sie bargen.

Ursprünglich hatte ich – fälschlicherweise – angenommen, meine Großmutter habe die Vergangenheit in dem gesamten, ihr zugänglichen Umfang beschrieben, die Arbeit sei bereits geleistet, und ich brauche mir das neue Wissen nur anzueignen. Strenggenommen hatte ich meine eigene Intention auf meine Großmutter übertragen – die Wahrheit vollständig offenzulegen. Sie aber konnte dergleichen nicht erfüllen oder, was wahrscheinlicher war, sie hatte es überhaupt nicht gewollt. Deswegen war folglich weniger der Inhalt ihrer Memoiren von Bedeutung, sondern meine eigene Lektüreerfahrung – das Lesen zwischen den Zeilen, durch den Text hindurch, der die Echtheit eines Dokuments vorgaukelte. Das war das eigentlich Interessante und Aufregende, eine echte historische Detektivarbeit, und nicht die Details aus dem Familienleben Anfang des 20. Jahrhunderts.

Das Erste, was mich erstaunte – meine Großmutter maß alle ihre Betrachtungen an der Familie und nicht am einzelnen Menschen; oder sie maß sie am Menschen als Teil der Familie, als ihr *Organ* oder *Funktion*. Das verlieh dem Erzählten ein besonderes Erscheinungsbild: Im Grunde fehlte es an eigenständig handelnden Personen.

Dieser Eindruck verstärkte sich durch eine weitere Besonderheit. Meine Großmutter schrieb so, als hätten die Menschen unter den historischen Umständen nie irgendwelche Entscheidungen getroffen. Sie verliebten sich, hielten – überaus dramatisch – um jemandes Hand an, taten sich zusammen, brachten Kinder zur Welt, zerstritten sich mit Verwandten. Doch sobald der Text an eine Stelle kam, die eine zutiefst persönliche Entscheidung erwarten ließ, tauchten völlig gängige Phrasen auf wie: »Und dann wurde Vater eingezogen, und er begann, in der Roten Armee zu dienen.«

Mein Urgroßvater, ein adliger Zarenoffizier und vermutlich überzeugter Anhänger der Konstitutionell-Demokratischen Partei – wurde er etwa einfach so »eingezogen, und er begann, in der Roten Armee zu dienen«? Das hatte so nicht sein können, war aber die vom Text geschaffene Realität; in dieser Realität waren die Menschen allein der Macht der Umstände unterworfen.

Ja, und die Autorin selbst befand sich bemerkenswerterweise in derselben Lage wie ihre Protagonisten. Meine Großmutter schrieb höchst emotional und dabei doch unpersönlich; die Emotionalität war künstlerisch, tauchte in Naturbeschreibungen von, sagen wir, blauem Rittersporn in der sommerlichen Flussniederung der Oka, in den Wortkörpern selbst auf; aber gleichzeitig schien der Text wie von einem erfahrenen Bürokraten geschrieben, der bewandert war in der Zusammenstellung von Dokumenten: nirgends die eigene Meinung zum Ausdruck zu bringen oder eine Bewertung abzugeben.

Man bemerkte es kaum: Es gab so viele Details und Ereignisse, die Aufmerksamkeit war ständig beansprucht ... Ich konnte diese Empfindung erst beim dritten oder vierten Lesen in Worte fassen. Wie viele Kränkungen, wie viele Ungerechtigkeiten hatte es gegeben, die Gefallenen des Bürgerkriegs, die Gefallenen des Vaterländischen Kriegs, die Kusinen, die in der Leningrader Blockade an Hunger gestorben waren ... und nichts. Keine Reaktion, kein Aufschrei, kein Aufstöhnen, kein Klageruf nach Rache oder Vergeltung; als sei die Empfindung von Kränkung und Schmerz nur unnötige Kraftverschwendung. Und überhaupt, wenn man von der Familie absah – wie viele waren vernichtet, aus dem Leben gestrichen worden, wie viel Blut wurde vergossen, wie viele Gemeinheiten und Abscheulichkeiten waren begangen worden – und sie schwieg.

Meine Großmutter *fehlte* in diesem Text, sie war Archivarin des Familienerbes, eine gutmütige Erzählerin, aber einen lebendigen Menschen gab es nicht. Versteckt war er, umhüllt von Dunkelheit.

Zunächst erklärte ich mir das alles damit, dass meine Großmutter eingeschränkt gewesen war. Sie wollte, aber konnte nicht die Grenzen ihrer Erfahrungen überwinden, die Angewohnheit ablegen, eigene, tatsächliche Gedanken zu verbergen.

Die nächste Vermutung war anderer Natur. Es kam mir so vor, dass meine Großmutter ein lehrreiches, aufklärerisches Projekt im Sinn gehabt hatte; sie wollte sozusagen eine positive »Reinschrift« unserer Familiengeschichte schaffen, die nicht der Wahrheitsfindung dienen sollte, sondern ein erzieherisch-pädagogisches Ziel verfolgte. Meine Großmutter mochte dieses Wort sehr – »Reinschrift«. Beim Redigieren hatte sie immer die sauberen Druckseiten, die keine Anmerkungen oder Korrekturen mehr enthielten, auf einen Stapel gelegt und sogleich die bekritzelten Seiten, die Kladde, zusammengelegt und weggeworfen, damit sie nicht eine Minute neben der *Reinschrift* auf einem Tisch lagen.

Als Buchhalterin des Lebens, der Geschichte und der Bräuche, dachte ich, hatte Großmutter Tanja Soll und Haben verbucht, und dabei war ein riesiges, ungeheuerliches »Minus« herausgekommen. Zum Zwecke einer positiven Lektion musste die Bilanz jedoch ein kleines, erbärmliches, aber immerhin vorhandenes Guthaben aufweisen (auch das eine Lektion – es ist des Guten immer zu wenig). Sie hatte eine Art Apostelbrief, eine aufmunternde »Botschaft der Hoffnung«, eine Predigt über das 20. Jahrhundert schreiben wollen; und deswegen war sie als erzbefangene Zeugin zu einer »ehrlichen Fälschung« bereit gewesen, etwas derartig Paradoxes gibt es bei den biblischen Theologen.

Ich fühlte, dass ich richtiglag – aber keineswegs in allem; ich machte mir darüber Gedanken, warum Großmutter sich hinter der Familiengeschichte verborgen hatte, um nicht ihre eigene erzählen zu müssen; das Material hatte sich als äußerst geeignet erwiesen – diese Vielzahl an Linien, Handlungssträngen, Geheimnissen, Begegnungen, Spielarten des Schicksals.

Großartige Illusion, großartige Irreführung des Textes! Scheinbar ist so viel aufgeschrieben, so viel enthüllt worden, aber in Wirklichkeit sieht man Rahmen und Begrenzungen, denn man wird nie erfahren, worüber *nicht* geschrieben wurde. Nur an den Mängeln der Komposition, an den »Durchhängern« im Plot, an den Brüchen in der Dramaturgie lässt sich etwas erkennen, sind Unstimmigkeiten spürbar. Man meint, der Text sei dafür gedacht, etwas offenzulegen, aber seine Bestimmung ist, dass diese Offenlegung durch etwas anderes ersetzt wird, was man an dessen statt erzählt; großartige Selektivität, großartiges Diktum; ich bekam sehr viel – und stand mit leeren Händen da.

Das Bild war fertiggemalt, der Lehm gehärtet, der Meißel beiseitegelegt; die Arbeit des Schöpfers beendet. Und man konnte sich nicht mehr hineinzwängen, keinen Subtext hervorzerren, zum Verborgenen durchdringen; diese Abgeschlossenheit war fatal und ausweglos, sie unterjochte den Lesenden.

Mich versetzte die Schönheit ihres Vorgehens sogar in Erstaunen: etwas zu verbergen durch eine Überfülle vorgeführter Erinnerungen.

Und wie die schreckliche Entdeckung eines Paranoikers, die sich als richtig erweist, hatte ich auf einmal das Gefühl, all diese Erinnerungen, alle dreihundert Seiten sollten nur Rückendeckung geben; sie hatten eine strenge innere Korrektur durchlaufen, in die Großmutter all ihr Können gelegt hatte, ein inhaltliches und kompositorisches Lektorat; dieser Text hatte eine sehr eigentümliche, für einen Außenstehenden schwer erkennbare Aufgabe.

Es war nämlich so, dass Großmutter Tanja in ihren Memoiren Großvater Michail überhaupt nicht erwähnte, nicht einmal die Legende über den Funker aufgriff. Mein Vater schien das überhaupt nicht bemerkt oder erwartet zu haben. Anfangs maß auch ich dem keine Bedeutung bei, aber dann machte mich diese Zensur meiner Großmutter stutzig. Es schien mir fatal, dass meine Großmutter damit unwillkürlich zu den staatlichen Fälschern und Retuschierern gehörte, die Porträts aus Bildbänden und Artikel aus Enzyklopädien wegradiert hatten.

In ihren Memoiren war sie Enkelin, Tochter, Schwester, Kusine, aber nicht Ehefrau, Freundin oder Mutter. Dadurch konnte sie den Textfluss (bewusst, unbewusst?) sehr leicht dorthin lenken, wo sie ihn brauchte.

Großvater Michail hätte in diesem Manuskript zumindest nach dem Prinzip der Neugier gegenüber Koinzidenzen und frühen Anzeichen des Schicksals seinen Platz haben müssen: Immerhin hatte er damals schon gelebt, studiert, gearbeitet. Ein einfacher Satz hätte genügt: Und zu diesem Zeitpunkt hat Michail … Aber es gab ihn nicht, diesen Satz.

War es eine Geste des Nicht-Verzeihens? Der Unversöhnlichkeit? Des Hasses? Warum hatte sie nicht einfach schreiben können: Er war ein charakterloser Mensch, wenn es sich tatsächlich nur um ein privates Unglück handelte? Schleierhaft war das …

Ich stellte mir vor, dass Großvater Michail in unserer großen Familie ein Fremder gewesen sein könnte. Er war aus dem Dunkeln der Geschichte aufgetaucht, wohin kein Licht des dokumentarischen Erinnerns fällt. Vielleicht wollte er in einen neuen Kreis eintreten, Teil von etwas Größerem werden. Aber dieses Größere hatte ihn abgestoßen und, als letzte Geste – ausradiert, *getötet* …

Ich suchte nach Spuren herausgeschnittener Seiten im Manuskript – vielleicht hatte Großmutter doch über ihn geschrieben und sie danach entfernt? Nein, alle Seiten waren da. Aber ich fühlte, ich wusste einfach, dass es einen Text über Großvater Michail gab, ein Kapitel, das ihm gewidmet war, ich konnte mir sogar ungefähr vorstellen, wo es sich befunden haben könnte; aber meine Großmutter hatte diesen Text, der in ihrem Kopf existierte, nicht niedergeschrieben: Ihre Entscheidung. Und dieser ungeschriebene Text schwebte noch wie die Seele eines Getöteten über dem Manuskript.

Nun ja, dachte ich, das alles entsprach einem materialistischen Bewusstsein – ein Geheimnis mit sich nehmen zu können. In gewissem Sinne war es die Umschreibung des Stalin'schen »Der Sohn ist für den Vater nicht verantwortlich«. Welch unerwarteten Reim sich das Leben doch machen konnte. Was war der Zweck? Damit man nicht weitersuchte? Warum suchte man nicht? Weil man sich schämte? Oder weil es in der Vergangenheit ein Geheimnis gab, das selbst Jahrzehnte später gefährlich war? Oder war es sowohl das eine als auch das andere? Waren die Memoiren etwa so etwas wie der Sarkophag über Block 4 des Kernkraftwerks Tschernobyl?

Diese Fragen wollte ich mir gar nicht stellen – ich liebte meine Großmutter. Und dennoch gab mir der Gedanke keine Ruhe, wie viele solcher *Strafzonen* des Schweigens, wie viele Bruchstellen es sonst noch im Text gab. Denn Großvater Michails Abwesenheit war nur deswegen offensichtlich, weil jedem Menschen ein Vater gebührt; und wie viel war noch verschwiegen worden?

Großmutter Tanja hatte mich unabsichtlich auf Großvater Michail fokussiert. Ich wusste, dass die Situation aussichtslos war, dass es keine weiteren Auskünfte geben würde, es sei denn natürlich, Großmutter käme wieder zu sich und entschlösse sich zu reden; eigentlich war es Zeitverschwendung, an Großvater Michail, an das Geheimnis seines Lebens und Verschwindens zu denken.

Aber gleichzeitig ahnte ich, dass allein die Lektüre des Manuskripts etwas in der Vergangenheit aufgerührt und schlafende Kräfte geweckt hatte. Ich wollte nicht an Großvater Michail denken – und tat es doch, als würde ich immer tiefer in einen Trichter rutschen. Eine geheime Verbundenheit, eine Gestalt, die in jeder Generation schicksalhaft wiederkehrte – etwas verband mich mit ihm und zog mich an.

TEIL I

1

NUR EIN FRAGMENT, eine Episode in diesem Buch war anders geschrieben als der übrige Text. Hier war Großmutter Tanja keine Familienchronistin und moralisierte nicht, sondern wurde emotional und schien sogar mit dem Kugelschreiber stärker aufgedrückt zu haben.

Manchmal kam es mir so vor, als habe sich meine Großmutter beim Verfassen dieses Fragments gezügelt und zur Rückkehr zur Normalität des übrigen Schreibens gezwungen, habe den Text »entfiebert«. Absichtlich hatte sie ihre Emphase durch Auslassungspunkte gebremst, phonetisch missratene Konstruktionen übereinandergetürmt, Barrikaden aus drei, vier aufeinanderfolgenden Konsonanten errichtet. Hatte sie sich in oberflächlichen Vergleichen verfangen, versuchte sie, auf den Pfad der Sinnsprüche zurückzukehren, übersprang eine Tatsache oder einen Gedanken und versuchte, sich mit einer flüchtigen Bemerkung aus der Affäre zu ziehen. Aber – und das war ein phantastisches Schauspiel – der Text hatte sie immer wieder gezwungen, einen Gedanken zu Ende zu führen.

Ein Fragment betraf zwei miteinander verknüpfte Ängste, die meine Großmutter ein Leben lang verfolgten, ihre Persönlichkeit in einen Zustand der Furchtsamkeit versetzt und gehalten hatten. Sie gründeten in ihren Mädchenjahren, kehrten danach aber nicht als eingebildete Gespenster vergangener Jahre wieder, sondern wurden jedes Mal real, wählten neue Masken und führten dasselbe Drama in anderer Inszenierung und mit neuen Protagonisten auf. Meine Großmutter brachte große Anstrengungen auf, nährte sie mit sich selbst und opferte sich, damit aus den Ängsten kein wirkliches Unheil wurde.

Das Jahr 1921, eine kleine Kreisstadt im Gouvernement Tambow, der Höhepunkt von Antonows Bauernaufstand*. Städte, Siedlungen und Eisenbahnschienen gehörten den Roten, und die gesamte Umgebung, besonders Wälder und abgelegene Dörfer – den »Grünen«**. Mein Urgroßvater Nikolaj, der Vater von Großmutter Tanja, arbeitete dort als Arzt in einem Lazarett und diente nebenamtlich in der »Gubkomdesertir«, der Gouvernementskommission zum Kampf gegen die Fahnenflucht, wo er jene untersuchte, die sich krank stellten. Meine achtzehnjährige Großmutter arbeitete in der Lazarettverwaltung. Manchmal vertrat sie Sanitäterinnen – es fehlte an medizinischem Personal, und sie, die Tochter eines Arztes, war erfahrener und geschickter als viele andere.

Ein junger Soldat nach dem anderen zog an ihr vorüber – aus irgendeinem Grund kämpften dort gegen die Rebellen nur Rekruten, die gerade das Einberufungsalter erreicht hatten, während die Mehrheit der erfahrenen Veteranen des Ersten Weltkriegs auf der Seite der »Grünen« stand. Selten wurde jemand mit Schrot verletzt und noch seltener mit Kugeln aus einem Gewehr, an echten Waffen fehlte es sowohl den einen als auch den anderen, und den Ausgang eines Gefechts konnte allein das Vorhandensein eines Maschinengewehrs entscheiden.

Es war das vierte Jahr des Bürgerkriegs, und jegliche Grausamkeit hatte längst den Sinn von Grausamkeit verloren, alles hatte es schon gegeben – mit Putzstöcken zu Tode Geprügelte, von Pferden Auseinandergerissene, in Heizkesseln und Öfen Verbrannte, bei lebendigem Leib Gehäutete. Aber auch im fünften Jahr fanden die Menschen noch die Kraft, anderen die Genitalien abzutrennen, ihnen mit Bajonetten die Augen auszustechen und mit Messern Sterne und Kreuze in den Rücken zu schneiden; als foltere man keine Fremden, sondern Menschen vom eigenen Blut – weswegen man dreimal so grausam vorging, weil man zuerst alles Brüderliche in sich töten musste und erst dann den anderen umbringen konnte.

In das Lazarett wurden Schwerstverletzte eingeliefert, Verstümmelte mit ausgerissenen Zungen, mit Brandwunden von glühenden Hufeisen an den Füßen, mit Verletzungen durch Messer, Äxte, Sägen, Keulen. Sie waren auf Eggen gesetzt, von Pferden zertrampelt, von Sensen zerfetzt, mit Dreschflegeln verprügelt worden – als hätte das gesamte Dorf der Roten Armee den Krieg erklärt, als wären die bäuerlichen Gerätschaften selbst gegen die Soldaten losgegangen.

Verstört von Karbol, Äther, Jod, Wundbrand, Eiter, Exkrementen, die bei Operationen hervortraten, sah meine Großmutter nur eine Seite des Zusammenstoßes: die entstellten Rotarmisten. Die Ablieferungspflicht, die Eintreibungstruppen, die den Bauern das Korn wegnahmen, der Hunger in den Dörfern – all die Gründe für den Aufstand und die Sicht der Aufständischen blieben ihr verborgen. Antonows Rebellen waren für Großmutter Tanja einfach nur Raubmörder aus dem »finsteren Dorf« der klassischen russischen Literatur. Die jungen Soldaten der Roten Armee hingegen, ihre Altersgenossen, waren gewissermaßen die *neuen Menschen*; und diese neuen Menschen wurden nun von den alten, den früheren Menschen erstochen, niedergesäbelt und aufgeschlitzt, wobei man ihr *rotes Inneres* freilegte, sie mit Feuer und Wasser folterte; und meine Großmutter litt für die Getöteten mit ganzer Seele, als würde man in ihrer Person die Zukunft töten.

Die Gouvernementskommission zum Kampf gegen die Fahnenflucht sammelte inzwischen jene, die einer Einberufung entgehen wollten – es waren einige Hunderte. Man konnte sie ihren Militärdienst nicht in der Kleinstadt leisten lassen, sie wären nach Hause gelaufen, mancher auch direkt zu den Antonow-Leuten. Man musste sie wegbringen aus den aufständischen Gebieten, dorthin, wo sie keine Verwandten hatten, wo niemand ihnen Obdach gewähren oder sie verstecken würde, um sie dort zu drillen und Soldaten aus ihnen zu machen. Mit großer Mühe fand die Kommission Waggons und eine Lokomotive, bekam Kohle zugeteilt und setzte den Abreisetag fest; mein Urgroßvater Nikolaj sollte den Transport begleiten. Er wollte die jungen Männer wohl retten, sie vor einer Beteiligung an einem hoffnungslosen Aufstand bewahren, und verpflichtete daher sogar jene zum Militärdienst, die wegen ihres Gesundheitszustands oder Alters untauglich waren – nur um sie in eine ungefährliche Gegend schicken zu können.

Die meisten Rekruten waren Einheimische, aber es befanden sich auch etwa zwei Dutzend unter ihnen, die sich hierher verirrt hatten – manche aus dem Kaukasus, andere von der Wolga.

Viele Rekruten versuchten, sich krank zu stellen, in der

Stadt tauchte eine Gruppe von Tataren auf, ehemalige Pferdezüchter, die den Eingezogenen falsche Geschwüre aufmalten und – gegen Bezahlung! – den Auswurf von Tuberkulosekranken besorgten; die Ärztekommission tagte oft, und meine Großmutter (es gab nur wenige Schriftkundige) wurde zur Schriftführerin der Kommission ernannt.

Sie sah demnach alle diese Rekruten ohne Unterwäsche, sah die mageren Körper der Jungen, jeden kannte sie dem Namen und den Merkmalen seines Körpers nach, einer hatte eine Narbe, der andere ein Muttermal; alle zogen an ihr vorüber, und Mitleid, großes Mitleid wuchs in ihr; die hervortretenden Rippen, die eingefallenen Bäuche, die spitzen Schlüsselbeine, die dünnen Arme und Schultern – all das konnte vom Schlag eines Säbels in erfahrener Hand durchkreuzt werden, derart zerhackt, dass das Leben augenblicklich entwich, noch bevor Blut hervorschießen konnte.

Nur ein junger Mann, der zwei Jahre älter als seine Kameraden war, sagte von sich aus, er wolle dienen. Er kam von irgendwo aus dem Kaukasus, sein Vater entstammte einem Bergvolk, seine Mutter war Kosakin, ein Halbblut also, sowohl in den Aulen als auch in den Kosakensiedlungen ein Fremder; irgendwo hatte er auch schon in einer roten Einheit gekämpft.

Anders als die anderen war er unbefangen und verabredete sich mit meiner Großmutter für den Vorabend der Abreise des Transports. Sie spazierten durch die kleine Stadt, wo man auf den künftigen Rotarmisten leicht aus einem abgesägten Gewehrlauf hätte schießen können. Und mit draufgängerischem Hochmut erzählte er von seinem Dienst in einer Einheit, die keinem Befehl unterstellt und unabhängig gewesen war, auch wenn man sie zu den Roten gezählt hatte; entweder war sie von jemandem aus den Eintreibungstruppen aufgestellt worden, oder es war ein Agent der WeTscheKa* gewesen, oder gar ein selbsternannter roter Kommissar, ein Autokrat zweier oder dreier kleiner Städte – derartige Regenten waren in jenen Jahren keine Seltenheit. Er erzählte, wie ein Aufruf an die Freiwilligen ergangen war – die Weißen besaßen eine Ikone, die sie verehrten und die angeblich die *Sache der Weißen* schützte und Wunder vollbrachte, den Glauben der Weißgardisten stärkte. Diese Ikone sollte zerstört werden, und niemand wollte es tun, aber er schlich sich nachts allein an, erstach den Wachposten, nahm die Ikone von der Wand der entlegenen Einsiedelei und versenkte sie im Sumpf. Wie viel davon geprahlt und wie viel echt war, konnte man nicht wissen, aber offensichtlich traf einiges zu, denn Großmutter Tanja hatte immer ein feines Gespür für Lügen gehabt; und sie dachte auch nicht an Gotteslästerung – eine Ikone zu versenken –, eher hatte sie, ein Mädchen aus einer bibelkundigen, die Glaubensrituale pflegenden Familie mit vielen Geistlichen, nun endlich einen wirklich *neuen* Menschen getroffen.

Während ihres Spaziergangs wedelten sie mit Räucherfunzeln, kleinen Blechdosen an einer Schnur, die aussahen wie Weihrauchfässchen, in denen beißender Torf glomm – in jenem Sommer gab es in der nahe gelegenen Flussniederung sehr viele Mücken und Fliegen. Man sagte, sie kämen vom Leichengift, von der Zersetzung der Körper, die man im Winter ins Eis gelassen hatte.

Nur eines wollte sie von ihm wissen – warum er zur Armee wollte, wenn er schon in einem Freiwilligenkorps gedient hatte; und er erklärte ihr mit unerwarteter Ernsthaftigkeit, er wolle einen anderen Lebensweg einschlagen, nicht mehr zum Bergvolk oder zu den Kosaken gehören, sondern dorthin gehen, wo es weder Gebirgler noch Kosaken gab.

Die Rote Armee war für ihn wahrscheinlich eine Art neuer Tempel, deswegen konnte er so skrupellos mit der Ikone des vormaligen Heiligtums umgehen; vermutlich war er ehrgeizig und witterte eine Chance, in die Heeresleitung aufzusteigen, aber das war es nicht allein; in der Anrede »Genosse«, in der roten Farbe der Banner sah er das Bild eines neuen Lebens als solches, das hell und gerecht war und ihm zu einer angemessenen Stellung verhelfen würde. Offenbar war es diese Sehnsucht, die Großmutter Tanja bemerkte und die sie schätzte; sie versprach ihm zu schreiben – wohin, wie, an welche Adresse, welche Postwege sollte es in diesem zerstörten Land geben? – oder ihn noch einmal zu treffen, auch wenn sie wusste, dass sie sich nie wiedersehen würden.

Am Morgen des festgelegten Tages ging mein Urgroßvater Nikolaj zum Bahnhof, bald darauf pfiff dort die Lokomotive, dieser Laut war selten, Züge fuhren kaum, und alle wussten, dass die Güterwaggons mit den Rekruten abfuhren. Gegen Abend stürmte eine Frau ins Lazarett und schrie: Schnell, schnell, alle auf den Feuerwehrhof, schnell, nehmt Verbandszeug mit, schnell!

Während alle dorthin liefen, schrie diese Frau, im Laufen keuchend, der Zug sei von Antonow-Leuten angehalten und alle Waggons aufgebrochen worden – die roten Kommandeure hatten den Rekruten nicht getraut, die Waggons mit Schlössern verriegelt und ihnen keine Waffen gegeben. Die Lokomotive hatten sie rückwärts angeschoben, direkt in den Stadtbahnhof rollen lassen; und dort war er dann eingefahren, der *Leichenzug*.

Selbst wenn meine Großmutter nicht gewusst hätte, wo

der Feuerwehrhof lag, sie hätte ihn gefunden, von dort kamen schwankende, weinende Menschen die Straße entlang, von dort, hinter den dunklen Häusern, ertönte ein vielstimmiges Geheul.

Der Feuerwehrhof – gemauert aus roten Ziegeln, nicht dunkelrot, nicht ocker, sondern fast scharlachrot. Über dem Hof waren Drähte gespannt, man hatte elektrische Lampen daran gehängt, grelle elektrische Lampen – oder hatte das selektive Gedächtnis meiner Großmutter dieses unerträgliche Licht hinzugefügt, gab es damals in der Stadt überhaupt Strom?

Dieser Hof war überhäuft mit verstümmelten Leichen, nicht alle Toten hatten innerhalb der Mauern Platz gefunden, an einigen Stellen lagen sie übereinander, fast alle waren nackt – die Aufständischen hatten sie genötigt, ihre Kleidung abzulegen, bevor sie sie töteten, die brauchten sie selbst. Rotarmisten gingen zwischen den Leichen entlang und sagten immerfort – sucht eure Leute, sucht eure Leute –, als hätten die Menschen wegen etwas anderem hierherkommen können.

Die Anwohner brachten Hemden und Hosen aus ihren Häusern – die Toten zu bekleiden; die Toten gaben nicht nach, ließen sich nicht biegen, waren bereits starr; auf ihren Rücken und Bäuchen glühten eingeritzte Sterne, die über die ganze Schulter oder den ganzen Brustkorb reichten. Sicher waren die roten Offiziere, die diese Söhne in den Tod geschickt hatten, lautstark mit Flüchen belegt worden, aber darüber schrieb meine Großmutter nichts – hatte sie es überhört? Aus dem Gedächtnis gestrichen?

Mein Vater muss hier irgendwo sein – sicher dachte meine Großmutter nur an ihn; mein Urgroßvater hatte einen Stutzbart gehabt, dort lagen nur Bartlose; aber viele Gesichter waren mit blutigem Grind bedeckt, von Gewehrkolben und Stiefeln zertrümmert; ausgestochene Augen, versengte Münder, mit der Haut ausgerissene Haare – wie sollte man jemanden erkennen, wenn man nicht hinschauen konnte?

Die jungen, bartlosen Rotarmisten lagen auf dem Feuerwehrhof mit seinen roten Ziegeln, den roten Paneelen mit den Einreißhaken, wo Menschen arbeiteten, die in Flammen eintauchen konnten, ohne Feuer zu fangen; sie lagen wie in einem Heizkessel und schienen zu brennen – verbrannten aber nicht; keine Soldaten – jugendliche Märtyrer.

In einem hinteren Winkel des Hofes bei den Löschfässern hatte man die Überlebenden versammelt – es waren nicht mehr als ein Dutzend. Einige hatten sie verschont, ihre Hand nicht erheben können gegen den Bruder oder Neffen, anderen war es gelungen, verborgen zu bleiben, sich unter anderen Körpern zu verstecken, rechtzeitig umzufallen und von Leichen überhäuft zu werden. Diese wurden mit Wasser aus den Fässern übergossen, um das Blut abzuspülen, sie wurden mit dieser Waschung zu neuem Leben erweckt – unter den Geretteten entdeckte meine Großmutter den jungen Mann, mit dem sie am Vortag verabredet gewesen war, von dem sie für immer Abschied genommen hatte. Man erzählte sich, er habe als Einziger seine Hände nicht gehoben, sich nicht ergeben, habe einem Antonow-Anhänger die Waffe entrissen, sich freigeschossen und später im Kohlenwagen versteckt. Deswegen war er nun schwarz vom Kohlenstaub.

Er war zweifach verwundet, aber nur leicht, durch Streifschüsse; er war die einzige lebende Seele für meine Großmutter – und zweimal ging er mit ihr den Totenhof ab, auf der Suche nach ihrem Vater; er hob Leichen auf, drehte sie um, wischte das Blut ab, fügte gespaltene Schädelhälften zusammen – und meine Großmutter schaute. Welche Verbindung war damals wohl zwischen ihnen entstanden, zwischen dem Geretteten und der Suchenden, nachdem sie zusammen zweimal das Totental durchschritten hatten?

Aber ihr Vater, mein Großvater, war nirgendwo zu finden; sie gingen nach Hause, als seien sie nun für immer miteinander verbunden, wie Mann und Frau, als sei er jetzt das Familienoberhaupt – und vor der Haustür stießen sie auf meinen Urgroßvater Nikolaj; der war am ersten Haltepunkt nach der Stadt ausgestiegen, dort hatte man dringend einen Arzt gebraucht, und nun war er auf einem Fuhrwerk zurückgekehrt und wusste noch nichts von dem Gemetzel.

Den jungen Mann verlor meine Großmutter dann aus den Augen – entweder ging er zu den TschON-Einheiten* oder nach Petersburg, die Spur ihrer Erzählung bricht hier ab; meine Großmutter war damals mit etwas anderem beschäftigt – die WeTscheKa hatte ein Ermittlungsverfahren gegen meinen Urgroßvater eingeleitet: Man beschuldigte ihn, der als einziger Offizier den Überfall überlebt hatte, den Antonow-Anhängern das Abfahrtsdatum des Transports verraten zu haben.

Mein Urgroßvater Nikolaj konnte seine Unschuld nicht beweisen. Zu Hause dachten alle nur an die Ermittlungen, alle überlegten, wie sie ihn entlasten konnten. Mein Urgroßvater litt; allein die Tatsache, dass er unter Verdacht stand, war für ihn unerträglich; er konnte nachts nicht schlafen, und über seine krankhafte Reinlichkeit hinaus – immerhin war er Arzt – achtete er nun noch mehr auf sich, wollte seine Uniform häufiger gewaschen haben, als fühle er physisch einen »Fleck auf seiner Reputation«, als würden ihn die schiefen Blicke, die es gab, buchstäblich beschmutzen.

Meine Großmutter wurde daraufhin so etwas wie der Außenminister der Familie; sie klapperte alle Instanzen ab, schrieb Gesuche für ihren Vater, überbrachte Bittschreiben von Freunden, holte Lebensmittel.

In der kleinen Stadt aber gab es jede Menge obdachloser Kinder, Waisen, die der Krieg von ihren Familien getrennt hatte. Die Straßenkinder lebten in verlassenen Häusern, in den Ruinen jüngstvergangener Gefechte, dort schlossen sie sich zu »Kommunen« zusammen, denen die zahlenschwache Miliz nicht beikommen konnte. Sehr schnell brachten sie die Straßen unter ihre Gewalt, die Stadtbewohner begannen, die Viertel zu meiden, in denen sie sich angesiedelt hatten, ein Teil der Stadt verselbständigte sich und verwandelte sich in eine beängstigende Parodie auf den neuen Staat, denn wenn eines der Straßenkinder bei einem Diebstahl oder einer Plünderung erwischt wurde, warf es mit neuen Ausdrücken um sich, nannte seinen Verfolger »Bürgerpack« und sich selbst einen Sohn des Proletariats oder etwas in der Art.

Aber es stahlen und plünderten nur die Älteren; die jüngeren Elf- bis Zwölfjährigen hatten eine eigene, schreckenerregende Methode, um an Geld zu kommen.

Sie hielten auf der Straße Passanten an, besonders gern drängten sie sich Paaren auf, einem Mann mit einer Frau. Jeder starke Erwachsene hätte ihnen Beine gemacht, selbst eine beherzte Frau hätte sich verteidigen können, wäre es zur Prügelei gekommen – was war das schon, fünf oder sechs schmächtige Minderjährige, wenn auch leichtfüßig und flink. Aber darin bestand ihr Kalkül, dass es nicht zur Prügelei kommen würde – sie hielten den Leuten eine geöffnete Streichholzschachtel hin, die voller Läuse war, und sagten dabei: Geld her, sonst kriegt ihr sie ab, wir haben die Läuse aus der Typhusbaracke.

Bei Widerrede wurde man tatsächlich mit Läusen überschüttet, das hatten sie mehr als einmal bewiesen; und eine Typhusbaracke gab es auch in der Stadt, wie hätte man wissen können, ob die Läuse von dort kamen oder von den Straßenkindern? Ja, und selbst wenn sie von ihnen stammten, war das etwa angenehmer?

Ganz am Anfang, als irgendein gastierender Obdachloser mit diesem gemeinen Trick in die Stadt kam und ihn den anderen beibrachte, wobei sie die Nummer eigentlich selbst einübten und flugs beherrschten, folgten die Erpresser noch den edlen Gaunertraditionen – sie scherzten, sprachen höflich-artistisch: mille pardons, Entschuldigung vieltausendmal, aber dann kamen sie schnell auf den Geschmack, gerieten außer Rand und Band, fanden Gefallen an ihrem Tun. Sie merkten, wie leicht man einen Menschen besudeln kann, wie verwundbar derjenige ist, der den Anstand wahrt und adrett Hand in Hand mit einem Fräulein spazieren geht. Da kommt er, der Geck, und hier sind die Läuse, gesammelt von schmutzigem Haar, sie krabbeln in der Schachtel, besteigen einander; soll er die Schachtel sehen, vor seiner Nase, damit er es begreift, sich vorstellt, wie man danach die Haare abrasieren, die Kleidung kochen, sich mit Salben einschmieren muss, wie garstig das wird, wie widerwärtig; er wird vor ihr erniedrigt und sie vor ihm – welche Macht, welche Gewalt, davon kann ein Kommissar nur träumen! Die Kinder wussten schon, wie sich das Paar hinterher gegenseitig abklopfen würde, wie das Ohnmachtsgefühl ihnen den Atem nähme;

sie wussten es – und überschütteten auch jene mit Läusen, die ihnen Geld gaben – zum Hohn. Sie dachten sich immer abscheulichere Dinge aus – mal spuckten sie in die Schachtel, mal schneuzten sie hinein, mal war es Sperma.

Niemand konnte etwas dagegen tun, die Miliz versuchte es und auch die Soldaten und die Jugendlichen des Ortes, die sich zu Hetzjagden zusammenscharten. Zwei, drei Banden fingen sie, brachten sie ins Kinderheim, es wurde scheinbar ruhiger auf den Straßen, aber schon nach einer Woche tauchten neue auf oder die früheren waren aus dem Kinderheim entwischt und nun noch böser geworden, und sie würden sich bei einem Zusammentreffen daran erinnern, wie man sie eingefangen, an der Hand zur Miliz gezerrt hatte …

Oft sah meine Großmutter, wie sie andere belästigten, beobachtete von der Hauptstraße aus, wie sie in den Seitengassen jemanden in die Enge trieben. Sie war sich jedoch sicher, dass man sie nicht anrühren würde – verbarg ihre Zöpfe unter einer Mütze, trug einen alten Mantel und die Schuhe ihres Vaters, sah aus wie ein Junge, und Jungen ließen die Straßenkinder in Ruhe, was war bei denen schon zu holen, kein Geld, keine Uhr – eine Niete. So ging sie wie unter einer Tarnkappe, bis man ihr eines Tages aus der Vorratskammer des Lazaretts für die ganze Familie einen Sack Graupen, Buchweizen und Reis gab, es war ein großer Sack; sie befestigte Trageriemen daran und ging auf kürzestem Weg nach Hause, doch da war die Straße gesperrt, man reparierte die Brücke über der Schlucht, ließ keine Fußgänger durch. Das hieß, entweder einen Umweg nehmen oder dem Pfad durch die Schlucht folgen, über den Bach war ein Brett gelegt worden. Sie stieg hinab, dann wieder hinauf – heiß wurde ihr, sie nahm die Mütze ab, richtete die Zöpfe; und schon waren die

Straßenkinder da, im Gestrüpp hatten sie gehockt oder hinter dem Zaun eines verlassenen Hauses, mit Blick auf den Pfad durch ein Astloch oder eine Ritze zwischen den Brettern.

Vergessen hatte sie, nicht daran gedacht, wie verführerisch ein großer Sack auf dem Rücken wirkte, unwichtig war dabei, was ein Mensch schleppte – wichtig nur, er schleppte viel. Nur selten war damals jemand mit einem großen Sack anzutreffen, und wenn man jemanden traf, dann bedeutete das – Glück gehabt, der Wohlstand war da; nichts gab es damals im Überfluss, Streichhölzer wurden stückweise gezählt, das Salz per Fingerhut.

»Schau an, ein Mädchen, wir dachten, du bist ein Junge«, hörte sie. Die Straßenkinder standen schon neben ihr, die Streichholzschachtel war geöffnet, Läuse darin, große Läuse, solche hatte sie nur bei verlausten Soldaten gesehen.

Sie riss sich los, rollte Hals über Kopf den Steilhang in die Schlucht hinunter, wobei sie den Sack an sich presste; oben ein Aufheulen – und ihr nach, die Beute drohte zu entschwinden. Sie rannte durch die Schlucht, durchs Gestrüpp, hinter ihr wurde gepfiffen, gejohlt, gedroht, man werde sie einholen und ganz sicher mit Läusen überschütten und ihr die Zöpfe ausreißen; sie versteckte sich in einem verbrannten Haus, die Kinder suchten sie, sprachen sie an, die Unsichtbare, drohten, ihr die Läuse in die Hose zu stecken, direkt in den Schoß; in zwei Meter Entfernung gingen sie vorbei – und bemerkten sie nicht; erst in der Nacht kam sie hervor und ging nach Hause.

Wie konnte sie zu Hause erzählen, was sie erlebt hatte? Damit hätte die Verleumdung gegen meinen Urgroßvater sichtbare Gestalt für ihn angenommen: Eine Schachtel voller Läuse, er hätte sich darin wiedererkannt wie in einem Spiegel. So verschwieg sie es und sagte, sie sei im Lazarett aufgehalten worden, und übernachtet habe sie bei einer Freundin.

So war die größte Angst ihres Lebens entstanden: Man konnte in einem Transportzug umkommen, der von Antonow-Anhängern umzingelt war, auf dem Schlachtfeld, und man konnte in den Fleischwolf der Ereignisse geraten, wo Überleben keine Rettung bedeutete, sondern nur einen schrecklicheren Untergang versprach; nicht nur physisch, sondern auch psychisch. Nicht nur der Mensch konnte zerstört werden, sondern auch sein unbescholtener Name, und seine Verwandten träfe ewige Schande. Und immer würden die Leute, wenn sie deinen Familiennamen hören, sagen: Ah, die Tochter von dem und dem. Und es war undurchschaubar, wann die Dinge anfingen, sich in die schrecklichste aller schrecklichen Richtungen zu entwickeln. Mein Urgroßvater wurde letztlich freigesprochen, aber die Angst blieb, beschmutzt zu werden und sich nicht reinsprechen zu können.

2

BEMERKENSWERTERWEISE MASS MEIN VATER, der erste Leser des Manuskripts, den Geschichten vom Rekrutenzug, von den Straßenkindern und vom Gericht, das über meinen Urgroßvater abgehalten wurde, nicht dieselbe Bedeutung bei wie ich. Für ihn blieb das alles nur eine Episode. Man könnte sagen, dass wir uns von einem Nullpunkt aus in verschiedene Richtungen bewegt hatten – er war in Richtung der positiven Zahlen gegangen, ich in die der negativen. Ich wollte das Ungesagte zu Ende denken, er meinte, sich auf unumstößliche Fakten zu stützen.

Mein Vater notierte alle im Buch genannten und für die Familie relevanten Orte und zeichnete sie in eine Landkarte ein.

Siebzehn Wohnungen in verschiedenen Städten, in denen zu verschiedenen Zeiten unsere Familie und ihre Zweige gelebt hatten, vier Gutshäuser von Verwandten, drei Kirchen, in denen Geistliche aus unserer Familie dienten, zwei Moskauer Stadtvillen und zwei Betriebe in der Provinz, eine Eisenbahnbrücke in Weißrussland, die Anfang des Jahrhunderts von einem Ingenieur aus unserer Familie gebaut worden war, er hatte außerdem in Smolensk ein Pumpenhaus errichtet, ein Landgut mit Park und Teichen zur Fischzucht, ein von meinen Ururgroßvätern angepflanzter Lindenhain bei Kaluga, ein Ferienhaus auf der Krim bei Foros.

Zwei Jahre lang fuhr mein Vater die Orte ab, die meine Großmutter beschrieben hatte, und manchmal nahm er mich mit. Meiner Mutter missfiel das, sie sorgte sich um die Zukunft und wollte, dass mein Vater sich pragmatischeren Dingen zuwandte, mein Vater jedoch – und das war der Zauber der ersten Lektüre – schien zu glauben, man müsse die Teile des zerbrochenen Spiegels zusammenfügen, die verlorengegangene Familiengeographie wiederherstellen, und dann käme Hilfe aus der Vergangenheit, um das heutige Leben zu meistern.

Manchmal kam es mir so vor, als ob mein Vater und ich immer in dieselbe Stadt fuhren. In dieser Stadt gab es einen Bahnhof, der vor der Revolution gebaut worden war, einen großen Park mit einem bröckelnden Monument, wo unter

Baumwurzeln zertrümmerte Grabplatten eines vernichteten Friedhofs hervorschienen, und auf den Seitenstraßen schimmerte unter dem Asphalt altes Kopfsteinpflaster durch, schwarz und glatt wie der Panzer eines Maikäfers. Nie fehlte es an einer dunklen Legende, einem *unguten* Ort – eine zerstörte Synagoge, einen mit Müll überhäuften Quellgrund oder eine zerfallene Villa, in der sich während des Krieges die Gestapo befunden hatte. Dort spielten keine Kinder, dort herrschte bedrückende Stille; man erzählte sich, an diesen Orten seien Menschen verschwunden, die sich nachts dorthin verlaufen hatten, und nur Betrunkenen könne dort nichts passieren, Betrunkene rühre die finstere Macht nicht an.

Am Morgen machte sich die Stadt in der Dämmerung zurecht, geweckt vom Heulen der Fabriksirene, einem unheimlichen, alarmierenden Ton – als schrecke man auf in den Weiten des Weltalls, in den Tiefen der Träume, und die Geschwindigkeit war so übermäßig groß, dass die Luft heulte, die Zeit selbst heulte. Jedes Mal, wenn die Stadt in dieser Hektik panisch erwachte, vergaß oder verwechselte sie etwas.

Auf diese Weise hatten sich nach und nach die Bedeutungen verschoben, hatte alles seinen Sinn verloren, aber im langsamen Lauf des Lebens bemerkte das niemand. Im Kloster befand sich jetzt das Gefängnis, in der lutherischen Kirche eine Turnhalle, in den zwei anderen Gotteshäusern eine Menagerie und eine Musikschule. Das Gebäude der Frauenfachschule beherbergte jetzt das Bezirkskomitee der Partei, und in der ehemaligen Villa eines Wohltäters befand sich eine psychiatrische Anstalt. Und so gab es kein Kloster, keine lutherische Kirche, keine Gotteshäuser, keine Fachschule und keine Villa mehr. Es gab ein Gefängnis, eine

Turnhalle, eine Menagerie, eine Schule, das Bezirkskomitee der Partei und die Psychiatrie.

Hinsichtlich der Erinnerungen von Großmutter Tanja schien die Realität verschoben, als habe ein böser, spottlustiger Zauberer einen Fluch über alle Dinge verhängt, woraufhin sie ihren angestammten Ort und ihre Bedeutung gewechselt und vergessen hatten, was sie vorher gewesen waren, weshalb man sie errichtet hatte und wozu sie dienten. Ich fürchte, meine Großmutter hätte die Städte ihrer Kindheit und Jugend nicht wiedererkannt.

Von den siebzehn Wohnungen fand mein Vater keine. Nicht, dass es die alten Straßenzüge nicht mehr gab, die Städtebauer ganze Bezirke abgetragen und neue Viertel »von null« errichtet hätten. Die Häuser in den Provinzstädten waren in Feuern des Friedens und des Krieges verbrannt; die zentralen Moskauer Wohnhäuser aus der Zeit vor und während der Revolution waren bei den Neugestaltungen der Stalinzeit, bei Straßenverbreiterungen und dem Bau von Hochhäusern abgerissen worden.

Von vier Kirchen war nur eine erhalten, eine andere wurde Anfang der dreißiger Jahre von den Bolschewiki gesprengt, eine weitere während des Krieges zerstört und eine dritte in den fünfziger Jahren abgetragen, weil man Ziegelsteine brauchte. In der Kirche, die mein Vater fand, hatte sich vor langem eine Genossenschaft von Sargtischlern niedergelassen, und die »Kirchensärge«, wie man sie nannte, erfreuten sich in dieser Region reger Nachfrage – man meinte, ein solcher Sarg gäbe dem Toten im Jenseits einen gewissen Beistand.

Von dem riesigen Landgut mit unzähligen Gebäuden, mit Pferdeställen, einem Park, Grotten, Teichen, in denen man eine seltene, angeblich chinesische Karpfenart gezüchtet hatte, waren nur Eichen übrig, die einmal eine Allee gesäumt hatten –, und diese übriggebliebenen Eichen standen jetzt vereinzelt zwischen Unkraut und Gestrüpp. Die Eichen gab es noch und einen Teich, der mit Wasserlinsen überzogen war – er hatte keinen Abfluss mehr und war an die fünfzig Jahre nicht gereinigt worden. Den Teich gab es noch und die Legende von den »Grafenkarpfen«, die glückvolle Angler angeblich noch nach dem Krieg aus dem Wasser gezogen hatten, wobei diese Karpfen bis zu einem halben Meter maßen; hier ist hinzuzufügen, dass der Besitzer des Landguts nie Graf gewesen war, man hatte ihm diesen Titel zugeschrieben, als man die Legende von den wundersamen Fischen erfand.

Das Pumpenhaus und die Brücke hatten den Zweiten Weltkrieg nicht überlebt, die Brücke war von Partisanen gesprengt worden, das Pumpenhaus am Knotenpunkt eines Rangierbahnhofs wurde von einem deutschen Sturzkampfbomber getroffen.

Der Hain bei Kaluga war bereits in den zwanziger und dreißiger Jahren zur Brennholzgewinnung gerodet worden; aus dem Ferienhaus auf der Krim wurde zunächst ein Pionierlager, dann trug man es ab und setzte an seine Stelle neue Häuser. Die Lazarettgebäude, die Moskauer Villen und Betriebe – alles war weg, die Gutshäuser waren nicht nur aus der Landschaft verschwunden, sondern auch aus dem Gedächtnis, die jungen Leute in den Dörfern konnten sich nicht mehr daran erinnern, dass auf dem Nachbarhügel irgendwann ein Gutshaus gestanden hatte.

Meinen Vater schien die Ergebnislosigkeit der Recherchen anfangs sogar zu reizen, man könnte sagen, er empfand allerhöchste Begeisterung und Ehrfurcht vor der mystifizierenden Kraft des Lebens. Hier hatten Dutzende von Menschen gelebt, und siebzig Jahre später gab es keinerlei fassbare Hinweise mehr auf ihre Existenz, außer einem handgeschriebenen Heft im Kaliko-Einband.

Offenbar hatte mein Vater am Anfang seiner Recherchen gemeint, er müsse nur die ehemaligen Familienorte aufsuchen, die Gräber finden, die Landschaften unserer Vorfahren anschauen, *ihre* Flüsse, Felder, Täler und Bäume in Augenschein nehmen, mit dem Nachlass ihrer Mühen, mit Gebäuden, Brücken, Fabriken, Parks, Teichen in Berührung kommen – und schon ließe sich ein Faden zwischen Vergangenheit und Gegenwart spinnen. Doch letztlich war er bestürzt: Jeder Versuch, sich auf Tatsachen zu stützen, machte die Leere und Abwesenheit nur noch sichtbarer.

Ich fühlte, dass sogar die Landschaft, also etwas, was die eigene Sicht herstellt, sich ebenfalls veränderte, und dass ich den Fluss, die Bäume, die Hügel, die allerkleinsten Einheiten der Naturerscheinungen nicht so sehen konnte wie meine Vorfahren; für mich und für sie gehörten sie verschiedenen Welten an.

Das neue Leben, das nun nach der UdSSR entstand, überschrieb zwei vorherige Texte, die des Lebens vor und nach der Revolution. Es fand seinen Ausdruck in Aushängeschildern und in der Werbung, überall erhielten Läden klangvolle Namen wie GORGONE, MEDEA, PROTEGE oder GAMBIT GmbH. Es schien, als reiste man, um einen solchen Namen zugeteilt zu bekommen, aus dem ganzen Land an einen bestimmten Ort, wo in einer verwahrlosten Dachkammer ein besoffenes Orakel saß, ein pensionierter Postbote, Gewinner eines Kreuzworträtselwettbewerbs und Eigentümer zweier kostbarer, magischer Folianten: einem Lexikon der Mythologie und einem Fremdwörterbuch.

Ich konnte mich leichter in Verbindung mit diesen Läden bringen als mit den zerstörten Wohnorten meiner Vorfahren. Ja, der Kiosk MEDEA GmbH handelte mit Fleischpastetchen, und im Laden GORGONE GmbH bot man neben allen übrigen Dingen Spiegel zum Verkauf – was niemand als Ironie empfand. Meinen Vater deprimierte das, ich aber wollte ebenfalls den Namen aus einer anderen Sprache übernehmen, mich umbenennen – und damit mein Schicksal wenden, mich der neuen Zeit anpassen.

Bei unseren Fahrten wurden mein Vater und ich Zeugen großer nationaler Umsiedlungsbewegungen. Die alten Verbindungen rissen, Menschen verloren Freunde und Verwandte, die nun in anderen Staaten lebten, und beeilten sich, die neuen Grenzen zu überschreiten; Flüchtlinge, Ausbrecher, Glücksritter, fliegende Händler – ich fühlte, wie auch meine Möglichkeiten im Spinnennetz dieser neuen, sich verwebenden Verbindungen heranreiften.

Aus Gesprächen mit Reisegefährten und aus abgelauschten Geschichten entnahm ich, dass eine Alchemie des Tauschgeschäfts, der phantastischen Verwandlung der Dinge entstanden war: Mähdrescher wurden gegen Holz getauscht, man verkaufte in Westeuropa Titan in Form von Spaten, bildete komplizierte Verbindungsketten mit endlos vielen Gliedern, und am Ende konnten sich Nägel in Polyethylen für Gewächshäuser verwandeln, der Traum jedes Kleingärtners. Keine offiziellen Papiere, keine Handschlaggeschäfte – nur Kuriere, nur Bargeld, nur Mittelsmänner, die mit ihrem Leben bürgten.

Später traf ich in Moskau einen Freund meiner Kindheit

wieder, mit dem ich einen Geologiearbeitskreis besucht hatte. Er war vier Jahre älter als ich und mittlerweile im Business. Ich erzählte ihm von den Reisen mit meinem Vater, und er antwortete: Warum fährst du unnütz durch die Gegend? Arbeite für mich! Einen solchen Vorschlag hatte ich nicht erwartet, ich dachte darüber nach – und musste auf einmal lachen, als mir klarwurde, dass in einer Welt der zerrissenen und sich neu bildenden Verbindungen Loyalität das größte Kapital ist, mehr wert als alles Können. Unsere frühere Freundschaft, unsere gemeinsamen Erinnerungen an Expeditionen, das Zelten, die Lagerfeuer waren jetzt so etwas wie die Beteiligung an einer Aktiengesellschaft der Erinnerungen; mein Freund aus Kindertagen wusste, was er von mir zu erwarten hatte, und das war – in seiner Vorstellung – viel wert.

So fing ich an, als Kurier zu arbeiten und dann auch als Vermittler, als jemand, der Verbindungen herstellte. Wie sich zeigte, fiel mir das leicht – meine Deals waren klein, platzten aber nie; außerdem wurde mir klar, dass ich die Fähigkeit hatte, zu *finden*, und das war wie eine Mitgift, wenn man Klienten, Waren, Zustellungsmöglichkeiten, juristische Schlupflöcher finden konnte. Es ging nicht darum, Glück zu haben, sondern um den sechsten Sinn, der mir zeigte, wohin ich gehen und wie ich handeln musste.

Gleichartige Schlösser an Schließfächern auf Flughäfen und Bahnhöfen, ihre Zahlencodes, alle leicht entschlüsselbar – sie bargen die Geheimnisse von Geburtstagen, Daten bedeutender Treffen, privater Anstreichungen im Kalender. Allerlei Zeug, das in ihrem Metallleib verwahrt wurde, so verschieden und so gleichartig. Neue Städte, die aus der Dämmerung auf der anderen Seite des Abteilfensters auftauchten. Der dünne Faden von Fahrplänen und Umsteigeverbindungen, der über einem Abgrund hing, die Fahrkarte als Existenzbeweis. Schlaglöcher und Bruchstellen auf den Straßen, die ein Auto oder einen Bus so durchschüttelten, dass in diesem Klang das Bild aller Gelenke des mechanischen Innenlebens entstand. Melodien, die den Nachrichten oder der Sendung »Im Reich der Tiere«* vorausgingen und aus fremden Fenstern drangen, waren ein Halt, gaben Hoffnung auf eine glückliche Rückkehr.

Wie oft wurde mein Gesicht aus der Dunkelheit gerissen durch die Flamme eines fremden Feuerzeugs, durch den diffusen Schein von Bahnsteiglampen oder von Laternen an einem Bahnübergang; die Memoiren meiner Großmutter, das Geheimnis um Großvater Michail hatte ich weit, weit hinter mir gelassen – für immer, wie ich dachte.

3

VOM HERBST 1991 bis zum Sommer 1993 verließ meine Großmutter das Haus nicht mehr, Krankheit und Schwäche hielten sie in ihrem Zimmer gefangen. Sie las keine Zeitungen und Zeitschriften wie früher, und wenn wir Gäste mit ihren Gesprächen zu Alltagsfragen hatten, oder meine Eltern abends in der Küche diskutierten und sich beratschlagten, blieb Großmutter Tanja wie zufällig unbeteiligt und abwesend. Man hätte nicht sagen können, dass sie auswich, sich verkroch, aber zwischen ihr und der Gegenwart war eine Distanz entstanden, die immer größer wurde.

Ihre Welt war das Fenster zum Hof, und im Hof veränderte sich nur wenig, es tauchten einige ausländische Autos auf, ja, und die Menschen – nicht alle natürlich – kleideten sich jetzt anders, aber solche Details konnte sie wohl kaum erkennen. »Ihr Leben dauert länger als ihr Schicksal«, interpretierte ich ihre stoische Abkapselung. Manchmal hörte ich, wie sie, wenn sie sich allein wähnte, Gott darum bat, sterben zu dürfen.

»Lass mich sterben, Gott«, bat sie weinend, und es schien, als spräche sie mit dem Gott ihrer Kindheit von altersher, mit dem Gott aus der kleinen Dorfkirche in der Nähe des Gutshauses, jener Kirche, wo sie als Mädchen den getrockneten Taubenmist aus dem Glockenturm kratzen musste, mit dem man Rosen düngte, jene Kirche, in der ein entfernter Verwandter Priester war, ein Säufer und Süßmaul, der die Erdbeerkonfitüre seiner Popenfrau mit Likör herunterspülte. Sie sprach mit ihrem vergessenen Kindheitsgott, der nach verdünntem Messwein aus einem Abendmahllöffel roch, zu einem Gott, zu dem man über eine Treppe hinaufsteigen konnte, um dort mit einem an die aufgeheizte Glocke gelegten Ohr zu lauschen, wie es ihm da drinnen ging – an ihn richtete sie ihr Flehen, nicht verzweifelt, aber hartnäckig.

So vergingen zwei Jahre. Wenn irgendwelche Angelegenheiten es erforderlich machten, dass meine Großmutter das Haus verlassen musste, richteten wir es immer so ein, dass sie das nicht tat. Aber im August 1993, als ihre Rente neu zu beantragen war, sagte sie auf einmal, sie wolle selbst gehen, man solle sie nur begleiten, ihr auf dem Weg helfen.

Meine Eltern freuten sich, sahen darin ein Zeichen, dass es ihr etwas besser ging, sie neue Kräfte schöpfte. Ich aber konnte nicht verstehen, was passiert war, denn ich fühlte, dass sich im Wesentlichen nichts geändert hatte, meine Großmutter war immer noch so schwach wie am Tag und in der Woche zuvor.

Begleiten sollte ich sie. Wir gingen hinaus auf die Straße, wo sie zwei Jahre nicht gewesen war. Sie ging langsam, als wolle sie ihren alten Schuhen Zeit lassen zu begreifen, dass man sie wieder angezogen hatte. Wir kamen an einem Sandkasten vorbei, einer Überdachung für Dominospiele, an Wäsche auf einer Leine, wir kamen zu einer stark befahrenen Straße, gingen den Bürgersteig entlang; ich führte meine Großmutter bei der Hand. Als wir am Gemüseladen vorbeikamen, bat sie darum, hineingeführt zu werden. Ich wunderte mich – was sollte an Kartoffeln und Rüben so interessant sein –, erfüllte ihr aber die Bitte. Dann schauten wir beim Friseur vorbei, im Elektrowarenladen, beim Bäcker und sogar in der Bibliothek. Ich konnte mir nicht denken, warum meine Großmutter das so wollte, war seltsam beunruhigt, aber Großmutter war so sanft, und in dieser Sanftheit so beharrlich, dass ich alle ihre Bitten gehorsam erfüllte. Meine Großmutter studierte die Preise, blätterte in Zeitungen, schaute sich neue Frisuren an. War es möglich? Sollte sie tatsächlich mit einem Schlag ins Leben zurückgekehrt sein?

Als mir klarwurde, was sie sich ausgedacht hatte, war es bereits zu spät. Wir waren überall, wo sie wollte, hineingegangen, hatten im Sozialamt in der Schlange gestanden, die Rente neu beantragt, und waren nun auf dem Weg nach Hause. Ich merkte, dass meine Großmutter wie betrunken war; sie trat nicht mehr vorsichtig und gleichmäßig auf und schwankte leicht. Erst meinte ich, das käme vom Übermaß der Eindrücke nach zwei Jahren Einsiedlertum, von der staubigen und schwülen Sommerluft, dem Benzingestank, doch dann wusste ich, was für eine Art von *Übermaß* es war.

Der Mensch kann ein bestimmtes Maß an Veränderungen fassen; das Maß meiner Großmutter war übervoll, sie musste bereits bei anderen Fähigkeiten Anleihen machen und vielleicht sogar bei ihrem Leben selbst.

Ich nahm die Veränderungen zeitlich verstreut wahr, und deswegen kamen sie mir nicht besonders gravierend vor. Sie aber wusste oder ahnte, dass alles Neue, das sich ihr total und unvermittelt zeigte, einem Selbstmord gleichkam. Und sie nahm es bewusst an: Tief atmete sie die gefährliche, vergiftete Luft einer ihr bereits fremden Epoche ein.

Sie schaute, ohne etwas zu erkennen, und mich durchfuhr der Gedanke, meine Großmutter verwandle sich gerade in eine Idiotin. Auf einmal hörte ich, wie sie ganz leise, fast für sich selbst, Verse aus »Jewgeni Onegin« zitierte – »Latein ist aus der Mode heute / Doch um die Wahrheit zu gestehn / Er konnte, wie so manche Leute / Genug, ein Motto zu verstehn«*; die Verse waren ihr Halt, sie ebnete sich mit ihnen den Weg, einen hellen Pfad des Verstands in der dunklen Niederung des Wahnsinns – um es bis nach Hause zu schaffen.

»Er grub nicht gerne in dem toten Historien-Foliantenstaub / Und war für Weltgeschichte taub«, flüsterte meine Großmutter die Zeilen ihres geliebten Puschkins, als habe sie zusammen mit Puschkin, der nach seiner Bauchverletzung drei Tage im Sterben gelegen hatte, weniger Angst, als sei er der bestmögliche Begleiter auf diesem letzten Weg.

Zu Hause brachte ich sie zu Bett, damit sie sich einfach in ihrem gewohnten Zimmer aufhielt, wo ihr jeder Gegenstand eine Stütze war und sie ihre Bücherregale, den Tisch, die

Lampe, den Teppich, die alten Fotografien an der Wand sehen konnte. Auf einmal merkte ich, wie ich wütend wurde, so wütend wie ein Gefängniswärter, der von einem prominenten Häftling überlistet wurde, der sich einen kurzen Austritt auf den Hof erbettelt hat – und dabei auf unvorstellbare Weise fliehen konnte, zum Beispiel mit einem Ballon; wer war ich für sie?

Nachdem ich sie zu Bett gebracht hatte, atmete Großmutter Tanja schwer, und schwerfällig schlug ihr Herz, das ihr dickflüssiges Blut durch den Körper pumpte; ich ging alle Viertelstunde zu ihr hinein, hörte, wie sich ihr Atem beruhigte, und rätselte erschrocken, was das zu bedeuten hatte – Tod oder Leben?

Dann setzte ich mich zu ihr, und ohne es zu merken, nickte ich ein; dann wurde ich wach, als habe mich jemand geweckt. Meine Großmutter lag auf dem Rücken, die Augen halb geöffnet, kurz und leicht atmend. Mädchenhaft flink erhob sie sich, stützte sich mit einem Arm auf und begann zu flüstern:

»Tatjana träumte Wunderdinge.
Ihr ist im Traum, als ob im Schnee
Sie über eine Lichtung ginge
Und Nebel traurig sie umweh;
Vor ihr, wo hoch der Schnee sich türmte
Graugischtend finster hin und jach
Vom Winter ungezähmt, ein Bach;«

Sie flüsterte und schwand und wusste, was für ein graugischtend finsterer Bach gemeint war. Ihre Stimme klang klar und rein.

Tatjanas Traum, ihre Lieblingsstelle aus »Jewgeni Onegin«, die sie so oft laut vorgelesen hatte. Die Überfahrt über den reißenden Bach, der Bär als Begleiter, die schreckliche Hütte, in der Tatjana auf Jewgeni wartet, der von unheimlichen Wesen umringt wird – »Der hundeschnäuzig mit Geweih / Mit Ziegenbart die böse Fey / In stolzer Pose ein Gerippe / Ein Zwerg mit Schweif, ein Hahn mit Kropf / Ein Kranichhals mit Katzenkopf.«

Onegin, umringt von unheimlichen Wesen ... Deswegen also hatte sie so oft die Zeilen von Tatjanas Traum gelesen, deswegen kannte sie sie auswendig, deswegen fielen sie ihr jetzt ein – sie dachte, Michail warte dort auf sie, auf der anderen Seite des Flusses, sie hatte sich darauf vorbereitet und an den Gedanken gewöhnt; und scheinbar hatte sie den Tod nicht früher zugelassen, weil es ihr noch an Mut fehlte – nicht für den Tod, sondern für das Zusammentreffen danach.

Mittlerweile flüsterte meine Großmutter nicht mehr, sondern rezitierte mit voller Stimme, die nun stark und tief war; eine solche Stimme konnte keinem erschöpften, verdorrten Körper gehören. Es schien, als läse hier eine junge, fröhliche Tanja, die abends durch die Straßen der Vorstadt lief und sich mit diesen Zeilen, von denen ich Gänsehaut bekam, Mut zusprach.

Mir wurde klar, dass ihr *ganzes* Gedächtnis zu ihr zurückgekehrt war, sie sich an alles erinnerte, alles wusste – und vorwärtsdrängte.

Er gibt ein Zeichen – alle machen's,
Er trinkt – sie trinken auch und schrein,
Er lacht – da ist kein End des Lachens,

Kraust er die Stirn – tritt Schweigen ein.
Er ist der Herr hier, ohne Frage:
Und Tanja ist schon weniger zage,
Und hat, nunmehr aus Neubegier,
Ein wenig aufgemacht die Tür ...
Da kommt ein Windstoß; jäh verdunkeln
Die Kerzen sich, und es wird Nacht.
Die Geisterschar ist aufgebracht;
Onegin, dessen Blicke funkeln,
Steht polternd auf – und alle stehn –,
Er schickt sich an, zur Tür zu gehn.
Sie packt Entsetzen; und geschwinde
Will sie mit letzter Kraft davon:
Es geht nicht, wie sie sich auch winde;
Will schreien, doch es kommt kein Ton.
Da stößt die Tür ganz auf ihr Meister,
Und vor dem Blick der Höllengeister
Erscheint die Jungfrau. Gellend kreischt
Gelächter; jedes Auge heischt,
Und Hufe, krumme Rüssel, Pfoten,
Stoßzähne, Schwänze dichtbehaart,
Blutrote Zungen, jeder Bart,
Gehörn und Knochenfinger drohten,
Auf sie gerichtet, schauerlich,
Und alle schrein: Für mich! Für mich!

»*Für mich!* – Jewgenis Worte hallten«, schloss ich. Und merkte, dass nur ich den Satz sagte, und meine Großmutter ihn bereits dort, in der anderen Welt hörte, als ersten Laut hinter der Grenze zum Jenseits.

Es vergingen wohl an die zwei Monate, bis ich die Kraft fand, das erste Mal nach der Beerdigung auf den Friedhof zu gehen. An der Straße Krasnaja Presnja waren die Panzerschüsse bereits verhallt, das verrußte Weiße Haus stand da als Bild des Schreckens*. Meine Großmutter schien das Nahen dieses Bürgerkriegs gefühlt zu haben; sie war zwei Jahre, als an der Presnja die Schüsse von 1905 ertönten und rote Fahnen auf den Barrikaden der ersten russischen Revolution wehten; es war ebenfalls Oktober gewesen, als im Herbst 1917 die Artillerie der Bolschewiki an der Presnja donnerte. Und nun wurde an der Presnja wieder geschossen, wieder entzündete sich von dort ein Bürgerkrieg, aber für meine Großmutter wäre das einer historischen Schreibwut gleichgekommen, den sie als Lektorin nicht dulden konnte; sie war vor dieser Wiederholung gegangen.

Meine Großmutter war im Familiengrab beigesetzt worden, dort, wo auch meine Urgroßeltern lagen. Vor Großmutters Tod war ich gern dorthin gegangen – der Friedhof war für mich als Kind meine persönliche Stilschule gewesen, die einzig mögliche in einem Land, in dem der Staat neben allem anderen auch das stilistische Monopol innehatte.

Der Beerdigungskitsch des 19. Jahrhunderts, die hohen und schweren Grabsteine aus kompromisslos schwarzem Stein, die in ihrer Solidität Kommoden und Standuhren ähnelten, Marmorengel, die im Laufe der Zeit schwarz geworden waren, Skulpturen untröstlicher Witwen in Nischen von Familiengruften – alles, was für den empfindsamen Zeitgenossen einer Geschmacklosigkeit gleichkam, war ein Jahrhundert später im Vergleich zu den sowjetischen Grabmalen geradezu Ausdruck erlesener Ästhetik.

Als ich jetzt am frischen Grab meiner Großmutter stand,

fühlte ich, dass ich nicht ganz zu ihr gehörte; wir waren nur zwei Jahrzehnte lang miteinander in Berührung gekommen. Sie war nun zu ihren wirklichen Angehörigen gegangen, zu ihren Eltern, Brüdern und Schwestern, zu denen, die beim Anblick der trauernden Marmorengel die Stirn in Falten gezogen hätten. Sie hatte die Geschichte von Großvater Michail mit sich genommen zum posthumen Familienrat, dort würde sie alles bereinigen, die Vergangenheit war buchstäblich begraben worden, Großmutter hatte mich von ihr befreit.

Und mit Blick auf den braunen, feindseligen, vom Regen aufgeweichten Lehm meinte ich, mir bliebe nur, mich an Großmutter Tanja zu erinnern, keine Versuche zu verstehen oder zu analysieren, nur die Erinnerung daran, wie *Tatjana Wunderdinge träumte …*

4

IN MEINER TRAUER um Großmutter Tanja machte ich es mir zur Gewohnheit, in meinen freien Stunden die Bücher in ihrem Zimmer durchzusehen. Alles dort war unangetastet geblieben, die Dinge standen an ihren angestammten Plätzen, als hätten meine Eltern sie dazu bestimmt, um die Tote zu trauern. Ich meinte jedoch, Großmutter Tanja hätte das nicht gefallen, sie wäre auf der Seite der verlassenen Dinge gewesen, für die es nun an der Zeit war, einem anderen zu gehören, nicht einmal zu gehören, sondern eine wohlwollende Berührung zu spüren.

Eigentlich hatte sie nur diese Bücher hinterlassen, Papiere, Schmuck, Souvenirs, Medikamente, für die jetzt keiner Verwendung mehr hatte, Nähzeug, Fäden, Nadeln – all das hatte in ihrem kleinen Schreibpult Platz gefunden. Wenn ich also nach neuen Erkenntnissen über meine Großmutter suchen und posthume Entdeckungen machen wollte, dann nur bei den Büchern.

Einige Bände ihrer Sammlung waren so alt wie sie; einige hatten ihr die Hälfte des eigenen und ihres Lebens gedient. Ich las sie nicht, suchte nicht nach Anmerkungen an den Seitenrändern, blätterte nur in ihnen und achtete dabei nicht auf die Buchstaben, sondern die letzte ephemere Anwesenheit meiner Großmutter auf dieser Welt, denn zum letzten Mal waren die Bücher von ihr aufgeschlagen worden, vielleicht fünf oder zehn Jahre zuvor – und auf jeder Seite spürte ich einen Moment der stillstehenden Zeit. Wie das getrocknete Blatt eines Herbariums – meine Großmutter hatte gern ein Espenblatt oder einen Farn zwischen die Buchseiten gelegt – bargen sie die Zeit, und ich ließ diese Gefangenen gleichsam frei, vollzog den letzten Schritt, verhalf der Verstorbenen zur Totenruhe.

Manchmal stieß ich in den Büchern auf Lesezeichen, auf Kleinigkeiten wie einen Fetzen Zeitungspapier oder einen Kassenbon, auch Eselsohren gab es, ich wusste, das konnte nur Zufall sein – meine Großmutter hatte es gehasst, wenn jemand die Seiten umknickte, um eine Stelle im Buch zu markieren, für sie kam das schlechtem Benehmen gleich; und ich fühlte, dass ich die Lesezeichen entfernen und die umgeknickten Seiten glätten musste – mit einer Klarheit, als habe sie mich darum gebeten.

Ich blätterte gleichermaßen sorgfältig einen Band Jules Verne durch, aus dem sie mir in meiner Kindheit vorgelesen hatte, wie auch ihre Lektoratshandbücher; mit meinem

Blättern folgte ich ihrem Weg durch die Bücher, als wolle ich sie irgendwo einholen. Manchmal kam es mir so vor, als leite mich meine Großmutter an, als habe sie sich nach ihrem Tod zu etwas entschlossen, was ihr zu Lebzeiten unmöglich gewesen war; inmitten Tausender Wörter, Tausender Buchstaben und einer Überzahl von Druckzeichen fühlte ich das große Ungesagte ihres Fortgangs, das Unausgesprochene ihrer Erinnerungen – und ich folgte dieser lockenden Empfindung.

Ich reiste durch die Bücherregale, kam von einem Schrank zum nächsten und wurde meiner Beschäftigung nicht überdrüssig; diese Bibliothek war das Leben meiner Großmutter, sie war ein Büchermensch gewesen, und nirgendwo hätte ich ihr näherkommen und den Faden ihrer Anwesenheit sicherer halten können.

Manche Bücher entpuppten sich als Werwölfe; zum Beispiel konnte der mit einer Schreibmaschine abgetippte Text von Bulgakows »Meister und Margarita« den Umschlag eines durchschnittlichen Kriegsromans wie »Die Junge Garde« tragen; Gedichte von Marina Zwetajewa waren unter dem Umschlag eines Lyrikbandes von Alexej Surkow* versteckt; meine Großmutter, eine Buchkennerin, hatte etwas vom Handwerk des Buchbinders und den Geheimnissen von Fadenheftung und Klebebindung verstanden; mein Vater erzählte mir, wie er eine mit einem Vervielfältigungsapparat hergestellte Kopie von »Archipel Gulag« mit nach Hause gebracht hatte und am Abend des nächsten Tages feststellte, dass Solschenizyns Roman nun den Umschlag des »Handbuchs des Atheisten« trug.

So entdeckte ich die stille Ironie meiner Großmutter – und ihren Hang zu Verschlossenheit und einer äußerlichen Entsprechung gegebener Normen. Ich konnte nur traurig lächeln, wenn ich auf eine weitere Buch-Blende stieß, und vielleicht empfand ich auch erstmalig wirklich Mitleid mit meiner Großmutter; nach und nach wurden ihre Ängste und Befürchtungen für mich fassbar, die Wahrheit sei ein Weg unnötiger Opfer.

Hatte sie sich Mitte der achtziger Jahre, als sie anfing, ihre Erinnerungen aufzuschreiben, vorstellen können, dass die UdSSR zerfallen würde? Wohl kaum – denn das hätte ihr so vorkommen müssen, als zerfalle nicht das Land, nicht die Union der Republiken, sondern sie selbst, ihre Vergangenheit, ihr Leben.

Ich wusste jetzt, dass jedes zwanzigste oder dreißigste Buch einen doppelten Boden hatte und nicht das war, was auf dem Umschlag stand. Ich versuchte zu erraten, welches von ihnen dazugehörte, nach welchem Prinzip meine Großmutter sie umbenannt, mit welchem Hintergedanken sie sie auf den Regalen verteilt und neben gewöhnlichen Büchern versteckt hatte; und als ich fast die gesamte Bibliothek durchgesehen hatte, nahm ich einen Band von Konstantin Simonow* in die Hand.

Auf ihn hatte ich nicht getippt, weil ich davon ausging, die nächste Attrappe sei die Anthologie von Übersetzungen asiatischer Lyrik, die ein Stück weiter weg stand. Asien, Despoten, höfische Dichter, grausame Hinrichtungen oder lebenslanger Kerker für Zeilen, die dem Geschmack des Herrschers nicht entsprachen – so erklärte ich mir die Logik der Unterschiebung und meinte, dahinter einen Mandelstam oder jemand anderen aus dem Silbernen Zeitalter vorzufinden.

Aber dann war Simonow die Unterschiebung; ich blätterte und entdeckte auf den vergilbten Seiten keine Druckschrift, sondern die Handschrift meiner Großmutter, die mir gleichzeitig vertraut und unbekannt vorkam. Es war keine greisenhafte Handschrift, nicht die, welche ich von ihrem Manuskript kannte, sondern die eines jungen, energischen Menschen. Gleich auf dem ersten Blatt entdeckte ich ein Datum – den 17. November 1939; gesegnet sei die Genauigkeit meiner Großmutter, ihre Angewohnheit, ihren zeitlichen Standpunkt zu vermelden, so, wie sie sich jeden Morgen beim Pförtner von »Politisdat« gemeldet hatte – der Wachschutz hatte die Uhrzeit in ein Buch eingetragen und eine Liste der Zuspätkommenden erstellt.

Ein Tagebuch – es war ein Tagebuch, von dem keiner in der Familie wusste. Jetzt wurde mir klar, wonach meine Großmutter in den letzten Jahren ihres Lebens gesucht hatte, als ihr Gedächtnis nachließ, warum sie den Unglücksfällen die Tür in unser Haus öffnen wollte. Ich hatte geglaubt, sie suche das Manuskript mit ihren Erinnerungen und wolle es vernichten, dabei hatte sie nach ihrem Tagebuch gesucht, dem letzten Beweisstück. Die *Rohschrift* – oder ein Teil davon – musste vernichtet werden, als die *Reinschrift* fertiggeschrieben war.

Entgegen meinem Wunsch, gleich das Ende zu lesen, fing ich mit der ersten Seite an. Genauer, ich begann nicht sofort damit, sondern schob die Lektüre auf, klappte das Buch zu, stellte es ins Regal zurück, bündig mit den anderen Büchern, und las den Titel auf dem Buchrücken – Konstantin Simonow.

Ich überprüfte die gesamte Bibliothek, bis zum letzten Band – fand aber keine weiteren werwölfischen Bücher mehr. Die vermeintliche Lyrik von Simonow war das letzte gewesen, als habe meine Großmutter das Buch absichtlich so eingereiht, dass es nur derjenige finden würde, der die gesamte Bibliothek sichtete.

Erst dann nahm ich das Tagebuch vom Regal und schlug es wieder auf. Ich befasste mich nicht mit der Frage, ob ich das Recht hätte, es zu lesen, ich meinte, das hatte ich – das Recht desjenigen, der das Rätsel lösen konnte.

Warum hatte meine Großmutter als Zeitpunkt für den Beginn des Tagebuchs ausgerechnet diesen gewählt? Was war am 17. November 1939 geschehen?

»War bei Vater im Lazarett. Wir sprachen über die Ärztekooperative«, las ich. Genauer, ich las nicht, sondern entzifferte – meine Großmutter schrieb in Kürzeln, stenographisch, als habe sie befürchtet, das Tagebuch könne einem Neugierigen in die Hände fallen, der flüchtig einige Notizen las, ohne sie sich zu merken, abzuschreiben, zu verstehen. Wer es gewesen war, vor dem sie das Tagebuch verbergen wollte, war nicht mehr zu erfahren.

Großmutters Vater, mein Urgroßvater, und eine Ärztekooperative – es ging um eine Wohnung; begann das Tagebuch etwa mit Alltagsdetails?

Auf einmal wurde mir klar, was diese Notiz in Wirklichkeit zu bedeuten hatte. Wenn ich ein Tagebuch hätte führen wollen, hätte auch ich so etwas schreiben können: »Habe die Bibliothek meiner Großmutter gesichtet und ein Buch von Simonow gefunden.« Diese Worte, die anderen nichts sagten, würden mich immer an das erinnern, was nur ich wusste, sie bezogen sich auf mein Erstaunen, auf meine Entdeckung; und allein die Bedeutungslosigkeit des Satzes – schließlich war Simonow nichts Außergewöhnliches – und die Tatsache, dass mit diesem Satz ein Tagebuch begann, hätte mich verraten und dem aufmerksamen Leser etwas eröffnet.

Was war ihr widerfahren, dort, im Lazarett, wo sie wegen dieser Angelegenheiten ihren Vater aufgesucht hatte. Was hatte sie gesehen, wen getroffen? Warum begann sie in diesem Moment, ihr Leben aufzuschreiben?

Die Antwort fand sich buchstäblich auf der nächsten Seite, zehn Einträge später, die so kurz waren wie eine Meldung oder Bekanntmachung. »Heute kam M., wir gingen zum Tanz«, 14. Januar 1940, fast zwei Monate waren seit dem Moment vergangen, als meine Großmutter anfing, Tagebuch zu führen. M – Großvater M – Michail, das konnte nur er sein.

Also war die ganze Geschichte vom Funker Michail, den meine Großmutter Ende 1940 kurz vor den Neujahrsfeierlichkeiten kennengelernt hatte, erfunden; ich hatte es immer geahnt – hier war nun der Beweis.

Einige Tage lang entzifferte ich die Tagebucheintragungen, fügte aus abgekürzten, gedrängten Wörtern ein minimal fassbares Bild und dachte es zu Ende.

Großvater Michail war Soldat gewesen; aus indirekten Andeutungen, die eine artilleristische »Eingabelung« zuließen, entweder Hauptmann oder Major; Oberleutnant wäre zu gering, Oberst zu hoch gewesen. Wenn sie sich das erste Mal im Lazarett begegnet waren, dann wurde er wahrscheinlich verwundet; Spätherbst 1939 – also nicht der Japanisch-Sowjetische Grenzkonflikt oder die sowjetische Besetzung Ostpolens, eher der Winterkrieg, der Krieg in Finnland; ich überprüfte alles anhand von Enzyklopädien.

Ich rief in diesem Krankenhaus an – ob man in Erfahrung bringen könne, welche Offiziere mit dem Vornamen M sich um den 17. November 1939 in Behandlung befunden hatten. Ich stellte mich als Militärjournalist vor, man war entgegenkommend, aber es stellte sich heraus, dass sämtliches Archivmaterial aus dem fraglichen Jahr längst vernichtet worden war; es existierten Übersichten über die Zahl der Patienten, der Schwer- und der Leichtverletzten, nicht mehr.

Ein verwundeter Offizier, der also aus dem Krieg kam. Bereits ab Februar 1940 lebten sie zusammen, er zog in das Zimmer meiner Großmutter. Ich versuchte mir vorzustellen, was damals geschehen war; meine Großmutter war Redakteurin und hatte mit ihrer perfekten Schriftkundigkeit und zwei Fremdsprachen, Deutsch und Französisch, die sie bereits als Kind gelernt hatte, einen guten Stand; Großvater Michail – nie notierte sie im Tagebuch seinen vollen Namen, immer nur den Wortstumpf M –, wer war er gewesen?

Keinerlei Details, keinerlei Einzelheiten, nur die unerwartete Heftigkeit, mit der M in ihr Leben dringt, als hätten sie keine Beziehung geknüpft, sondern sie erneuert, als würden sie einander schon lange kennen.

Warum? Wieso?

Ich stellte mir vor, wie meine Großmutter die Jahre davor gelebt hatte. Ihr Vater, mein Großvater, stand die ganze Zeit im Schatten einer drohenden Verhaftung aufgrund seiner adligen Herkunft; gequält musste sie mit ansehen, wie ringsum inhaftierte Verwandte und Freunde verschwanden.

Und auch sie stand in diesem Schatten: als Tochter eines Zarenoffiziers, die es in einen Parteiverlag geschafft hatte. Und dann noch die beiden Brüder meines Urgroßvaters, der Weißgardist und der Geistliche, verschollen in den Wirren des Bürgerkriegs, umgekommen oder nicht – bei einer minimalen Vorstellungskraft der Ermittler reichte das für den

Vorwurf einer kontrarevolutionären Vereinigung, für ein Todesurteil gegen alle nahen und entfernten Verwandten.

Irgendwo hier lagen auch die Gründe für ihre Liebesgeschichte mit M (es fällt mir schwer, ihn Großvater Michail zu nennen, wenn ich vom Tagebuch meiner Großmutter spreche). Scheinbar handelte es sich um eine Mesalliance, ein Opfer vonseiten meiner Großmutter; allerdings hat sie dieses Opfer, soweit ich es beurteilen kann, wenn nicht mit Berechnung, so doch bewusst gebracht.

Er war eine sowjetische Bestie, vielleicht – das kann ich nicht ausschließen – Agent des NKWD* innerhalb der Armee, denn man sah ihm hinsichtlich des »Ethos eines sowjetischen Kommandeurs« allzu viel nach. Gleichzeitig war ihm die Rolle eines Agenten, Informanten oder Lockvogels nicht gerade auf den Leib geschrieben; dank seiner bestialischen, gewitzten Kühnheit konnten ihm die Verhaftungen und Todesfälle ringsum keine Angst machen, denn bei diesem blutrünstigen Gelage fühlte er sich keineswegs fremd, er hatte selbst davon gekostet.

Ich stellte mir diese Restaurantorgien vor – meine Großmutter erwähnt kurz, wie er sie auf den Geschmack bringen wollte –, wo die Bauernkinder von gestern nun rote Kommandeure waren, im Jubel der Überlebenden zusammen aßen und tranken und wussten, dass jeder Dritte am Tisch seinen Posten deswegen hatte, weil sein Vorgänger verhaftet, gefoltert und erschossen worden war. Tote hatten ihnen den Weg geebnet – genau wie im Krieg – und sie gingen wie bei einem Vorstoß über die Leichen ihrer Kameraden voran.

Außerdem begriff ich bei der Lektüre der sparsamen Bemerkungen meiner Großmutter über Großvater M, wie viele rangniedere Offiziere, die den Bürgerkrieg verpasst und sich in den Kriegen der dreißiger Jahre nicht hervorgetan hatten, einen wirklich großen Krieg herbeisehnten, der die Rangordnung aufbrechen, die einen vernichten, andere auszeichnen, die verdienten Älteren verdrängen würde. Der Bürgerkrieg hatte die sowjetische Welt mit ihrer Hierarchie, ihrer Apostelleiter, ihren lebenslangen Attributen eines Erstgeburtsrechts hervorgebracht – und es dürstete sie nach einer Umformung dieser Welt im Feuer einer noch größeren, wahrhaft *weltumspannenden* Schlacht, damit sie, wenn nicht zu Aposteln, so doch zu den ersten Heerführern aufrücken konnten. Großvater M gehörte zweifellos zu diesen Begierigen – aufgrund seines wilden, aufbrausenden Charakters, der für den Krieg geschaffen war und im Alltag litt; und welcher Zusammenbruch stand ihnen im Juni und Juli 1941 bevor!

Eine sowjetische Bestie – Großmutter, meine scharfsinnige Großmutter sah diesen Mann, dem nichts passieren konnte, und wusste, dass sie bei ihm in Sicherheit sein würde, dass seine »Aura« wie ein Schirm auch jene schützte, die in seiner Nähe waren. Niemand konnte sich 1939 vorstellen, dass sich das Jahr 1937 nie wiederholen würde, im Gegenteil, man hatte sich an dieses neue Leben mit seinen Blutströmen gewöhnt. Und Großmutter hatte ein Wesen entdeckt, das unter den ihr unerträglichen Bedingungen existieren konnte, einen Mann, der zwischen Opfern und Henkern mannhaft blieb. Ich weiß nicht, wie lange sie dauerte, aber es war Liebe – eine verzweifelte Liebe, eine Liebe, die aufwallte, um sich selbst und die ihr Nahestehenden zu retten.

Über das Vorleben von M, wer er war, woher er kam – darüber schrieb meine Großmutter nichts; ein Vorleben wurde sozusagen *vorausgesetzt*, aber nicht offengelegt. Ja, hatte M überhaupt ein Vorleben? Wahrscheinlich nicht in dem Sinne, dass meine Großmutter davon hätte erzählen können, sondern nur ein typisiertes Schema, drei Zeilen in einem Fragebogen. Und vermutlich zog meine Großmutter gerade das Fehlen einer Erblinie, seine Herkunft aus dem Nichts an. Gezwungen zur Vorsicht und zu bestimmten Verhaltensmustern, damit ihr kein falsches Wort, keine Gewohnheit, kein Brauch entschlüpfte, und unter der Last einer Biographie, die ihr ein Todesurteil einbringen konnte, wählte meine Großmutter jemanden, der Biographie und Stammbaum entbehrte.

Das war der Grund, warum Großvater M ausgerechnet meine Großmutter brauchte – das wurde mir erst klar, als ich bei der Mitte des Tagesbuchs angekommen war; davon ist noch zu erzählen.

Sie lebten ein Jahr zusammen, Winter 1939/40 bis Winter 1940/41; dieses Jahr nimmt nur wenige Seiten im Tagebuch ein. M bekam … M brachte … Spaziergang mit M … M kam … M ist … M hat wieder … Alles las sich wie eine gedämpfte Pause, als erwarteten sie beide etwas, was ihrer Beziehung einen echten Sinn verlieh; seine Zechtouren, zweifelhaften Bekanntschaften, Hände, die meine Großmutter nicht drücken mochte, Geschenke von seinen Bekannten, die sie ablehnte; seine dunklen Angelegenheiten, unerwartetes Geld, das in keinem Verhältnis zu seinem Sold stand – wie und wodurch verdiente ein Soldat so viel Geld? –, und trotzdem ihre Zuversicht, dass sie mit ihm zusammen außer Gefahr war; Zärtlichkeit, eine jähe Zärtlichkeit für einen Menschen, der vor zweitausend Jahren zur Welt gekommen zu sein schien, als man morgens noch keinen Kaffee brühte, nicht mit Messer und Gabel aß und nicht wusste, dass es außer Stiefeln noch andere Schuhe gibt; und trotzdem Zärtlichkeit – wie ein Lichtblitz, ein flüchtiger Reflex.

»M aß Lamm, es kam mir vor, er äße mich« – Großmutter, Großmutter, ein Opferlamm! Was mochte da vorgefallen sein? Mir wurde nur deutlich – M hatte sich in ihr verkrallt, und in allem, was er tat, in jeder Geste – einem Blumenstrauß, einem Gespräch beim Abendessen, einer Umarmung – lag übermäßige Brutalität.

Er schien die baldige Trennung zu ahnen und sich beizeiten darauf einzustellen. Großmutter wurde sein Talisman, sein Glücksstern – eifrig, übereifrig festigte er diesen Faden, der ihn eines Tages aus dem Jenseits ziehen und zu den Lebenden zurückführen sollte, er festigte ihn, so gut er konnte, wie man es ihm beigebracht hatte – mit Druck, Gewalt und einer alles verschlingenden – nein, nicht Leidenschaft – Gier nach Leben und Überleben. Scheinbar hatte er im Winterkrieg im finnischen Eis, umgeben von Hügeln und Seen, etwas über die Beziehung zwischen Mann und Frau begriffen und wusste nun, wer stirbt und wer überlebt; und in Ergänzung zu seiner Unvernichtbarkeit, seiner bestialischen Natur, die sich zwischen Granatsplittern und fliegenden Kugeln hindurchwinden konnte, wollte er sich zusätzlich absichern, wollte eine Chance, lebend zurückzukehren.

Oder – ich denke, meine Vermutung ist richtig – er wusste, dass er in Finnland einen Großteil seines Glücksanteils, seiner *Fortuna* verbraucht hatte, und er spürte es, wie man eine unterschwellige Krankheit, eine unmerkliche Schwäche des Körpers spürt. Es reichte noch für das Leben in Moskau, für gefährliche Spiele mit janusköpfigen Menschen, wo jeder ein Denunziant sein konnte; aber für einen großen Krieg reichte es nicht mehr. Wahrscheinlich fühlte er überhaupt das erste Mal in seinem Leben, dass er jemanden brauchte, dass er nicht allein sein konnte; ein vormals unbekanntes Bedürfnis.

Im Januar 1941 wurde M zu den Truppen an die Westgrenze abberufen. Was er das ganze Jahr in Moskau gemacht hatte, als er mit meiner Großmutter zusammenlebte – ob man ihn ärztlich behandelt oder wegen seiner Verwundung beurlaubt hatte, ob er einen Posten erlangt oder studiert hatte –, das wusste ich nicht und konnte es nicht in Erfahrung bringen. Meine Großmutter war zu diesem Zeitpunkt bereits mit meinem Vater schwanger, ungefähr im zweiten Monat, in dem eine Frau, wenn sie es wünscht, die Schwangerschaft noch verbergen kann; dem Tagebuch war nicht zu entnehmen, ob M von dem Kind wusste, als er Richtung Westen fuhr, ob meine Großmutter es ihm gesagt hatte oder nicht.

Wohin genau man ihn schickte, darüber schrieb meine Großmutter nichts; nur aus indirekten Erwähnungen konnte ich schließen, dass er im 8. Mechanisierten Korps* diente, das im Bezirk Drogobytsch-Stryj, im Vorgebirge der Karpaten, auf dem Territorium des besetzten Polens stationiert war.

Später erkundigte ich mich in Archiven, aber im 8. Korps hatte es sehr viele Offiziere gegeben, deren Vorname mit M begann. Michail, Moissej, Martyn, Mitrofan, Maxim … Viele trafen Anfang 1941 dort ein, viele hatten im Finnlandkrieg gekämpft – wie konnte man unter ihnen den Einen finden?

Nachdem M weg war, schien sich meine Großmutter von seinem gleichsam hypnotisierenden Einfluss zu befreien; das Jahr 1937 rückte in die Ferne, mancher wurde freigelassen, andere freigesprochen, kaum spürbar wehte ein neuer Wind. Anscheinend war der Sinn ihres Zusammenlebens mit M – der Schutz, die Sicherheit – jetzt nicht mehr so offensichtlich; und vor allem war das Kind da, offenbar unerwartet, und sie zweifelte: M zum Lebensgefährten zu haben war das eine, etwas anderes war er als Vater ihres Kindes; hier zeichnete sich eine andere Verbindlichkeit, eine andere Nähe ab.

Ende Februar taucht in ihrem Tagebuch das erste Mal ihr »Politisdat«-Kollege auf, der schon lange in sie verliebt ist; schon lange – das heißt wahrscheinlich drei oder vier Jahre. Meine Großmutter schreibt über seine Liebe wie über eine Selbstverständlichkeit, nennt ihn Petja und niemals Pjotr, kürzt seinen Namen aber auch nicht mit P ab; und langsam, ganz langsam entwickeln sich die Dinge dahingehend, dass sie ihn heiraten wird.

Anfangs hilft er ihr und vertritt sie bei der Arbeit, wenn es ihr nicht gutgeht. Dann fängt er an, sie nach Hause zu begleiten und bleibt einmal über Nacht – sie sind zur Vorbereitung einer Sonderausgabe länger in der Druckerei geblieben, so etwas wie ein Sammelband mit Stalins Reden, er bringt sie danach nach Hause, es ist schon spät, nichts fährt mehr. »Petja schlief auf dem Fußboden«, vermerkt meine Großmutter, »am Morgen wollte er Holz hacken, aber ich ließ ihn nicht.« Ich empfand Mitleid mit diesem Pjotr, den meine Großmutter nicht in den Hof zum Holzhacken ließ, damit die Nachbarn ihn nicht sähen, ihn, der auf dem Fußboden übernachtet hatte. Wie auch Großvater M hat er für mich, den Leser dieses Tagebuchs, kein Gesicht, kein Alter, keine Charakterzüge, ist nur ein Name; hätte ich mich an das Archiv von »Politisdat« gewandt, hätte ich wahrscheinlich seinen Nachnamen gefunden, seine Akte – aber das wollte ich nicht; es war mir unangenehm.

Meine Großmutter schien gewusst zu haben, dass Pjotr sie mit dem Kind nähme; scheinbar war das auch sein Wunsch – er fühlte, wie sie sich langsam an ihn *lehnte*. Ich denke, Pjotr empfand es wie einen Sieg in einem aussichtlosen Zweikampf – gegen einen Halsabschneider, Mörder und rasenden Wilden. Vielleicht hatte er auch mit Trauer und Schwermut alles gesehen und ertragen, sich einen Selbstbetrug erlaubt; vielleicht meinte meine Großmutter es auch ernst und sah in ihm den Menschen, den sie brauchte, vielleicht schätzte sie seine Ergebenheit, hatte ihre Gefühle überdacht – das war nicht zu erraten, das Tagebuch schwieg.

Scheinbar hatte sie Großvater M nichts von der Schwangerschaft mitgeteilt, den Moment einer Klärung hinausgezögert – womit sie allerdings alles erschwerte. Sie versuchte, Zeit zu schinden, als hoffte sie ganz naiv, alles werde sich finden und von selbst lösen, Pjotr würde ihr Mann werden und Großvater M verschwinden. Und Pjotr schien darauf zu warten, wann sie ihr Verhältnis zu Großvater M klärte: Sonst hätte er endgültig sein Gesicht verloren.

Sie wollte ihm schreiben – am 20. oder 21. Juni. »Ich schreibe M einen Brief«, lautet die kurze Notiz, und dann – eine Pause, eine tatsächliche Pause – meine Großmutter bemerkte nicht, dass sie zwei Seiten überblättert und leer gelassen hatte; der 22. Juni.

Großmutter, meine Großmutter, Tochter eines Militärarztes, die als kleines Kind von Galizien bis Charkow gezogen war, mit dem Lazarett den gesamten Bürgerkrieg erlebt und sich mit Offizieren und Generälen, Freunden ihres Vaters, angefreundet hatte. Ich denke, sie hat das Ausmaß der Katastrophe augenblicklich erkannt. Großvater M war dort, wo sie sich als Kind aufgehalten hatte, es war dieselbe Gegend, in die russische Einheiten im Ersten Weltkrieg vorgedrungen waren. Das 8. Korps hatte den Befehl zum Gegenangriff, das wusste sie natürlich nicht, aber mit der Voraussicht einer Krankenwärterin und OP-Schwester – sie hatte sowohl Krankenwärterinnen als auch Schwestern vertreten – ahnte meine Großmutter, wie viel Blut dort fließen würde und wie viele man zurückerwarten konnte, falls überhaupt.

Mein Großvater befand sich im Zentrum des Infernos, an dem für eine Rettung schwierigsten Ort, im Vorgebirge der Karpaten, von wo die Truppen nicht so schnell abgezogen werden konnten, wo ringsum fremde, polnische Erde war, wo es keine Verbündeten unter den Anwohnern gab, wo das Volk zwei Jahre lang »sowjetisiert« worden war und bereit zur Vergeltung. Ich denke, ihr muss es magisch vorgekommen sein, dass sich die Spur von Großvater M dort verlor, am Rand der slawischen Welt, an der Grenze der russischen Sprache.

Was konnte sie aus den Berichten des Sowjetischen Informationsbüros, aus den Zeitungen erfahren? Nichts. Durch die unklaren Meldungen von Verteidigungskämpfen und schweren Verlusten, die man den Deutschen beigebracht hatte, verstärkte sich die Ungewissheit nur – sowohl aus dem Ersten Weltkrieg als auch aus dem Bürgerkrieg wusste sie durch die Innensicht eines Lazaretts mit seinen überfüllten Krankenzimmern um den Preis solcher Meldungen.

Möglicherweise war es ihr manchmal so vorgekommen, der von ihr so fest geschnürte Knoten habe sich von selbst gelöst, der Krieg habe ihn gelöst; der Krieg habe ihr die Last der Erklärungen genommen – Großvater M hätte kaum einfach von ihr gelassen, wäre nicht einfach so gegangen, wie zurückgewiesene Männer es tun. Ob sie sich für solche Gedanken tadelte, falls sie sie hatte? Ob sie sich gesagt hatte, sie müsse auf Michail warten, sie dürfe ihn nicht vor der Zeit begraben?

Ich denke, sie hat ihn zu diesem Zeitpunkt ganz sicher nicht mehr geliebt, aber der Krieg gab ihr die Möglichkeit, eine gute Meinung von ihm zu haben – immerhin kämpfte er, verteidigte sie, und dass er dem Kampf nicht auswich und bei erster Gelegenheit floh, sich nicht verletzte oder erschoss, sich nicht kampflos in Gefangenschaft begab, daran hatte sie keinen Zweifel, und auch ich nicht, der das Tagebuch las. Vielleicht stand er nicht bis zuletzt auf verlorenem Posten, deckte nicht den Rückzug eines anderen, wenn das seinen sicheren Tod bedeutete, stürzte sich nicht in einen Angriff, um ein Leben gegen ein anderes zu tauschen. Aber ganz sicher kämpfte er, listig, wich aus, gewann Zeit – alles andere hätte seiner Natur widersprochen.

Doch der Zerfall der Grenzfront kam so überraschend und war so vernichtend, die Nachrichten waren so beunruhigend, dass meine Großmutter wahrscheinlich unterbewusst meinte, Großvater M werde es nicht schaffen. Zu diesem Schluss kam sie einen Monat nach Kriegsbeginn; für jemanden, der in Moskau lebte, hatten sich damals alle, die in den Truppen der ersten westlichen Gefechtsstaffel kämpften, in eine unvorstellbare Dimension verlagert, einen Vorraum zum Jenseits.

Die Deutschen hatten bereits Minsk eingenommen; erst heute wissen wir, wie viele sowjetische Divisionen vernichtet wurden, wie viele unserer Soldaten in Gefangenschaft gerieten, wie die Deutschen vorgingen, wie wir uns zur Wehr setzten. Damals hatte man gedacht, über uns sei der Zorn Gottes gekommen, die zehn biblischen Strafen, die ganze Landstriche in den Untergang stürzen konnten.

Der Gedanke an den möglichen Tod von Großvater M stand immer mehr zwischen ihr und Pjotr; die neue Verbindung schien unmöglich – zumindest in jenen Tagen, jenen Monaten. Aber das konnte sie ihm nicht mehr sagen, bevor die Ereignisse eine andere, grausame Wendung nahmen.

Pjotr meldete sich bei einer der ersten Divisionen der Bürgerwehr*, die man ab Juli zu formieren begann. Er war unabkömmlich gestellt, und vielleicht dachte er, meine Großmutter rechne auf seine Unabkömmlichkeit und verließe sich darauf, Pjotr werde ganz sicher nicht eingezogen.

Er mag sich seiner Schwäche, Weichheit und Charakterlosigkeit bewusst geworden sein, der Kriegsbeginn hatte ihn ernüchtert. Wie konnte er nur eine Frau heiraten und ihr Kind adoptieren wollen, dessen wirklicher Vater gerade an der Westfront kämpfte. Zu Friedenszeiten hätte er keine Chance gehabt, den Beziehungsknoten zu lösen, den Mut für eine Entscheidung zu finden; jetzt aber hatte er die Möglichkeit, sich so wie alle zu verhalten, und er ging zur Bürgerwehr. Vielleicht glaubte er sogar an sich, rechnete sich aus, als Soldat zurückzukehren und damit Großvater M in diesem Fernkampf endgültig zu besiegen; doch wahrscheinlicher ist, dass er geahnt hat, wie verhängnisvoll seine Entscheidung war, und sich damit abfand, wissend, dass ihm als redlicher, ehrlicher Mensch kein anderer Ausweg blieb.

In einem langen, nächtlichen Gespräch hätte ihn meine Großmutter fast umstimmen können. Sie spürte, dass Pjotr wohl schon den Tod gewählt hatte, und bemühte sich verzweifelt, ihn auf den Pfad des Lebens zurückzuholen; fast stimmte er zu, in der Druckerei zu bleiben. Am nächsten Tag ging er dennoch zum Kriegskommissariat, und meine Großmutter sah ihn nie wieder.

Ende August kam ihr Sohn zur Welt; in jenen Tagen bekam meine Großmutter auch die Nachricht von Pjotrs Tod, einem erniedrigenden Tod, gemessen an den Gefühlen, mit denen er an die Front gegangen war. Ohne an der Schlacht teilgenommen zu haben, starb er in einem Krankenhaus in der Nähe eines Haltepunkts, wo man den Kranken aus dem Transportzug abgesetzt hatte, an Ruhr. Innerhalb von zwei Monaten hatte meine Großmutter zwei Männer verloren, aber jetzt gab es einen Sohn, meinen Vater; der Sohn war schwächlich zur Welt gekommen, und ihr blieb wenig Zeit zur Trauer.

»Arbeite jetzt im wissenschaftlichen Forschungsinstitut für Goldabbau*«, schreibt meine Großmutter September 1941. Erst dachte ich, man habe sie in dieses Forschungsinstitut als Dolmetscherin entsandt. Der August war vorbei, aus Liverpool kam der geheime Frachtkonvoi »Dervish« mit militärischen Gütern nach Archangelsk, die Polartrasse wurde für Hilfslieferungen des Lend-Lease-Act** getestet – und Gold, das Zahlungsmittel für die Lieferungen, war im Preis gestiegen, man brauchte nun mehr davon, und immer mehr Fachkräfte wurden dem Zweig der Goldgewinnung zugeteilt.

Aber aus welcher Sprache übersetzte sie – aus dem Deutschen, aus dem Französischen? Vielleicht hatte ihre Arbeit etwas mit der Dokumentation der ausländischen Ausrüstung zu tun? Aber dort benutzte man eine spezielle, komplizierte Terminologie, und meine Großmutter war Übersetzerin allgemeiner Texte. Vielleicht brauchte das Forschungsinstitut, das auf einmal strategisch wichtig geworden war, einen internen Redakteur für, sagen wir, die interne Datenerfassung?

Umso seltsamer war es, im Tagebuch zu lesen, womit sich meine Großmutter damals beschäftigte. Ihre skurrilen Notizen füllen einige Seiten, ihr Sinn blieb mir anfangs verborgen; die Aufzeichnungen waren offensichtlich nur ein kleiner Teil einer größeren Arbeit, und meine Großmutter hatte das Tagebuch als Notizblock benutzt, um eine kurze Bemerkung, einen Gedanken festzuhalten, wenn er ihr in den Sinn kam.

Also, meine Großmutter wählte ein Wort – zum Beispiel Karabiner –, und indem sie Vokale und Konsonanten austauschte, trieb sie das Wort an den Rand der Unkenntlichkeit; Karabiner – Karerbiner – Karerbinar – Karerwinar – Garerwinar; Fallschirm – Fellschirm – Fellschurm – Fellschurt – Fällschurd … Im Tagebuch verzweigten sich Abfolgen solcher stufenweisen Sinnentleerungen von Wörtern. Einige verunstaltete Wörter hatte meine Großmutter unterstrichen, als wären sie das gewünschte Resultat; alle diese Wörter hatten nichts mit Goldabbau zu tun – Patronen, Straße, Nacht, Funkgerät, Motorrad, Patrouille, Lebensmittel, Feuer, Flugzeug, Medikamente, Verwundeter, Gefangener …

Instinktiv wurde mir etwas klar, wofür ich später in der Fachliteratur eine Bestätigung fand – auf Befehl oder auf eigene Initiative hatte meine Großmutter eine »Geheimschrift der Fehler« ausgearbeitet, eine zusätzliche Sicherheitsstufe für Kryptogramme: Vor einer Verschlüsselung mit der standardisierten Geheimschrift werden die Wörter bis fast zur Unkenntlichkeit entstellt, damit der feindliche Dechiffrierer, der von einer standardisierten Abfolge von Buchstaben, Vokalen und Konsonanten ausgeht, auf Irrwege geführt wird, den Schlüssel nicht finden kann und sich in der Sinnsuche verliert.

In solch einem wissenschaftlichen Forschungsinstitut für Goldabbau hatte meine Großmutter also gearbeitet, die ideale Redakteurin, ein Mensch-ohne-Fehler; das Forschungsinstitut war am wahrscheinlichsten die »Tarnung« für eine Unterabteilung des Nachrichtendienstes gewesen; dahin hatte man sie also versetzt.

Ich sah ihre Papiere durch und fand einen Kriegsteilnehmerausweis, von dem niemand etwas wusste; wahrscheinlich hatte sie sich zur Verschwiegenheit verpflichtet und sich ihr Leben lang strikt daran gehalten.

Außerdem waren im Tagebuch verschiedene Jargon-Ausdrücke notiert, im Wesentlichen aus der Gaunersprache – auch sie dienten der Erarbeitung dieser Geheimschrift; es folgten fünf oder sechs Seiten mit einer Bücherliste, genauer, mit Listen, in denen ich keine Logik erkennen konnte. Bücher auf Russisch, Bücher auf Deutsch, mitunter sehr seltene Ausgaben, dazu ein Vermerk, in welcher sowjetischen Bibliothek man ein Exemplar finden konnte; manchmal mit der Anmerkung, dass es zum Beispiel um die dritte, überarbeitete und ergänzte Ausgabe ginge, die im Jahr 1933 in einem bestimmten Berliner Verlag erschienen sei.

Russische Prosa, französische Prosa, deutsche Prosa, Letztere mehr als die anderen; Bücher über Forstwirtschaft und Fischfang, Handbücher für Fotografen und Landvermesser, Gedichtbände, Anweisungen für Homöopathen, wissenschaftliche Arbeiten von Geologen und Ethnographen, Reisebeschreibungen; die Bibel in verschiedenen Ausgaben –

katholisch, protestantisch, einige dutzend Bibeln; *Mein Kampf*, Arbeiten von Freud, klassische deutsche Philosophie; Handbücher für Aquarellmalerei, eine Enzyklopädie der Pferdezucht, Werke zur Mechanik und zum Bauwesen, die Märchen der Brüder Grimm, Broschüren mit Libretti der Wagner-Opern; und immer wieder Nachschlagewerke – Bienenzucht, Schafzucht, Handel mit den Ländern Südamerikas, Schokoladenherstellung, die Rheinweine der vorangegangenen zehn Jahre im Überblick, Hüttenwesen, Textilherstellung …

Die Bücher schienen unzählig vielen Privatbibliotheken entrissen und Biographien entnommen, die keine Berührungspunkte und nichts Gemeinsames hatten; dass sie nur einem Menschen gehört haben konnten, war unvorstellbar. Aber wozu dieses Augenmerk für Details, für das Erscheinungsjahr? Wer hätte diese Bücher lesen können, wofür dienten sie?

Dutzende Menschen, Dutzende Schicksale standen hinter diesen Büchern … Meine Großmutter hatte wie ein Dramatiker über die Buchauswahl eine Anzahl von Helden geschaffen und sie mit Echtheitsmerkmalen ausgestattet; die Bücher – das vorgebliche wissenschaftliche Forschungsinstitut für Goldabbau – der Funkdienst … Heureka!

Diese Bücher dienten der Verschlüsselung und Entschlüsselung, wenn man eine bestimmte Seite und Zeile wusste. Bücher konnte man den Agenten nicht mehr zukommen lassen, aber ihnen mitteilen, welche sie verwenden sollten – und das hieß, dass ein Exemplar, das sich im Besitz eines Agenten in Deutschland befand, exakt dem Exemplar in der UdSSR entsprechen musste, mit einer Genauigkeit bis aufs letzte Komma, mit derselben Anordnung der Buchstaben auf den Seiten, andernfalls hätte der Adressat die Geheimbotschaft nicht entschlüsseln können. Die Bücher sollten einem bestimmten Muster entsprechen, durften keinen Verdacht aufkommen lassen, mussten unauffällig sein; daher diese Bandbreite, die ungewöhnliche Auswahl.

Ich stellte mir einen Tag im Oktober vor – die Deutschen nähern sich Moskau, kommen an Borodino vorbei, durchbrechen die Moschaisk-Verteidigungslinie, Tausende von Menschen versuchen, die Stadt Richtung Osten zu verlassen – nicht ein Wort darüber im Tagebuch meiner Großmutter! – den ganzen Tag fährt die Metro nicht und es scheint, als seien die Deutschen schon in der Hauptstadt, nichts kann sie aufhalten, – und meine Großmutter Tanja sitzt im Sondermagazin der Bibliothek und schreibt mit ihrer feinen Handschrift Buchtitel ab; das war keine Standhaftigkeit und kein Mut, sondern hoher Gleichmut gegenüber dem eigenen Schicksal –, und dabei hatte sie bereits einen Sohn zu Hause!

»Gestern kam er«, schreibt meine Großmutter Ende November. »Er lebt.« Anfangs verstand ich nicht, wer *er* ist, der lebt; wen genau sie von den vielen Bekannten meinte. Vielleicht ging es um einen ihrer drei Brüder, die eingezogen worden waren?

Sie meinte Großvater M!

Fünf Monate hatte es keine Nachrichten von ihm gegeben. Und nun stand er auf der Schwelle zur Moskauer Wohnung – gerettet, degradiert zum Unterleutnant; er lebte und war völlig unverletzt.

Ich weiß nicht, wie ihr Treffen damals ausgesehen hätte, wenn meine Großmutter nicht aus »Politisdat« in das fiktive wissenschaftliche Forschungsinstitut für Goldabbau versetzt worden und keine Geheimnisträgerin höchster Stufe gewesen wäre – immerhin hatte sie mit Chiffrierungen zu tun!

Sie, die Geheimdienste fürchtete, leistete auf einmal selbst geheime Dienste und befand sich deshalb gleichzeitig in Sicherheit und großer Gefahr. In Sicherheit deshalb, weil die Mitarbeiter des NKWD sie nun nicht einfach so festnehmen konnten – ach, wie zählebig diese Angst vor einer plötzlichen Verhaftung in ihr war –, es hätte zusätzlicher Genehmigungen, Vereinbarungen und sonstigem bedurft. Und in großer Gefahr war sie deshalb, weil ihr in ihrer neuen Stellung jeder Fehler, jedes unrichtige Wort, jede Ungenauigkeit noch teurer zu stehen gekommen wären. Ihre Biographie hing ihr immer noch an, und nach wie vor konnte die militärische Spionageabwehr alle möglichen Vorwände für eine Verhaftung, für eine Anklage finden, falls sie ein Opfer brauchte. Meine Großmutter, die ohnehin daran gewöhnt war, kaum atmend und zugeknöpft durchs Leben zu gehen, musste jetzt doppelt und dreifach so vorsichtig sein.

Und ja, eine Codiererin des Nachrichtendienstes durfte sich nicht mit einem Eingekesselten* treffen, einem Menschen, der nur einen Monat zuvor hinter der Frontlinie gestanden hatte, auf besetztem Gebiet, und weiß der Herrgott was dort getan hatte. Natürlich durchlief er eine Überprüfung, den »Filter«, aber dadurch wurde er nicht vertrauenswürdig.

Großvater M war jetzt eines der Straßenkinder mit den Läuseschachteln, die im Bürgerkrieg Passanten auf den Straßen der kleinen Provinzstadt angehalten hatten. Wenn die operativen Mitarbeiter aus dem »Wissenschaftlichen Forschungsinstitut Goldabbau« davon erfahren hätten, dass meine Großmutter sich mit ihm traf, hätte man sie schon rein prophylaktisch verhaftet, weil das Durchsickern von Informationen großen Schaden anrichten konnte. Die Deutschen standen so nah vor Moskau, die Dezember-Gegenoffensive wurde fieberhaft und unter größter Geheimhaltung vorbereitet, man stand kurz vor dem Zusammenbruch, dem Verlust von Moskau, dass in jenen Tagen niemand auch noch pedantische Nachforschungen angestellt, Einzelheiten geklärt, Aussagen angehört hätte; sie wäre erschossen worden und Schluss.

Aber konnte meine Großmutter ihn *abweisen*, wenn er schon von den Toten auferstanden war? Scheinbar beeindruckte sie vor allem, dass er zurückgekommen war – entgegen ihrer Ahnung, er sei gefallen. Nachdem er sich aus der Einkesselung gerettet hatte, in der ganze Armeen vernichtet wurden, war er zu seinen Angehörigen, zu ihr zurückgekehrt.

Welcher Stern mochte ihn durch die kahlen Herbstwälder vorbei an den von Deutschen besetzten Gehöften geführt haben? Woran hatte er gedacht, allein auf fremdgewordener Erde, ein Mensch ohne Papiere, ohne militärische Dienstgradabzeichen – weil er die Abzeichen abgetrennt und seine Papiere vergraben hatte, wurde er später degradiert –, einfach ein Mensch, der vor dem Tod floh, ausgestattet mit der Fähigkeit zu überleben; über Minenfelder, verlassene Panzerabwehrgräben und Befestigungsanlagen ging er, durch den Gestank der mit Leichen zugeschütteten Gräben, und ich erriet, was ihn leitete: Großmutter Tanja war sein Anker, sein Pfad zurück in die Welt der Lebenden.

Welch schreckliche Macht hatten sie in diesem Moment übereinander – in jenem Herbst! Meine Großmutter hätte in ihrem »Forschungsinstitut« sagen können, ihr ehemaliger Lebensgefährte, ein Eingekesselter, sei bei ihr aufgetaucht – das hätte gereicht, damit er verschwand. Er hingegen hätte sie in den Schmutz ziehen können, wie jenes Straßenkind mit den Läusen, er musste nur im Treppenhaus einen solch lauten Streit provozieren, dass die Nachbarn die Miliz riefen.

Wie sie miteinander sprachen und worüber, was er sagte und wie er sich verhielt, als er von seinem Sohn erfuhr und davon, dass Großmutter ihm dessen Existenz verschwiegen hatte – bleibt ein Geheimnis.

Sie wusste, dass sie sich in nächster Zeit nicht sehen durften, und er wusste es auch – schließlich wollte er sie nicht gefährden. Aber als der Winter begann und später, im Frühling, sahen sie sich einige Male, er schaffte es immer irgendwie nach Moskau, kam in der Nacht, wenn alle schliefen, und ging am frühen Morgen; wahrscheinlich hat er seinen Sohn in dieser Zeit nie wach, sondern nur schlafend gesehen.

Als das Frühjahr 1942 zu Ende ging, geriet Großvater M erneut in eine Einkesselung, diesmal bei Charkow; er verschwand, doch nach einem kürzeren Zeitraum kehrte er zu seinen Leuten zurück, aber diesmal nicht allein, sondern an der Spitze einer Gruppe von Soldaten; er durchlief eine Überprüfung und wurde an die Front zurückgeschickt. Hoffnungslose Situationen schienen ihn anzuziehen, genauer, er zog sie an, weil sie sein wahres Element waren.

In diesem Spalt, im Zwischenraum der Frontlinien, wo es weder Macht, Staat noch eine Kommandoleitung gab, wo die einen sich ergaben und die anderen verzweifelt auf Verteidigung oder Flucht in die Wälder sannen, dort fand er für sich die höchste Freiheit, wie mir schien. Alles auf dieser

Erde gehörte jemandem, gehorchte jemandem, diente jemandem; und nur in den »Kesseln« schien der Stoff der Geschichte beiseitezutreten, wurden zwanzig sowjetische Jahre auf null gesetzt; dort gab es tatsächlich ein kurzlebiges, einen oder zwei Monate währendes Niemandsland; dort tauchte er ein, in diese dunklen Gewässer.

Ich weiß nicht, was er im Herbst 1941 hinter der Frontlinie gemacht hatte; er konnte eine kleine Truppe zusammengestellt haben, die gegen die Deutschen kämpfte – oder auf sich selbst gestellt gewesen sein; da er der Überprüfung standhielt, konnte er der Spionageabwehr wohl erklären, wo er gewesen war und was er getan hatte; all das konnte ein Teil der Wahrheit oder gänzlich erfunden sein.

Im Herbst 1942, nachdem er bereits den Hauptmannsrang erlangt hatte, geriet er in ein Strafbataillon, wurde degradiert und bekam seinen Orden abgenommen, mit dem man ihn im Sommer ausgezeichnet hatte; im Strafbataillon kämpfte er einige Wochen – bis zu seiner Verletzung, einer leichten Verletzung am Bein, die rechtmäßig für die Formulierung der »Blutsühne« reichte.

Offensichtlich hegte meine Großmutter zu diesem Zeitpunkt das erste Mal den Verdacht, er habe andere Frauen – nicht nur dort, an der Front, sondern auch in Moskau. Mir scheint, er wollte sich durch seine Kinder retten, mit einer größtmöglichen Zahl von *Banden* mit dem Leben verhaftet bleiben.

Diesen mutigen und standhaften Mann verdarb der Krieg, denn Mut und Standhaftigkeit haben nicht immer etwas mit Moral zu tun.

Zweimal war er degradiert worden und gezwungen, die Dienstgradleiter wieder hinaufzuklettern, zweimal wurden ihm seine Auszeichnungen aberkannt, und wenn er sie wiedererlangt hatte, fühlte er sich wahrscheinlich jedes Mal wie ein guter Schüler, der zweimal wegen einer Laune seiner Lehrer sitzengeblieben ist. Seine Gefährten waren vermutlich längst Generäle, kommandierten Korps und Divisionen; und er verschwand wie Phönix immer wieder, und immer wieder tauchte er auf.

Wie vor dem Krieg kam er erneut ans große Geld; nichts Konkretes im Tagebuch, keine Details, meine Großmutter ahnte nur, dass M sich immer mehr in dunkle Machenschaften verstrickte – sei es der Handel mit Trophäen oder der Weiterverkauf von Armeegütern und Lebensmitteln – das blieb unklar.

Dann kam es zu einem Ereignis, das dem Verhältnis meiner Großmutter zum *neuen*, 1941 wiederauferstandenen Großvater M einen Knacks gab. Im Herbst 1943, Ende September, als er für zwei Tage nach Moskau kam, überreichte er ihr ein Geschenk – erbeutete Damenunterwäsche. Aus welchem Koffer mochte er sie gezogen oder wogegen getauscht haben, wem hatte sie gehört, durch wessen Hände auf beiden Seiten der Front war sie wohl gegangen?

Meine Großmutter begriff erstaunt, dass M tatsächlich meinte, sie würde diese Unterwäsche anziehen. Und ihr wurde bewusst, dass es für ihn nichts »Schmutziges« gab, was dieses Nachthemd hätte verunreinigen können, für ihn gab es nur Schmutz im wörtlichen Sinne – wasch ihn aus und trag sie. Ich denke, ihr wird klargeworden sein, wie gefährlich Großvater M war. Als sei er es nicht gewohnt, sich die Hände zu waschen, konnte er allen Unflat, allen *Schmutz* – im übertragenen Sinne – in ihr Haus schleppen.

Sicher wird sie wieder an die Straßenkinder mit den Läusen gedacht haben. Und Großvater M, der ihre Ablehnung spürte, begann zu trinken, erhob zweimal die Hand gegen sie – zweimal –, wer meine Großmutter kannte, der wusste, wie viel Überwindung es sie gekostet haben musste, sich nicht gleich nach dem ersten Vorkommnis von ihm zu trennen. Aber ich denke, das Problem lag darin, dass keine Worte oder Abschiedsrituale auf Großvater M Wirkung gezeigt hätten, er wäre trotzdem immer wiedergekommen, auch gegen ihren Willen. Sie hatte ihn einmal eingelassen, den Geretteten, und das hatte ihr Verhältnis vorprogrammiert und ihr die Möglichkeit genommen, beim nächsten Mal nein zu sagen.

Etwas beunruhigte ihn, etwas quälte ihn unablässig in den letzten Monaten des Jahres 1943, und diese Besorgnis ließ er an ihr aus. Vielleicht lag es daran, dass die sowjetischen Truppen 1943 riesige Gebiete befreiten, die man nach Ende 1941 für immer verloren geglaubt hatte. Hinter der deutschen Front, in den Gebieten des Rückzugs von 1941, gab es viele kleine und große Geheimnisse: vermisste Heerführer, den Deutschen zugefallene, geheime Archive, Gräber von Unbekannten.

In diesen Gebieten, die zwei Jahre im Dunkeln gelegen hatten, gab es überlebende Zeugen der Dramen des Jahres 1941; in den Reihen der Partisanen konnte es noch Soldaten von Divisionen geben, die im ersten Kriegsherbst zerschlagen worden waren. Wahrscheinlich fühlten sich viele der ehemaligen Eingekesselten von damals unwohl. Sie waren bereits an die Legenden gewöhnt, die sie sich ausgedacht hatten, um irgendeine zweideutige Geschichte zu vertuschen, und lebten in der Überzeugung, dass tatsächlich alles so gewesen sei, wie sie es beim Verhör der Spionageabwehr ausgesagt hatten. Und nun konnten aus den vergessenen Verliesen der Okkupation ihre Ankläger auftauchen.

Es ist nicht auszuschließen, dass auch Großvater M etwas in dieser Art erlebt hat; keinen Verrat, keine Feigheit, sondern etwas anderes: Er konnte jemanden erschossen haben, mit dem er im Streit lag, einen ranghöheren Kommandeur oder Kommissar, er konnte zugunsten seiner Truppe Geld aus einer Bankfiliale beschlagnahmt haben. Auf seinem Rückzug hatte er eine Spur hinterlassen, eine Spur, über die man ihn finden konnte, eine Spur mit einem konkreten Vor- und Nachnamen sozusagen. Vielleicht wartete er darauf, ob es herauskäme oder nicht, ob die Spionageabwehr an ihm vorübergehen oder ihn ins Visier nehmen würde; ob sich Zeugen melden oder ob sie schweigen würden. Er wartete, und im Gefühl der nahenden Treibjagd wurde er immer übermütiger, sprach sich mit einem Hauptmann aus der Kraftfahrzeugkompanie ab, und dieser lieferte geradezu unverhohlen Uhren und Ringe zum Verkauf nach Moskau, die irgendwer toten Deutschen abgenommen hatte; bei Bedarf lagerte der Hauptmann sein Gold im Zimmer meiner Großmutter, und die wagte nicht zu widersprechen, sie fürchtete Großvater M.

Genau zu diesem Zeitpunkt erhielt der Vater meiner Großmutter, mein Urgroßvater, die langersehnte Beförderung auf einen hohen Dienstgrad; ihm wurde ein wichtiger Posten in der medizinischen Versorgung zugeteilt. Er wurde zuständig für die Lieferung von Medikamenten und Medizintechnik in die Lazarette; seine Unterschrift war entscheidend, zu ihm kamen deswegen die Fabrikdirektoren, vor deren minderwertigen Waren die Abnehmer ihre Augen verschließen sollten; zu ihm kamen die Schwindler und Gauner, die Geld machen, einen Teil der mangelnden Medikamente auf den Schwarzmarkt bringen wollten. Ein gefährlicher Posten – noch gestern war mein Urgroßvater jedermanns Freund gewesen, und jetzt hatte er auf einmal Hunderte Feinde und Neider.

In der Neujahrsnacht blieb meine Großmutter allein zu Hause, niemand kam, niemand lud sie ein. Wahrscheinlich dachte sie an das vergangene Jahr zurück: Selbst wenn man es nicht will, passiert das von allein.

Das Jahr 1943 ging zu Ende; das Jahr der Siege. Doch ausgerechnet 1943 waren zwei Brüder meiner Großmutter gefallen, Lew und Sergej; der dritte, Dmitri, war bereits 1942 umgekommen. 1943 hatte meine Großmutter einen zuverlässigen Beweis über den Verbleib ihrer Schwestern und deren Männer erhalten, sie waren im ersten Blockade-Winter verhungert, jemand war nach Leningrad gefahren und hatte die alte Familienadresse aufgesucht. Wenn man die anderen Gefallenen und Verstorbenen hinzurechnete, nahe und entfernte Verwandte sowie Freunde – so waren 1943 von der großen Familie, die in zwei Städten gelebt und drei Generationen gezählt hatte, nur drei übriggeblieben: mein kranker Urgroßvater, der zudem auf seinem neuen Posten eine große Bürde der Verantwortung trug, meine Großmutter und mein Vater, der zweieinhalb Jahre alt war.

Früher hatte sich Großvater M, der Einzelgänger, ein Mann ohne Verwandte und Vergangenheit, wie ein ferner Planet über die Umlaufbahn der großen Familie bewegt, zu der meine Großmutter gehörte. Nun gab es diese große Familie nicht mehr, zwei Dutzend Menschen lagen unter der Erde, auf der die Saat der Siege aufging; meine Großmutter war mit Großvater M allein geblieben. 1941, als sie ihn nach seiner Rückkehr aus dem Jenseits aufgenommen hatte, wäre ihr eine solche Situation unvorstellbar gewesen; mit einer Gewohnheit aus Friedenszeiten fühlte meine Großmutter die Kraft ihrer Familie im Rücken, auch wenn sie nie ein besonderer Familienmensch gewesen war.

»Vaters Umkreis muss politisch sauber sein«, schreibt meine Großmutter in jener Neujahrsnacht, dem Vorabend des Jahres 1944, in ihr Tagebuch. Ein kurzer, distanzierter Satz; ein Urteil.

Großvater M diente damals im Heer der Ersten Ukrainischen Front. Wäre auch nur einer seiner Briefe erhalten, die meine Großmutter erwähnt, hätte man seine Einheit und sein Regiment herausfinden und seinen Namen erfahren können. Aber meine Großmutter hatte überhaupt keine Briefe aus jenen Jahren aufgehoben, anscheinend waren sie so etwas wie Gegenstände aus einem Unglückshaus für sie, wie Möbel aus dem Zimmer eines Erhängten.

Anfang März 1944 machten sich die Truppen der Ersten Ukrainischen Front bereit zum Angriff, die Proskurow-Czernowitzer Operation stand bevor. Die rechts flankierende 60. Armee drang von Norden nach Süden vor, von Rowno zum Vorgebirge der Karpaten, der alten Grenze der UdSSR. Während der Lemberg-Sandomir-Operation im Sommer drehte die 60. Armee dann nach Westen – und marschierte in Lemberg ein.

Vielleicht hatte Großvater M auch der 38. Armee angehört, die am 11. März aus dem Bezirk Winniza in Richtung West-Süd-West vordrang, Schmerinka und Kamenez-Podolski eroberte und sich ebenfalls den Karpaten näherte?

Wenn man die Zeichnung seiner Schicksalslinie maximal verlängert, dann musste Großvater M in der 1. Gardearmee gedient haben, die Proskurow aus dem Umkreis des Städtchens Ljubar angriff und später, nach der Einnahme von Proskurow, ebenfalls nach Kamenez-Podolski vordrang. Denn schließlich war es die 1. Gardearmee, die im August Sambor und Drogobytsch erobern sollte, Städte, in denen für Großvater M der Krieg begonnen hatte und von wo aus er 1941 den Rückzug antrat.

Aber man konnte über seinen Standort nur Vermutungen anstellen.

Aus dem Tagebuch meiner Großmutter war er verschwunden. Ende Februar kam ein letzter Brief von ihm. Die Front war bereit für den Angriff, und er schickte diesen Brief wahrscheinlich mit dem Gedanken, dass ihm fortan nicht nach Briefschreiben sein würde – ständig Gefechte, die Truppen drängen voran, das Hinterland bleibt zurück …

Der Angriff hatte sich ungefähr einen Monat später erschöpft, um den 10. April gingen die Truppen der Ersten Ukrainischen Front zur Verteidigung über. Hier hätte Großvater M einen nächsten Brief schicken können, tat es aber allem Anschein nach nicht. Er schickte nie mehr einen Brief.

Getötet? Verschollen? Gefangenschaft? Meine Großmutter, die offiziell nicht mit ihm verheiratet war, erhielt keinerlei Auskünfte. Vielleicht hat sie an das Kommando der Einheit geschrieben, in der er diente, vielleicht auch nicht – keine Ahnung; vielleicht hat sie etwas in Erfahrung gebracht, was sie nicht im Tagebuch festhalten konnte oder wollte.

»Vom Teufel belauscht«.

Eine kurze Notiz Anfang Juni. Zunächst übersprang ich sie; welcher Teufel, was sollte er belauschen, was meinte meine Großmutter überhaupt? Dann kehrte ich zu der Stelle zurück und las sie ein ums andere Mal.

»Vom Teufel belauscht«.

Meine Großmutter meinte sich. Der Teufel hatte sie belauscht. Ja und? Hatte er sie denunziert? Geärgert? Meine Großmutter war Atheistin, und nun dieser Teufel …

Auf einmal wurde mir klar: Meine Großmutter meinte Worte aus der Neujahrsnacht, die sie laut ausgesprochen hatte – oder auch nicht; sie meinte den Wunsch, der eines Tages aus ihr hervorgebrochen war, Großvater M möge nicht aus dem Krieg zurückkehren. Das waren die Worte, die ihr der Teufel abgelauscht hatte; sie konnte davor zurückschrecken und sich schämen oder alles ableugnen – es war zu spät; es roch bereits nach Schwefel.

Zu Beginn des Sommers war sie entsetzt, dass ihr *Wunsch* sich erfüllte; es ging so schnell, als warte in Jahren des Unheils, in Jahren der Angst der Teufel unter dem Stuhl, als schaue er unter dem Bett hervor und schaukele am Vorhang – und zu dritt, zu fünft, zu zehnt hören die Teufel zu und lauern auf ein unvorsichtiges Wort, einen schwarzen Herzenswunsch, und schon stürzen sie jählings los, um ihn zu erfüllen, als würde mit der Erfüllung ein weiterer Teufel geboren werden.

Als meine Großmutter wünschte, der Krieg möge ihn holen, schien sie seine Achillesferse getroffen zu haben. Großvater M war vor Kugeln, Granatsplittern, Bajonetten gefeit gewesen, unantastbar in Hunderten von Gefahren, und nur eine Gefahr war noch bedrohlich, die einfachste, die niemandem in den Sinn gekommen wäre: Jemand wünscht, du mögest nicht zurückkommen – und du kommst nicht zurück.

Ich erzählte meinem Vater nichts von diesem Tagebuch; vielleicht war das unaufrichtig, aber ich fühlte, dass das Tagebuch ein Geheimnis zwischen mir und meiner Großmutter Tanja war, dass damit nicht dasselbe wie mit dem Manuskript geschehen dürfe.

Meine Großmutter Tanja war also am Verschwinden von Großvater Michail schuldig. In welchem Maß? Das ließ sich schwer sagen. Aber eine Schuld gab es doch, auch wenn sie nicht messbar oder definierbar war und einer fernen Wolke am Horizont des Gedächtnisses glich. Dadurch, dass meine Großmutter sie nicht gestanden und ihre Memoiren gesäubert hatte, war sie sogar größer geworden.

Bei all dem – und teilweise im Widerspruch zu dem Bild, das ich mir nach den Tagebuchaufzeichnungen meiner Großmutter gemacht hatte – war in mir ein tiefes Interesse an Großvater Michail erwacht. Wahrscheinlich fühlte ich, dass ich als der, der ich war – ein Wildling in unserer Familie –, seine Nachfolge antrat; er gab mir die Erklärung für mein Gefühl der Verlorenheit im Kreis der Verwandten.

Mein Vater hatte seine Recherchen nach Großmutters Tod eingestellt; scheinbar quälte ihn das Gefühl, seine Eile sei falsch gewesen, er hätte die zwei Jahre besser mit ihr verbracht, auch wenn sie sich an wenig erinnerte. Bei mir jedoch schien der Fund des Tagebuchs, die Annäherung an das Geheimnis eines fremden Todes eine neue Energie freigesetzt zu haben; wie eine Droge verlangte sie nach Erneuerung. Ich setzte also meine Streifzüge fort, ahnte bereits, dass ich eines Tages zu dem Tagebuch, zu Großvater Michail zurückkehren würde – und fürchtete mich davor.

TEIL II

1

ZU BEGINN DES SOMMERS 1994 musste ich mit dem Zug über Lwów nach Polen fahren, ich war angeheuert worden, einen *Schwarzweg* zu überprüfen. Ich hatte eine vorschriftsgemäß versiegelte Bestattungsurne sowie die dazugehörenden Papiere dabei. Aus diesen Dokumenten ging hervor, dass ich die Asche meiner Tante dritten Grades in ihre alte Heimat nach Rzeszów überführte.

Die Papiere waren selbstverständlich gefälscht, Name und Vorname der nicht existierenden Tante hatte ich mir selbst ausgedacht; für alle Fälle legte ich mir auch eine Biographie zurecht, nach der sie die Tochter eines polnischen Kommunisten war, der Ende der zwanziger Jahre in die UdSSR übergesiedelt, in der polnischen Sektion der Komintern gearbeitet hatte und 1937 während der »polnischen Aktion« des NKWD* erschossen worden war. Den Nachnamen lieh ich mir von einem realen Menschen aus den mittlerweile veröffentlichten Erschießungslisten. Ich hätte mir mit dieser Legende nicht solche Mühe geben müssen, brauchte aber eine dramatische Geschichte, um die Zollbeamten, besonders die polnischen, in einer kritischen Situation ablenken zu können.

In der Metallurne, die einer Thermoskanne ähnlich sah, waren keine menschlichen Überreste, sondern Asche und

Kohle – ich hatte sie von einer Feuerstelle im Stadtpark eingesammelt; schließlich weiß ja niemand, wie menschliche Asche aussieht, dachte ich. Unter die Kohle mischte ich fünfzehn oder zwanzig kleine geschliffene Glassteine, Anhängsels eines kaputten Kronleuchters, der bei uns zu Hause neben anderem Gerümpel lagerte.

Solche Urnen durfte der Zoll nicht öffnen, wenn sie verplombt waren und der Beförderer Papiere von einem dazu berechtigten Bestattungsinstitut vorwies, aus denen hervorging, dass sich in ihnen nur Asche befand; eine ideale Methode für den einmaligen Transport besonders wertvoller Schmugglerware.

Wie ich es verstanden hatte, wollten meine Auftraggeber einen neuen Kanal für ihre Edelsteintransporte erschließen, höchstwahrscheinlich für Diamanten aus Jakutien. Die großen »Brilli«-Schmuggler hatten ihre Schlupflöcher beim Zoll. Aber die kleineren, die sowohl den Behörden als auch den großen Figuren der Schmugglerwelt ein Dorn im Auge waren, mussten schlau sein und eigene Wege finden.

Die Idee mit der Urne stammte nicht von mir; eigentlich hätte ich mir lieber etwas anderes, weniger Auffälliges ausgedacht. Meine Aufgabe bestand darin, drei Zollkontrollen zu passieren, die russische, die ukrainische und die polnische, und zu sehen, wie die Zöllner reagierten, was sie zu den Papieren sagen, welche Fragen sie stellen, ob sie die Urne röntgen würden – falls es einen Röntgenapparat gab – und was eine Durchleuchtung zeigte. (Deswegen waren Glassteine in der Asche – würde ihr Apparat sie »sehen«, nicht das Röntgen generell, sondern ein konkretes Gerät an einer konkreten Zollstation?) Würden sie ein Bestechungsgeld erzwingen, und wenn ja, wie viel? Und überhaupt – würde die seltsame Thermoskanne einem der Beamten überhaupt auffallen oder würden sie meinen, es sei tatsächlich eine Thermoskanne, und keine Fragen stellen?

Man benutzte mich als Spielfigur, e2 auf e4; zuerst wollte ich die Arbeit ablehnen, aber dann reizte sie mich.

Die Aufgabe öffnete mir die Tür zu einer Scheinwelt, sie war weder diesseitig noch jenseitig, sondern steckte in der Fuge zwischen Sein und Nichtsein; in dieser Welt irrlichterten täuschende Masken, fälschliche Ereignisse, Meineide, Lebensläufe, die erdichtet waren (und für manche real wurden), scheinbare Verbindungen und nichtexistente Figuren, die etwas glaubhaft machen sollten. Ich wurde selbst ein Teil von ihnen, ein burlesk-böser Held, Neffe dritten Grades einer erfundenen polnischen Halbjüdin; ich war aus demselben Holz geschnitzt wie *Großvater Michail, der Funker*, was bedeutete, dass ich diese Welt durchqueren und auf der anderen Seite wieder verlassen konnte, dort, wo mein wirklicher Großvater Michail war.

Nein, ich hatte mir das nicht vorgenommen, und es wäre auch absurd gewesen, die Arbeit für die Schmuggler mit historischen Nachforschungen zu vermengen; aber es gab diesen entfernten Gedanken. Als ich vor meiner Abreise die Landkarte studierte, ging ich außerdem die Orte meiner gedanklichen Recherche ab; von Lwów waren es nur 60 Kilometer bis Drogobytsch, also der Gegend, in der mein Großvater Michail gekämpft hatte und verschwunden war; dorthin zog es mich.

Nein, natürlich hatte ich es mir vor meiner Abreise nicht zum Ziel gemacht, nach dem Verbleib von Großvater M zu forschen; für den Fall jedoch, dass die Aktion erfolgreich verliefe, könnte ich auf dem Rückweg über Drogobytsch fahren, mir die Stadt anschauen – nur um ein Bild von jenen Orten zu bekommen, um die geheimnisvolle Unbestimmtheit des Wortes *Drogobytsch*, das so donnerte wie ein Fuhrwerk über brüchiges Straßenpflaster, zu tauschen gegen die Trübsal eines Busbahnhofs, eines Platzes mit einem Lenin-Denkmal und eines abgelegenen Hotels – so wie sie an Hunderten von anderen Orten auch aussahen.

Die Urne brachte ich in aller Ruhe, fast problemlos nach Rzeszów; die ukrainischen Grenzer interessierten sich überhaupt nicht für sie, die polnischen bemängelten, dass ein Dokument nicht übersetzt und ein anderes nicht beglaubigt war. Erst wollte ich dagegenhalten, mich auf das Konsulat berufen, eine Beglaubigung sei in diesem Fall nicht notwendig; aber dann beschloss ich, meine Legende auszuprobieren. Als ich anfing, von meinem »Tantchen« zu erzählen, die in polnischer Erde hatte begraben werden wollen, und vom unglücklichen Los ihres Vaters, verstummten die Zöllner, und die Mitreisenden, die jetzt wussten, dass ich menschliche Asche im Gepäck hatte, fingen an, sich zu bekreuzigen. Eine alte Frau verfiel in Wehklagen »Schenk Frieden, Herr«, und ich fühlte eine Art Lufthauch, eine zarte Berührung auf meinem Scheitel, als habe Hermes, der geflügelte Gott, Schutzpatron von Gaunern, Dieben und Reisenden, mir seinen Segen gegeben; auf jeden Fall dachte ich damals, es sei ein Segen.

Bei meiner Ankunft in Rzeszów wollte ich die »Urne« in die nächste Mülltonne werfen, bis zum Abend spazieren gehen und über einen anderen Grenzübergang nach Lwów zurückfahren. Aber kaum hatte ich meinen Fuß auf den Bahnsteig von Rzeszów gesetzt, war mir klar, dass ich meine Fracht nicht einfach wegwerfen konnte.

Ich war geistig klar und wusste sehr wohl, dass in der Urne Asche und Glassteine waren. Aber meine Lügengeschichte über die Tante, mein Auftritt in der Rolle ihres Neffen gaben der falschen Urne ein wenig Echtheit, und in ihr schien die Scheinexistenz eines blinden Schattens erwacht zu sein. Auf einmal merkte ich, dass ich die Urne wirklich loswerden musste, konnte sie aber nicht einfach auf der Straße stehenlassen. Ich fragte nach dem Weg zum Friedhof, man zeigte mir zwei – den Weg zum alten und den Weg zum neuen; hastig ging ich zum alten, auf dem schon lange nicht mehr beerdigt wurde, zu vermoosten Kreuzen, zum lethargischen Schlaf der Gruften. In eine dieser Gruften legte ich meine Urne, als quartiere ich die Tote dort ein. Ich legte sie dazu und fühlte ganz klar, dass ich unter dem Steingewölbe etwas hinterließ, das sich von der absolut toten Materie unterschied.

Und wenn sich in der Urne nun der Geist der erfundenen polnischen Tante angesiedelt hatte? Vielleicht hatte es eine solche Frau wirklich gegeben, war meine Fabel zufällig eine Nachempfindung der Konturen der Wirklichkeit? Mich überlief ein Frösteln; hinter mir auf dem Friedhof schien jemand nach mir zu rufen, mich zur Rückkehr aufzufordern, als wolle die Kreatur meiner Phantasie nicht sterben. Ich beschleunigte meinen Schritt und wünschte mir insgeheim, in den nächsten hundert Jahren möge niemand diese Urne finden. Vielleicht hätte ich sie in den Fluss werfen sollen, dachte ich – doch da musste ich geradezu hysterisch loslachen: Dachte ich mir etwa gerade ein Märchen vom Dschinn aus? Genug!

Das Gefühl, die Vision verflüchtigten sich; nur auf dem Rückweg, abends im Bus nach Lwów, fühlte ich mich wie vor dem Beginn einer Krankheit; es waren nicht einmal ihre ersten Anzeichen, sondern eine seltsame, flüchtige Wehmut – als wandele sich innerlich etwas, und man weiß noch nicht, was es ist. Etwas hatte sich gewandelt; hätte ich den Zöllnern nicht diese Legende erzählt, wäre nichts davon geschehen; aber das hatte ich.

Ich überlegte – und wenn ich mir ein Ticket für den nächsten Flug kaufe und noch in der Nacht nach Moskau zurückfliege? Dann aber ging ich los, um in der Dämmerung durch die Altstadt von Lwów zu streifen.

Entweder war das Straßenpflaster so beschaffen oder der Boden hallte nach, aber wenn eine kleine Straßenbahn vorbeifuhr, meinte man, dass die Häuser wankten: Die gesamte Stadt schien wie ein Lager alter Möbel auf einem Dachboden, zieht man ein Stück heraus, fällt alles zusammen; oder – die Stadt war wie von sichtbaren und unsichtbaren Gängen durchzogen, andere Türen führten in *Zeitdurchgänge*; und von diesen verborgenen Höhlen gab es hier so viele, dass die Realität wie ein Baum war, den ein Holzwurm angenagt hat.

Ich sah, wie ein Mann sich mit einem Streichholz eine Zigarette anzündete und sie vor dem Wind mit seinem Mantelkragen schützte, und in meinem Kopf fügten sich von selbst die Zeilen:

> Jeder Wecker träumt von Kabel und Dynamit,
> Jedes Streichholz will eine Zündschnur finden …

Terroristen, Verschwörer – diese Stadt mit ihren Kellern und Dachböden, ihren dunklen, gewundenen Straßen und schwarzen Schatten schien sie geradezu hervorzulocken und vervielfältigte in Schaufensterscheiben ihre verdächtigen Gestalten; schaute man zum Ende einer Straße, schien man gleich eine solche Gestalt im Visier zu haben. Erbaut von Polen und Österreich-Ungarn, trat die Stadt mit ihrer steinernen Last den Boden nieder – und der Boden gab es ihr mit gleicher Feindseligkeit zurück, sackte ein, gab nach, wankte, verzog die Fundamente; in jeder feuchten Ecke und in den schattigen Parkanlagen hauste ein düsterer Erdgeist.

Wie Phantome, wie Ausgeburten dieses Erdgeistes tauchten die Namen von Bandera* und anderer ukrainischer Nationalisten der Kriegszeit auf; fünfzig Jahre waren sie tabuisiert worden – und jetzt kehrten sie mit einer Leichtigkeit zurück, als hätte es die UdSSR nie gegeben, als hätte man ihnen kein Siegel des Schweigens aufgedrückt. Ihnen zu Ehren waren bereits Straßen umbenannt worden, für sie sollten Denkmäler errichtet werden; aber mit welchem Ingrimm kehrten sie aus dem Vergessen zurück! Die zurückgekommenen Vertriebenen wollten sich rächen; und ich überlegte, mit welchen Gefühlen Großvater Michail zurückgekommen wäre. Hätte er seinen Zorn auf Großmutter Tanja unterdrückt? War dieser Zorn gewaltig? Existierte er noch oder war er verflogen?

Aufgepeitschte Energie lag in der Luft; als seien die Toten auferstanden, die vermoderten Sargdeckel aufgebrochen, die Grufttüren herausgerissen; im Stadtpark am sowjetischen Ehrenmal wuchs zwischen den Steinstufen bereits das Gras, hier war das Vergessen bereits in Kraft getreten; an anderen Orten war die Luft spannungsgeladen und aufgeheizt. Im Park hatte jemand zu Füßen des Soldatenmutterdenkmals eine kleine Madonnenfigur aus Marmor hingestellt – wie zur Abwehr und zum Schutz.

Ich vermutete, dass diese Zeit nicht lange anhalten würde; nur jetzt hatten sich die Türen zur Vergangenheit geöffnet, und sie würden sich schließen, sobald das Vergangene sich wieder in ein geordnetes Bild gefügt hatte. Ich verbrachte auch den nächsten Tag in Lwów, stieg zum Schlossberg hinauf, schaute mir die Umgebung an – es war ein Landstrich der Verluste, der Einbußen –, dann machte ich mich auf den Weg nach Drogobytsch.

Als der Bus in der Station von Drogobytsch einfuhr, wollte ich fast sofort mit ihm zurückfahren. Ja, ich war davon ausgegangen, dass die Stadt Hunderten von anderen gleichen würde, aber nicht in diesem Maße! Fünfgeschossige graue Häuser, Läden im Erdgeschoss, Bushaltestellen, rissiger Asphalt, kränkliche Bäume, die wahrscheinlich bei einem freiwilligen Arbeitseinsatz gepflanzt worden waren – alles war so vertraut, dass ich meinte, es als Requisit mitgeführt zu haben, als mache ein Defekt meines Blicks diese Welt so unbestimmt grau und beraube sie aller Kennzeichen von Ort und Zeit.

Und als ich schon meinen Fuß auf das Trittbrett des Busses gestellt hatte, drang von irgendwo aus der Ferne, von Westen, aus der Richtung der untergehenden Sonne, deren letzte Strahlen die Dächer schon nicht mehr berührten, sondern nur noch Licht auf die hohen, waldigen Hügel hinter der Stadt und die Bergrücken der Karpaten warfen, ein Ton – als töne die Sonne selbst, während sie in der samtenen Schatulle der Nacht verschwand; mit dem Wind drang kaum hörbar die Melodie eines alten Menuetts heran, sie war abgehackt, eingängig, Takte wurden ausgelassen, aber dennoch war sie wunderschön.

Irgendwo weit weg auf einem Turm, der hinter den Häusern nicht zu sehen war, maß eine vielleicht falsch gehende Uhr mit einem Glockenspiel, dem ein Teil seiner Schlägel fehlte, die Zeit. Ich bewegte mich auf die Töne zu, und bevor ich die Altstadt erblickte, setzte sie sich in meinem Kopf aus den Noten des Menuetts zusammen. Jede Note errichtete die verfallenen Stadtvillen mit ihren eckigen, Ritterhelmen ähnlichen Dächern neu – sie wirkten wie aus der Theaterrequisite; die Noten skizzierten gusseiserne Zäune, modellierten Gipsmasken über den Hauseingängen, bauten steinerne Treppen; Nachklänge drangen zu den Steinen der Pflasterstraßen, zu Wetterhähnen, Blechgesimsen, verschnörkelten Abflussrinnen und Wappen; und als die Melodie schließlich verstummte, müde geworden von der ständigen Wiederholung ihrer selbst, stand ich bereits in einer von Musik erschaffenen Straße, die nicht verschwinden wollte und sich in der eingetretenen Stille nicht verflüchtigte.

Für mich, aufgewachsen in Zentralrussland, war es eine verwunschene, sagenhafte Stadt. Da blitzte in einer Straßenschlucht der Rathausturm mit seiner dunklen, bronzenen Kuppel auf, einer Leuchtturmspitze ähnlich, mit vier Zifferblättern in alle vier Himmelsrichtungen – und wie sollte man sich in diesen Straßen die düsteren, donnernden Panzer des 8. Mechanisierten Korps von Großvater Michail vorstellen? Und auch ihn selbst? Wie der Held aus einem Märchen war er an die Grenzen der russischen Oikumene vorgedrungen und dort verlorengegangen, wo seine Lebenskraft versiegte und seine Überlebensgabe nachließ, die ihn an die Erde gebunden hatte. Ich meinte sogar, die Stadt könne ihn verhext haben; Großmutter Tanja wünschte, er möge nicht zurückkehren – und schon geschah in der Ferne etwas, kein Tod, kein Untergang, sondern es öffnete sich ein Fensterchen in der Luft –, und fort war der Mensch, oder zumindest das, was er einmal gewesen war.

Ich meinte sogar, diese Geschichte sei nicht tragisch. Früher hatte ich gedacht, Großvater Michail war gefallen und einen bösen Tod gestorben, – nach vielfacher Rettung habe das Schicksal es ihm heimgezahlt. Möglicherweise hatte er ebenfalls das Glockenspiel der Stadtturmuhr gehört, sich in die zerstörte Apotheke verirrt – die dem Urenkel eines Alchemisten, einem Amateurhomöopathen gehörte – und dort aus einem hellblauen Messglas die Essenz des Vergessens getrunken, die nach süßen, berauschenden Kräutern duftete. Hier hatte kein Unheil geschehen können – schien mir –, und in diesem Moment fühlte ich, dass Großmutter Tanja keine Schuld traf, alles hatte sich von selbst so ergeben, und vielleicht hatte sie nur geahnt, was bereits geschehen war: *das Unumkehrbare*.

Ich schlief nicht in jener Nacht; in dem alten Hotel war es still, still war es auch auf den Straßen. Wie Wasser bei einer Überschwemmung zog über dem zentralen Platz langsam die Finsternis aus den Vorstädten auf; keine städtische, halbherzige, fahle, sondern eine echte Finsternis, gereift in den umliegenden Wäldern, gesättigt von Waldluft, von der Sanftheit der Tannennadeln, die jeden Schritt dämpfen; es war die Finsternis von Waldwegen, von entfernten Wegkreuzungen; von Klüften und Schluchten, die so dicht mit Grün überwachsen sind, dass es auch tagsüber dort dämmrig ist, die Lichtstrahlen nicht bis zum Grund des Baches reichen, und er drängt ein sonnenloses, unnahbar-klares Nass voran.

Eine scheinbar friedliche und einschläfernde Finsternis, aber in Wirklichkeit versetzt sie die Stadt in Erstarrung; sie scheint von ihren Bewohnern verlassen, als habe man alle in die Wälder gefahren, wo jeder Schritt, der das gefallene Laub und die Nadeln umpflügt, nach Fäulnis und pflanzlicher Verwesung riecht. Alle wurden abtransportiert, du bist allein zurückgeblieben, denn der Hotelverwalter hat dich nicht in die Liste der Übernachtungsgäste eingetragen; aber die Überprüfung kommt noch, gewisse Leute gehen die leeren Häuser ab, um Fensterläden zu schließen, Katzen einzusammeln, Fußmatten geradezurücken und den Müll aufzufegen, der von den auf die Straße geschleppten Sachen übriggeblieben ist. Und man wird dich finden, hinausführen und dich in einem beschlagnahmten Gutsbesitzer-Landauer mit weicher Federung und Gardinen vor den Fenstern kutschieren, der noch schwach nach Zigarren und übersüßem Eau de Toilette riecht; durch ein Schlagloch schaukelt auf einmal der Vorhang beiseite, und du siehst die letzte Stadtlaterne, das Straßenpflaster, eine efeubewachsene Häuserecke – und wunderst dich, wie unbedeutend das ist, was du zuletzt gesehen hast, wie zufällig und unscheinbar.

Gegen Morgen, als es gerade hell geworden war, ging ich hinaus; ich wollte den Fortgang dieser Vision stören, um zu überprüfen, ob ich noch einen eigenen Willen hatte.

Der Weg führte mich bald zum Friedhof – wieder ein Friedhof, wie in Rzeszów. Offenbar war ich einfach in die eingefahrene Spur Tausender Beerdigungsprozessionen geraten, die aus Seitengassen zusammengeflossen waren und den immer gleichen Weg nach Norden genommen hatten; solange die Straßen schliefen, solange kein Mensch auf dem Bürgersteig erschien, gingen die Beine von selbst den tränenreichen Weg vergangener Gefühle.

Über die Friedhofswege krochen Würmer – saubere, zarte Regenwürmer, auf den Blättern hockten fette, gewichtige

Nacktschnecken, an den Grasstengeln reisten gepanzerte Käfer auf und ab. Es waren viele, als seien sie der Nebeneffekt einer Verwünschung, eines bösen Zaubers der Nacht; als hätten sie unbekannte Kräfte versehentlich aufgerufen, ihre Zufluchtsorte in Erde und Holz zu verlassen.

Der Friedhof umfasste drei Epochen – Österreich-Ungarn, Polen und die Sowjetunion; die sowjetischen Grabsteine waren in eine Ecke gedrängt, die polnischen in eine andere, so dass in der Mitte zwischen ihnen die österreichisch-ungarischen blieben. Auf einigen Grabsteinen, sowohl sowjetischen als auch polnischen, waren die Porzellanovale mit den Fotografien der Beigesetzten zerbrochen, in den Rissen hatte sich bereits Erde angesammelt – als verschlinge ein Farbklecks der Retusche ihr Gesicht.

Hier hatte sich jemand an den Toten gerächt, oder sie selbst waren bei Unwetter zur finsteren Stunde nach oben gekrochen und hatten einander auf den Porträts die Augen ausgekratzt. Die Bewohner von Österreich-Ungarn, die Polen, die sowjetischen Bürger – alle lagen nun in fremder Erde, die sie allerdings abwechselnd für ihre eigene gehalten hatten; die aneinandergeschmiegten Verstorbenen hassten sich.

Wenn jedes Land, jeder Ort über entsprechende *posthume* Länder und Orte verfügt, über eine eigene jenseitige Welt, dann waren sie jetzt zu Okkupanten dieser Welt geworden. Man hatte sie – wie Samen – in diese Erde gelegt, damit das *Jenseits* dieser Erde österreichisch-ungarisch-polnisch-sowjetisch werde; damit auch dort die Verstorbenen mit den imperialen Federbüschen, polnischen Kokarden oder Sowjetsternen am Käppi Einzug hielten, damit der Boden selbst sich wandle, seine ehemaligen Besitzer vergäße und nach dem Recht der Gräber an die neuen überginge.

Die Erde stritt nicht mit den Toten, sie hatte sie teilnahmslos angenommen, sie mit den Wurzeln von Linden und Ulmen umschlungen und nicht versucht, die fremden Särge abzustoßen; aber die Gruften, Grabsteine, Kreuze, Zäune – schwere, steinerne, beständige –, sie waren auf einmal hilflos und schienen um Nachsicht zu betteln. Und was, wenn auch Großvater Michail ein solchermaßen einquartierter Toter war?, dachte ich. Und wenn er nun hier war, und ich würde ihn nie erkennen?

Vom nahen Fluss und den Teichen zog Nebel in die sumpfige Flussniederung. Im Osten ging bereits die Sonne auf, und die Nebelschwaden, die an den grasbewachsenen Hängen hinaufkrochen, die Sträucher vollständig und die Bäume bis zu einem Drittel des Stamms verschlangen, fingen rot an zu leuchten, sich in die strahlende Knetmasse des Tages zu verwandeln, der im reinen Gärstoff des reichlichen Taus aufging.

Aus diesem diesigen Schein über der halbzerfallenen Friedhofsmauer tauchte auch die Frau auf. Zunächst meinte ich, es sei eine junge Frau, die etwas Verlorenes suchte, zum Beispiel den gestrigen Tag. Aber nein, ohne sich zu krümmen, beugte sie sich behänd hinab, hob etwas auf und legte es in einen Stoffbeutel auf ihrem Bauch; suchte sie etwa Schnecken oder Egel? – dachte ich; wer ist sie, vielleicht eine Naturforscherin, eine Biologiestudentin?

In den Dunstschwaden entstand auf einmal für zwanzig oder dreißig Sekunden ein Korridor zwischen uns, ein Luftfernrohr ohne Nebelpartikel; dabei sah ich, dass die vermeintlich junge Frau das Gesicht einer alten hatte.

Es gibt solche alten Frauen – sie sind nicht gebrechlich, scheinbar auch nicht alt; sie müssen nicht jünger scheinen wollen, um munter zu wirken, sie sind tatsächlich munter und stark; aber manchmal bricht ihr Alter durch, sei es durch eine Bewegung des Kopfes oder der Schultern, und ihre Gesichtszüge gleichen dann dem Profil, das bereits assyrische Steinmetze und ägyptische Bildhauer kannten; ein Augenblick nur – und vor einem steht ein Wesen ähnlich Tefnut, Sachmet oder Bastet, den Göttinnen mit ihren Katzen- oder Löwenköpfen; ein Augenblick nur – und wieder hat man eine seltsam jung wirkende Alte vor sich.

Auch sie hatte mich bemerkt; schaute mir einfach einige Sekunden in die Augen – und ging weiter. Nebel zog in den Luftkorridor, die Alte tat noch einige Schritte – und schon war sie weg, nur noch eine dunkle Silhouette im milchigperlmutternen Licht; da wurde mir klar, was sie auf dem Friedhof tat, warum sie so früh am Morgen hergekommen war, in der Stunde von Tau und Nebel. Sie sammelte Kräuter, Friedhofskräuter, vielleicht Kamille, Johanniskraut, Dost, Minze oder irgendwelche anderen, die nur zwischen Gräbern wuchsen. Niemand konnte sie zu dieser Zeit sehen, und vielleicht kam sie auch selten zum Friedhof, wartete auf einen solchen nebligen Morgen oder einen bestimmten, im Geheimkalender vermerkten Tag, an dem ein Blütenstand gepflückt oder eine Wurzel ausgegraben werden sollte, damit sie ihre Heilkraft behielten.

Ich wollte ihr nachgehen, fühlte aber, es wäre nicht richtig. Vielleicht hätte die Alte sogar mit mir gesprochen, sich dabei aber einfältig und dumm gestellt; ich merkte ja, dass in unserer Begegnung auf dem Friedhof ein besonderer Sinn lag; die Alte, die ihre Kräuter in der Nähe der Toten sammelte, hatte anscheinend ein besonderes Verhältnis zu ihnen; sie war ihr Torwächter, ihr Hüter. Falls Großvater Michail hier irgendwo verschollen war, wusste sie wohl kaum von seinem Tod, aber sie konnte von etwas wissen, was sein Schicksal erhellte.

Es war Wochenende, Sonnabend, und schon bald sollte in den Gassen in der Nähe des zentralen Platzes der Markt beginnen; ich überlegte, dass ich die Alte dort sicher finden oder etwas über sie in Erfahrung bringen konnte.

Drei Stunden später tauchte ich ein in die Enge der Verkaufsstände und das Stimmengewirr; man sprach Ukrainisch, aber es war ein mir unbekanntes Ukrainisch, scheppernd, pfeifend, vogelartig, den Geräuschen von Holz und Stein ähnlich, als müssten die Menschen, die diese Sprache benutzen, sich häufig mit Wolken verständigen oder mit einem Bach streiten. Honig, Käse, Wurst, Bohnen, Gemüse – alles schien viel zu herb, stark, geschmacklich übersättigt; eine Fülle an Geräuchertem, ein Brandgeruch, aber kein häuslicher, zarter, sondern ein beunruhigender, wie vom Lagerfeuer eines Landstreichers; getrocknete Kräuter, die unter den Planen der Marktstände hingen – hier war jeder ein bisschen Kräuterhexe, man musste erraten, welche der Waren die einzig wundertätige ist; einer hatte Honig gegen allerlei Beschwerden, der andere wollene Fausthandschuhe, gegen die kein Frost ankam, der Dritte kleine, unansehnliche Gebirgsäpfel voller Kratzer und Narben – in die dichtbehangenen Äste war der Wind gefahren –, und wirft man einen solchen Apfel auf die Straße, rollt er los und weist einem den Weg.

In der Mitte des Markts war das Gedränge so dicht, dass die Käufer an den Ständen feststeckten, zu denen sie sich hindurchgezwängt hatten. Sie führten lange Gespräche mit den Verkäufern, und ich bemerkte, dass einige Männer hinter einer niedrigen, grünen Tür verschwanden, die offenbar zu den Nebenräumen des Fleischmarkts führte. Aber niemand kam wieder heraus; so ging auch ich dorthin.

Dort war ein Ausschank, an dem es selbstgebrannten Kräuterschnaps gab – mit einem Stück Wurst, das man nicht essen, an dem man riechen sollte. Ich trank ein Glas allein, dann gab ich meinem Nachbarn einen aus, dem ich mich als Dienstreisender des ansässigen erdölverarbeitenden Betriebs vorstellte. Wir tranken ein weiteres Glas, tauschten einige Bemerkungen, ich fragte ihn nach der alten Kräuterfrau; und kaum hatte er angefangen, von ihr zu sprechen, beteiligten sich auch andere an dem Gespräch, die mich vorher scheinbar ignoriert hatten – da steht ein Mann und trinkt, soll er doch; jeder schien etwas über die Alte erzählen zu wollen, als sei sie schon lange Stadtgespräch und würde diesen Gesprächen ständig neuen Stoff liefern.

Ihr Alter kannte niemand, aber man war sich einig, sie müsse etwas über siebzig sein. Sie hieß Mirra, war halb Jüdin, halb Russin. Ihre Angehörigen hatte sie vor dem Krieg verloren – verhaftet in den Dreißigern – oder nie welche gehabt. Sie sagten, Mirra habe in der Armee gedient und sei im Kampf um Drogobytsch verwundet worden; so ernstlich, dass sie nach dem Lazarett ausgemustert wurde. In welcher Funktion sie gedient hatte – darüber gingen die Meinungen auseinander.

Die einen sagten, sie habe als Sanitäterin unzählig viele Soldaten vom Schlachtfeld geholt, auf einem Schlitten, öfter jedoch auf ihrem Rücken, und dafür habe man ihr einen Orden verliehen; verletzt worden sei sie auf dem städtischen Friedhof, die Deutschen hatten hinter den Gräbern hervorgeschossen, sie wurde getroffen.

Andere behaupteten hitzig und beharrlich, sie sei nicht Sanitäterin, sondern Scharfschützin gewesen und habe den Orden nicht für die Rettung eigener Soldaten, sondern für getötete Feinde bekommen, von denen Dutzende auf dem Schlachtfeld geblieben waren; und dass man sie auf dem Friedhof verletzte – das träfe wohl zu, so sei es gewesen, eine abgeprallte Maschinengewehrkugel habe ihr den Oberschenkel aufgerissen, fast hätte man ihr im Lazarett das Bein abgenommen.

Nach dem Lazarett, das sagten die einen wie die anderen, sei sie in ihre Stadt zurückgekehrt, wo sie verletzt wurde; wahrscheinlich konnte sie nirgendwohin zurück und ging dahin, wo die Kugel sie gezeichnet hatte.

Ich vermutete jedoch etwas anderes – hier, in diesen Mauern, in dieser Gesellschaft würde niemand davon reden; Scharfschützin oder Sanitäterin, das war nicht wichtig, Mirra war dorthin zurückgekehrt, wo es keine Juden mehr gab; wo alle, vom Jüngsten bis zum Ältesten, in den Wald gebracht und ermordet worden waren; hatte sie jemanden unter ihnen gesucht oder einfach nur den Verlust auffüllen wollen?

Wie sie zur Kräuterfrau geworden war, wusste niemand; hatte sie die Heilergabe schon vor dem Krieg gehabt oder erst danach? Woher kam bei ihr, einer russischen Jüdin, diese Gabe? Schließlich war die Kräuterheilkunde etwas, was unter Bauern weitergegeben wurde, und Mirra stammte aus der Stadt.

Jemand berief sich auf die Alten, die nicht mehr lebten, und behauptete, vor dem Krieg habe eine alte Kräuterfrau in der Vorstadt gelebt, eine Zugewanderte, Zigeunerin wohl oder Huzulin. Und die Deutschen hätten die Alte mit der

Hilfspolizei in den Wald gebracht, zusammen mit den Juden. Sie wussten nicht, welchem Volk sie angehörte, ob sie leben oder sterben sollte, und dann wurde beschlossen, sie solle sterben. Andere unterbrachen ihn und ereiferten sich, die ukrainischen Hilfspolizisten hätten niemals eine Kräuterhexe, eine Jüdin in den Tod geschickt; die Dritten kommentierten, das passe schon alles zusammen, die Alte sei als Jüdin wiedergeboren worden, weil sie mit Juden in den Tod gegangen war, und dann sei ihre Seele in die Sanitäterin Mirra gefahren, eine Komsomolzin, ausgezeichnet mit dem Orden des Roten Sterns, denn andere Juden gab es nach dem Krieg in der Stadt nicht mehr, nur Mirra.

Ich glaubte diesen Gerüchten nicht, glaubte aber an die Verlässlichkeit der Empfindungen, die sie hervorbrachten. Der Krieg hatte hier so viele zerrissene Schicksale und ungelebte Leben zurückgelassen, dass es schien, ein Mensch könne wiedergeboren werden, wenn er es wünschte, wenn er entschlossen war, das Fremde anzunehmen und sich vom Eigenen loszusagen. Ich sagte mir, vielleicht war etwas in der Art auch mit Großvater Michail geschehen, und darin bestand das Geheimnis seines Verschwindens – wie Mirra war er irgendwo in der Umgebung geblieben, hatte ein fremdes, frühzeitig beendetes Leben übernommen und das eigene abgeworfen. Vielleicht lebte er sogar noch, ein betagter Greis, als Glöckner zum Beispiel, oder er hatte eine Familie, Kinder, eine Schafherde in den Bergen – meine Großmutter schreibt in ihrem Tagebuch, M habe sich hervorragend mit Tieren ausgekannt, und selbst die bissigsten Hirtenhunde hätten auf ihn gehört, sie waren irgendwo spazieren gewesen, von einem Hund angefallen worden, und Großvater Michail hatte ihn mit seiner Stimme gebändigt.

Irgendwie war ich mir sicher, dass Mirra Großvater Michail kannte. Vielleicht hatte sie, die Sanitäterin, ihn gerettet; oder sie hatten sich geliebt – immerhin neigte sich jetzt in verschiedenen Städten das Leben von einigen Frauen, mit denen mein Großvater im Krieg zusammen gewesen war. Meine Reise hierher, die Begegnung auf dem Friedhof – mir schien, dass die Suche beendet war, ich musste nur mit Mirra sprechen; das Rätsel war fast gelöst.

Mirra kam gegen Mittag auf den Markt, als die ersten flattrigen und hektischen Käufer schon weg waren; vermutlich wussten diejenigen, die ihre Arzneimittel brauchten, wann sie da war. Ich meinte, sie sei bestimmt auch meinetwegen gekommen und wisse, dass ich sie suchen würde; allerdings ähnelte sie jetzt nicht mehr der Mirra vom Morgen: eine Wattejacke, ein langer, schäbiger Rock, Galoschen, grauhaarig, unansehnlich, wie mit altem Blütenstaub überschüttet. In ihren Augen, in ihrem Gesicht lag etwas, was einen glauben ließ, sie vermenge nachts in einem Mörser irgendwelche Rinden mit getrockneten Froscheiern und meine, dieses Gemisch heile Rheuma.

Ich ging auf sie zu und suchte nach Worten. Mir kam lauter Unsinn in den Kopf, wie »mein Großvater ist im Krieg verschollen, ich denke, das war irgendwo hier«. Ich meinte, von der Genauigkeit meiner Wortwahl hinge viel ab, es sei eine Art Examen, und wenn ich dieses Gespräch nicht richtig begänne, würde Mirra einer Antwort ausweichen und so tun, als wisse sie nichts. Nachdem ich mich hinter einem Kunden eingereiht hatte, der bei ihr irgendwelche Pulver in Gläschen für Kindernahrung kaufte, kamen mir auf einmal Zweifel; so nervtötend schärfte sie dem Käufer ein, er solle die Gläschen wiederbringen, und unbedingt mit Deckel, dass ich meinte, sie könne keinesfalls die Frau sei, der ich am Morgen begegnet war.

Der Ladentisch wurde frei, Mirra sah mich an, erkannte mich nicht. Hatte ich wirklich gedacht, sie würde sich mein Gesicht merken? Vielleicht hatte sie wegen einer Alterskurzsichtigkeit überhaupt nicht sehen können, dass auf dem Friedhof jemand gewesen war, dass sie jemand im Nebel beobachtet hatte.

Und dann belebte sich ihr Blick, fixierte jemanden, der hinter mir zu stehen schien. Dann sah sie mich an, weder durchdringend noch zerstreut, als gehöre ich für sie nicht zur Ansicht des Markts, der Stadt, des gewöhnlichen Samstaglebens, sondern sei Teil eines mir verborgenen Bildes, in dem sie rechts und links irgendwelche Dinge erkennen konnte. Mirra schien mich nicht mit eigenen Augen anzuschauen, sondern mit einem universellen Blick, dem alles Sichtbare gleich ist und der deswegen nicht durch die Individualität der Wahrnehmung eingeschränkt ist.

»Such keine Lebenden, such Tote«, sagte sie, die Arme verschränkt, als wolle sie sich vor mir schützen.

Ihre Worte klangen nicht wie eine geheimnisvolle Prophezeiung, wie die nebulöse Antwort eines Orakels, sondern sehr pragmatisch und ernsthaft. Auf diese Weise sagt man – bieg nicht nach rechts ab, da kommt eine Einsturzstelle; bleib stehen, rechts von dir ist eine Schlange; Kopf runter, ein Scharfschütze hält die Straße unter Beschuss.

Jäh kappte der Satz alle meine Fragen, alle meine Erklärungsversuche – Mirra kannte Großvater M, Mirra hatte mit ihm geschlafen. Und ich, der in einem anderen Fall eine Ausflucht gefunden und wenigstens irgendwelche Beweise gefordert hätte, erkannte jetzt, wie weitläufig die Wege meiner Suche eigentlich waren. Ich hatte mich kurz vorm Ende gewähnt, dabei fing ich gerade erst an, und Mirra hatte mir die Pforte geöffnet wie ein Torwächter, der sich vorher versichert hatte, dass der Anklopfende eintreten durfte.

»Such keine Lebenden, such Tote«, Mirra sah jetzt an mir vorbei, und es war klar, sie würde nichts weiter sagen.

Erst als ich den Markt verließ, wurde ich mir der Zweideutigkeit, der Dreideutigkeit ihrer Worte bewusst. Was bedeuteten sie – dass Großvater Michail ganz sicher tot war? Dass es keinen Sinn hatte, seine möglichen Nachkommen zu suchen? Dass sowohl Michail als auch seine Nachkommen am Leben waren, ich sie aber mit Hilfe von Toten suchen sollte? Dass man etwas über sie auf irgendeine Weise von denen erfahren konnte, die bereits tot waren? Oder dass ich keine Lebenden mehr antreffen würde, nur Verstorbene? Oder doch: Indem ich Tote suche, finde ich Lebende? Und noch: Dass mir verboten war, nach Lebenden zu suchen, dass ich etwas erfahren konnte, was ich nicht wissen sollte, was die Toten mir nicht sagten?

Ich hätte mich in den Bus nach Lwów setzen und abreisen können, aber ich fühlte, das wäre nicht richtig gewesen – als habe ich jemandem etwas entrissen und wolle weglaufen. Und so ging ich durch die Stadt, in die kleinen Straßen, Sackgassen, in unverschlossene Hauseingänge, die wie das Futter eines alten Mantels rochen; ich passierte Torbögen, Pforten, als sei ich der Schlüssel zu ihrem Schloss; ich schlich mich dort hinein, wo Fremde nicht hingingen, kletterte in Vorgärten, erklomm Feuerleitern, befleckte mir die Hände mit Rost, lief über hallende, heiße Dächer, folgte den Spuren von Katzen und Tauben auf Dachböden, die mit Sägemehl und Kalk übersät waren, vorbei an kaputten Kinderwagen und Skiern, an Gerümpel, das längst fortgezogene Bewohner vergessen hatten; ich ging in Keller hinab, wo der Schimmel sich an der Nässe längst vergangenen Regens nährte – und gegen Abend stieg ich zum Sonnenuntergang auf den Wachturm hinauf. Er mochte niedriger sein als das Rathaus, aber der Rathausturm gehörte zum selben österreichisch-ungarischen Blechgeschirr wie viele städtische Häuser. Der Wachturm aus Ziegelstein hingegen, viereckig, gebaut zur Lagerung von Schießpulver und deswegen dickwandig, stand als Solitär da, als wache er noch immer. Ich stieg hinauf, um noch einmal den Friedhof zu sehen, die Stadt zu überblicken, durch die ich den ganzen Tag gestreift war – und um diesen Tag gehen zu lassen und ihn aus der Distanz zu betrachten.

Am Abend beschloss ich, im teuersten Restaurant am Platz zu essen – ich wollte etwas Unlogisches, Wichtigtuerisches machen; aber das Restaurant erwies sich als kleiner, als es von außen ausgesehen hatte, und ich setzte mich an die Bar – nie hatte ich das gemocht, nie wollte ich von allen gesehen werden, und hier setzte ich mich dorthin, blätterte in der Speisekarte, schaute mich in dem fast leeren Saal um.

In der Ecke, weit weg von den Lampen, aß ein Mann allein zu Abend. Altmodisch und würdevoll gekleidet, schien er daran gewöhnt, sich mit kleinen Dingen abzugeben, und wirkte selbst ein wenig geschrumpft. Er ging so pingelighöflich mit Messer und Gabel um, als seien diese Gegenstände, die im Mittelpunkt seiner Beschäftigung standen, äußerst wertvoll.

War er Uhrmacher? Juwelier? Ein Antiquar, der wusste, wie Dinge altern, wie sich hundertjähriger Lack, Vergoldungen, Schwarzfärbungen auf Silber verhalten? War er Optiker, ein Meister des Linsenschliffs?

Sein Gesicht war ständig im Schatten oder verdeckt. Ein Zufall, wie es schien – entweder er verdeckte es mit dem Glas in seiner Hand oder er drehte sich zum Fenster, oder er senkte seinen Blick oder wischte sich die Stirn mit der Serviette. Dann aber wurde mir klar, dass der Unbekannte sein Gesicht mit einem Schleier schützender Gesten verdeckt hielt. Außerdem bemerkte ich, dass er mich schon einige Zeit beobachtete – mit einem Seitenblick, der wie bei einem Volleyballspieler überaus trainiert war und ihm erlaubte zu sehen, was hinter seinem Rücken geschah, ohne den Kopf zu drehen oder sich gar mit der Bewegung seiner Pupillen zu verraten. Und als wolle er meine Vermutung bestätigen, nickte er mir zu und lud mich damit an seinen Tisch ein.

Endlich konnte ich sein Gesicht sehen; genauer: Das, was einmal ein Gesicht gewesen war. Mund und Kinn schienen unversehrt, aber alles, was höher lag, war zertrümmert, zerfetzt und dann Faser für Faser zusammengenäht worden; das Gesicht war neu zusammengesetzt und zeigte sich nun voller Furchen und Narben; die Teile hatten sich zueinander verschoben – ein Abdruck eines Aufpralls, die menschliche Verkörperung eines Unglücksfalls; im rechten Auge glänzte Glas, eine tote Iris, der schwarze, unbewegliche Punkt einer künstlichen Pupille.

»Ich habe Sie heute bei Mirra gesehen«, sagte er und goss mir Wein ein. »Zufällig, meine Fenster gehen zum Markt hinaus. Zu Mirra kommen nur selten Fremde.«

Hier hätte ich stutzen müssen, denn der alte Mann war zum Zeugen einer für mich höchst wichtigen Begegnung geworden, und dass er sie erwähnte, zog gleichsam einen Verbindungsfaden zwischen ihm, mir und Mirra. Aber anfangs dachte ich, ihm sei in dieser kleinen Stadt, in die selten unbekannte Menschen kamen, einfach langweilig, und er hatte sich etwas Kurzweil verschaffen wollen, da er mich nun zum zweiten Mal sah.

Er fragte, wer und von wo ich sei, erkundigte sich höflich, stimmte mich aber sacht auf ein langes Gespräch ein. Zu komisch: Da sitze ich nun in einer unbekannten Stadt, und ein fremder alter Mann befragt mich über mein Leben, als habe er das Recht, in mein Innerstes vorzudringen.

Ich fühlte mich inspiriert, als sei der Moment gekommen, in dem ein Mensch die vereinzelten Ereignisse seines Leben zu einer Biographie formen und dabei übertreiben und Dinge hinzufügen kann, die es nicht gegeben hat, aber hätte geben können, und die für eine Vervollkommnung des Bildes fehlten. Und hinterher würde sich alles als Wahrheit erweisen und sich so fügen, wie man es gesagt hatte; es war ein Moment der Schlaglichter in Vergangenheit und Zukunft, ein Moment der Erschaffung des eigenen Selbst.

Ich begann zu sprechen, fügte dabei eigene Erfahrungen und fremde Geschichten zusammen, sprach von mir als jemandem, den es noch nicht gab. Zum ersten Mal sah ich meine Reisen als Teil der landesweiten Nachforschungen, Verwerfungen, historischen Konvulsionen, Krämpfen der Wahl – und ich sprach so zu dem Alten, als habe ich längst alles gesehen und verstanden, auch wenn mein Verständnis in Wirklichkeit erst hier und jetzt entstand; ich schuf eine Legende.

Es gibt den Volksglauben, dass kurz vor dem Weltuntergang die Schätze aus der Erde hervortreten, eine Epoche auf null gebracht wird und alles Verborgene zutage tritt. Als der sowjetische Weltuntergang eintrat, geschah etwas in dieser Art – sowohl in direktem als auch im übertragenen Sinn. Die einen stöberten nach materiellen Gütern, die anderen nach Werten, die dazu geeignet waren, den Zerfall zu verhindern oder neue Gemeinsamkeiten zu schaffen, zerrten prophetische Figuren oder mystische Symbole ans Tageslicht, die den zerrissenen Stoff der Geschichte festigen sollten.

Manche suchten das Bernsteinzimmer, das die Deutschen aus Zarskoje Selo abtransportiert hatten und das als verschollen galt – ein monarchistischer Gral, ein idealer Raum der Vergangenheit, der zu Kriegszeiten aus dem Blick der Menschen verschwunden war, um vielleicht nach dem Zerfall der UdSSR wieder aufzutauchen und eine genealogische Linie zwischen zwei russischen Imperien herzustellen. Dass man das Zimmer hatte demontieren und wegschaffen können, hob es auf die Stufe eines altertümlichen Heiligtums. Es wurde irgendwo aufbewahrt, ohne noch ein Zimmer zu sein – eine Ansammlung von Deckplatten, Balken, Halterungen; aber es konnte seine Dreidimensionalität, seinen Umfang zurückgewinnen und sein Finder sich als *demokratischer Prinz* erweisen – in jenen Jahren hätte diese Kombination kaum jemanden erstaunt –, und er wäre der historisch legitimierte Herrscher des Neuen Russlands gewesen.

Andere recherchierten nach Raoul Wallenberg – man bot mir die Mitarbeit in einem der Komitees an, die sich mit den Nachforschungen befassten. In einem Land, in dem in Jahren grausamster Hinrichtungen fast niemand auch nur einen Menschen gerettet hatte, wirkte der schwedische Diplomat, der Hunderttausenden half, geradezu als Gottesbote, der auf einer Stufe mit den Aposteln stand.

Die SCHMERSCH* hatte diesen Apostel verhaftet – Wallenberg wollte offenbar vom sowjetischen Kommandanten empfangen werden. Der Apostel war in ihren Gefängnissen verschwunden, Wilde hatten diesen Heiligen, der Frieden predigte, gefressen, und dafür waren sie mit einem Bann belegt worden und sollten nicht eher Frieden und Gnade finden, bis sie bereut und die Gebeine des Predigers gefunden hätten.

Wieder andere – das waren die meisten, zu ihnen zählten echte Profis – suchten das Gold der Partei. Sie suchten nicht das *Geld* der Partei, auch wenn die Partei tatsächlich Gelder ins Ausland geschafft hatte, was jeder wusste, der irgendwie mit Wirtschaft zu tun hatte. Doch nein – sie lechzten nach *Gold*, dem historischen Vorgänger der Geldscheine, die jetzt auf solchem Papier und in solcher Qualität gedruckt wurden, dass sich jegliche Wertbedeutung daraus verflüchtigt hatte. Das Gold der Partei galt als Äquivalent für das Goldene Vlies, für die magische Reliquie, die Kolchis ewiges Heil sicherte. Nach seiner Entdeckung würde es sich über allen als Regen sorglosen Wohlergehens ergießen.

Diese drei Geschichten erzählte ich dem Alten als Aufwärmübung, um meine eigene Courage zu stärken; und dann ging ich zu dem über, was mir vertrauter war.

Ich war umgeben von Menschen der Subkultur, der geheimen Konzerne, von Menschen aus dem Umkreis der Verbrecherwelt. Illegale Archäologen und Diamantsucher, Ikonensammler, Jäger auf das Erbe sterbender sowjetischer Bonzen, Dealer und Bandenmitglieder. Auf meinem Terrain wurde mit Rotem Quecksilber gehandelt, einem nicht existierenden Stoff, der angeblich in Militärlabors entwickelt worden war und ein starkes Sprengmittel oder unerschöpflicher Brennstoff oder gar Baustein einer unbekannten Waffe neuer Generation darstellen sollte; auf meinem Terrain kontrollierten Offiziere des FSK* die illegale Bergung von Meteoriten, und

Offiziere der militärischen Aufklärung handelten nebenbei mit Smaragden.

Ich reiste durch einen zerfallenden Raum, entlang der inneren Grenzzonen der UdSSR. Im Unterschied zu den meisten Imperien der Vergangenheit stimmten in der Sowjetunion die Grenzen zwischen Zivilisation und Wildnis nicht mit den Staatsgrenzen überein, sondern verliefen mitten durch dessen Territorium. Die UdSSR hatte sich selbst unterjocht; der Gulag, ein versklavendes Imperium-im-Imperium, hatte dieser inneren Kolonisierung gedient, hatte Vektoren und Pathos vorgegeben, die später in »Urbarmachung von Neuland« und »Komsomolinitiative« umgewandelt wurden. Und jetzt wichen die Menschen von den früheren Grenzen zurück und hinterließen hinter dem Polarkreis leere Städte, Sternwarten im Pamir-Gebirge, Grubenanlagen und Bergwerke, Militärbasen, Wetterstationen und Truppenübungsplätze. Dort regierten jetzt Buntmetallsammler, illegale Goldgräber und solche, die Verstecke und Wertsachen in den verlassenen Dörfern und Siedlungen suchten.

Ich fühlte mich wohl in dieser Welt, aber das Handwerk des Marodeurs ging mir gegen den Strich. Ich wollte verbinden, nicht zerstören, das Verlorene wiederherstellen und nicht das Verbliebene wegschleppen. Ich war ein guter Kurier, ein guter Verbindungsmann, der einen zuverlässigen Käufer finden konnte für alte Gefäße aus dem Nachlass der Witwe eines Divisionskommandeurs, der in Turkestan gegen die Basmatschen* gekämpft hatte. Oder ich fand einen Weg, wie man das Skelett eines Ichthyosauriers nach Amerika bringen konnte. Aber je länger ich all dem nachging, umso mehr meinte ich, meine eigentliche Bestimmung nicht zu fühlen, auch wenn sie ganz nah war, im selben Umfeld.

Fast hätte ich dem Alten auch noch von Großvater Michail, dem Geheimnis der Erinnerungen meiner Großmutter und dem Tagebuch erzählt, davon, warum ich hier war und mit Mirra geredet hatte. Aber auf einmal wurde mir klar, dass ihm das nur Macht über mich gegeben hätte, eine trügerische, aber wirksame Macht; ich war auch so aufgeschlossen genug gewesen.

»Mein Vater wurde 1939 verbannt, als die sowjetischen Truppen hier einmarschierten«, sagte der Alte, und ich wunderte mich, wie gelassen er die Truppen »sowjetisch« nannte und sie damit zu Fremden erklärte, obwohl er sein ganzes Leben in der UdSSR verbracht hatte. Ich bemerkte viel typisch Sowjetisches an ihm, und auch seine guten Manieren waren typisch sowjetische Manieren, eine antrainierte Akkuratesse, kein Ausdruck innerer Würde.

»Er diente in der polnischen Verwaltung, war Finanzexperte«, fuhr mein Gegenüber fort. »In gewissem Sinne rettete ihn seine Verhaftung, ja, ja, sie rettete ihn«, er schmunzelte über mein Erstaunen. »Er wurde nach Kasachstan verbannt, weit weg vom Krieg. Als Verbannter konnte er nicht eingezogen werden. Ich weiß noch, dass ich dabei war, als sie ihn abholten, ich war drei Jahre alt. Aber ich erinnere mich an nichts. Nur einige lichte Bruchstücke. Und das Schlimmste ist, ich konnte mich erinnern, bevor das hier geschah«, er berührte mit dem Finger seine entstellte Schläfe. »Das war 1950. Mein Kamerad geriet auf eine Mine, und ich bekam einen Splitter ab. Hier gab es viele Minen, die Gebirgspässe waren vermint, die Waldwege. Ich habe einige Fotografien meines Vaters, aber wenn ich sie mir genauer anschaue, fange ich an, mir Dinge auszudenken, die so nicht passiert sind, stelle mir alles Mögliche vor ... Ein oder zwei Jahre nach dem Krieg kam eine Benachrichtigung, er sei tot. Ich weiß nicht genau, was passiert ist, meine Mutter hat mir den Brief nicht gezeigt. Sie hat ihn wohl sogar verbrannt. Bald darauf heiratete sie ein zweites Mal, einen sowjetischen Offizier. Ich müsste es selbst machen, viele Male wollte ich schon dorthin, nach Kasachstan«, sagte der Alte. »Aber ich hatte Angst. Ich fürchtete, ebenfalls nicht von dort zurückzukehren.«

»Bald gehe ich nach Amerika zu meinen Kindern«, fuhr der Alte nach einigem Schweigen fort. »Aber ich kann meinen Vater nicht dort lassen«, er wies mit der Hand in eine Richtung, genau nach Osten. Ich hatte mir am Morgen den Stadtplan angeschaut und konnte es erkennen – der Osten schien bereits Teil seiner Gefühlswelt geworden zu sein. »Bringen Sie mir meinen Vater«, er krümmte sich, verdeckte sein Gesicht mit der Hand. »Sie werden wohl kaum sein Grab finden, aber trotzdem … Wenigstens etwas Erde vom Grab, Erde aus der Gegend, in der er gestorben ist. Das wird reichen.«

»Such keine Lebenden, such Tote« – steckten Mirra und der Alte etwa unter einer Decke? Hatte sie ihm etwas gesagt? Aber was hätte sie ihm sagen können? Dass sie von mir etwas wusste, was ich nicht wusste? Oder war das ein Zufall? Ein Zeichen?

»Ich habe euch gehört«, sagte der Alte, der mein Stocken bemerkte. »Es ist seltsam. Schon lange überlege ich, an wen ich mich wenden könnte. Ich habe verschiedene Bekannte, einige würden das gern übernehmen. Aber … Aber sie sind von hier, ich weiß nicht, wie ich das genauer erklären kann. Und Sie kommen von dort, das fühle ich. Sie schaffen das. Bitte schlagen Sie ein«, er legte seine Hand auf meine. »Ich werde zahlen, egal, wie viel es kostet.«

Natürlich gedachte ich abzulehnen – wie konnte ich eine fremde Sohnespflicht übernehmen? Aber auf einmal sagte der Alte:

»Ehrlich gesagt, geht es nicht nur darum, dass ich meinen Vater nicht dalassen will. Ich fürchte, er lässt mich nicht gehen. Wir könnten nicht glücklich werden. Für mich ist es nicht wichtig, aber die Kinder … Ich versuche mir vorzustellen, wie es ihm dort geht … seiner Seele … Ich denke, sie irrt dort umher, findet keine Ruhe … Bis heute habe ich Angst, hinter einen Ofen zu schauen. Nicht, dass das oft notwendig wäre, ja … Aber als ich früher durch die Bergdörfer fuhr und dort alte Sachen aufkaufte, kam es mir so vor, als ob jemand hinter dem Ofen hockt …«

Der Alte verstummte, sah irgendwie demütig und bang auf seine Hände. Ich dachte an die rachsüchtigen Seelen – immerhin hatte ich sie in Lwów gespürt, hatte gemerkt, wie sie erwachten.

»Ich bin einverstanden«, sagte ich.

Und der Alte schaute mich mit einer solch qualvollen Dankbarkeit an, dass ich in ihm gleichsam alle anderen Menschen sah, für die ich zukünftig derjenige sein würde, der ich jetzt für ihn war – ein Führer aus dem Jenseits. Ich war ihm dankbar, er hatte mir das geschenkt, womit ich mich wirklich befassen wollte, hatte mir die Lösung gezeigt, die einen Lebensweg eröffnete.

Mein Weg ist beschlossen – jubelte es in mir so klar, dass ich kurz zweifelte: War das kein Fehler? War ich nicht wie betäubt? War das nicht zu anmaßend, hatte ich mir keine fremde Last aufgebürdet? Waren das nicht zu viele Zufälle, hatte das Ganze nicht einen anderen, tieferen Sinn?

Aber dann spielte die Rathausuhr wieder ihre Melodie, als

fühle die Stadt meine Zweifel; und im Klang des Menuetts setzten der Alte und ich einen Vertrag auf, wahrscheinlich der erstaunlichste aller Verträge, die ich je abgeschlossen hatte: die Verpflichtung, einen Toten ausfindig zu machen. Ich dachte, wir würden eine mündliche Vereinbarung treffen, aber der Alte bat den Kellner um Papier und Stift. Er schrieb mit der kleinen, entschlossenen Handschrift eines Schleifmeisters die Bedingungen auf: Fristen, Zahlungen, seine Pflichten, meine Pflichten, die Sachverhalte, Umstände höherer Gewalt, Honorar, Vertragsstrafen. Mir schien, das sei eigentlich nicht von Bedeutung, was der Alte mit glänzender, spitzer Feder zu Papier brachte, während sich irgendwo in der Ferne, in der kasachischen Steppe, bereits meine Fahrtroute abzeichnete; das, was noch vor wenigen Minuten eine unbestimmt entfernte Zukunft gewesen war, rückte auf einmal näher, wurde fassbar, als ließe die Schrift des Alten die Zeit gerinnen.

Ich machte mich auf den Weg nach Lwów und nahm den Vertrag, Geld sowie Papiere aus dem Privatarchiv des Alten mit, die für mich von Nutzen sein konnten. Erst im Flugzeug, als der Airliner von der Startbahn abhob, zog ich aus einem Umschlag das einzige erhaltene Foto des Mannes, den zu suchen mir bevorstand. In der dämmrigen Beleuchtung des Passagierraums schien mir, ich sähe auf dem Foto mein Gegenüber aus dem Restaurant. Aber dann sagte ich mir, dass Kinder oft ihren Vätern ähneln, und bemerkte bei genauerem Hinsehen, dass auf dem Foto ein anderer Mensch zu sehen war.

2

DER FAMILIENNAME MEINES KLIENTEN und seines Vaters klang etwas geschraubt, theatralisch-geziert – Kastalski, er passte zum imperialen Grenzgebiet mit seinem Erdöl, seinem Neobarock. Ich musste sogar schmunzeln, wenn ich mir vorstellte, wie man Kastalski senior im Lager zum Beschließer ernannt hatte; aber dann stockte ich und schämte mich – ich hatte gut lachen … Übrigens gefiel mir dieser Name: Er war ungewöhnlich, auf eigene Weise übermütig, eingängig und hatte gute Chancen, im Gedächtnis haftenzubleiben.

In den zentralen Moskauer Archiven gab es keine Akten zu Kastalski, man sagte mir, die seien am ehesten in Karaganda, dort, wohin man ihn deportiert hatte. Zunächst wollte ich ein Flugticket kaufen, aber dann beschloss ich, mit dem Zug zu fahren – der Route folgend, die der Gefangenentransport mit den Deportierten genommen hatte. Ich meinte, ich sollte mir ansehen, wie langsam sich die Weite des Raums entfaltete, sich die Landschaftsmerkmale veränderten, um die gesamte Ausdehnung der Deportation zu fühlen; ob mir das bei meiner Suche helfen würde – wohl kaum; aber um mich auf die richtige Welle einzustimmen, meine Empfindungen zu fokussieren – durchaus.

Wie oft schon hatte ich diese Route genommen – aber jetzt blieb mir fast das Herz stehen, als ich sah, wie die Nacht die Entfernung von Moskau nach Mordwinien verschluckte und am frühen Morgen in der Dämmerung die Lagergegend von Potma auftauchte, die bis heute von Stacheldraht umzogenen Strafzonen, eine nach der anderen – Insa,

Rusajewka, Sysran –, und der Zug fuhr durch Bahnhöfe mit diesen »ssss« und »rrrr« im Namen, die dem Klang einer Motorsäge ähneln, die sich durch einen Baumstamm fräst. Wie der Zug die für jemanden aus Zentralrussland unerhört lange Wolga-Brücke überquerte und die erste Sägescheibe des Raums abfiel; wie die Nacht das Uralvorgebirge verschlang und der Zug am Morgen bereits den Ural selbst entlang der Flussniederungen passierte – die zweite Sägescheibe. Der Tag zog sich hin, die Hügel wurden immer kleiner, die Schluchten immer flacher; wieder wurde es Nacht – und am Morgen sah man nur die staubige Ebene der Steppe, wo die eckigen Gebäude keine geometrische Entsprechung in der Landschaft finden und deswegen von der Gegend abgestoßen werden; und dann kamen Halden, die Kohlehalden von Karaganda mit ihren Rauchschleppen – wo der Wind den Kohlestaub in alle Richtungen weht.

In Karaganda versuchte ich einige Tage, die Leute zu finden, die ich brauchte. Im Zug hatte mich schon gewundert, dass es zwischen den beiden Ländern, die schon einige Jahre unabhängig waren, keine Grenzkontrollen gab. Jetzt wurde mir klar, dass nicht nur der Zoll fehlte – bisher gab es auch keine Miliz, keine Armee, keine Sicherheitsorgane, Armeepatrouillen bettelten sich auf dem Bahnhof durch, die Miliz trug immer noch die sowjetischen Uniformen. Ein Oberstleutnant der russischen Armee, ein Raketenspezialist, der über Karaganda nach Baikonur* wollte, sagte mir, ihm würde eine motorisierte Schützendivision reichen, um ganz Kasachstan zu annektieren; im Zug waren mir seine Worte einfach nur großtuerisch vorgekommen, aber jetzt verstand ich, was er gemeint hatte.

In den KGB-Archiven von Karaganda, in die ich gelangen

musste – ohne offizielle Befugnis, für ein Schmiergeld –, war nicht erkennbar, wem man dieses Schmiergeld eigentlich zustecken musste. Der eine nickte dem anderen zu, sie schickten mich von einem Bearbeiter zum nächsten. Schließlich fand sich ein Ruheständler, den man in den Dienst zurückgerufen hatte. Er brachte mir Kastalskis Akte und nannte den Preis für seine Dienste; der Preis schien mir hoch, aber dann wurde mir klar, dass er mir die Akte nicht zur Ansicht geben wollte, sondern zum Verkauf, zum Mitnehmen, und ich zahlte vierhundert Dollar; hätten sich die damaligen Ermittler und Angeklagten wohl vorstellen können, dass man einige Jahrzehnte später den Papprodner mit ihren Protokollen für amerikanische Dollar verkaufen würde?

Im Hof des Archivgebäudes lagen Papiere, Schwarzweißfotografien und Filmrollen herum – früher hatte derartiger Müll sicher als geheim gegolten und war gesondert verbrannt worden. Ich hob eines der Fotos auf – und erkannte einen Ort, den zentralen Platz der Stadt, Spitzel hatten dort den Aufstand von Karaganda 1986* fotografiert. Erst acht Jahre waren seither vergangen – und schon erkannte man die Gesichter, die Kleidung nicht mehr, alles schien so fern. Eine Welle der Freude und des Rausches erfasste mich: Die Staatssicherheit, die alte Schlampe, sie war verreckt! Sie hatte keine Macht über mich, sie hatte über niemanden mehr Macht! Im Müll lag jetzt ihr Spionagekram, die Hündin war krepiert, die Nutte mit Schulterstücken und ihren schwarzen Augenringen von nächtelangen Vernehmungen! Erloschen waren die Verhörlampen, und Ratten nagten in den Archiven an ihrem welken, vergilbten Körper aus Papier, und ihre ehemaligen Diener boten diesen Körper zum Ausverkauf feil. Ich war frei von den Ängsten meiner Großmutter Tanja, von ihren ewigen Befürchtungen – und konnte mutig die alten Ermittlungsakten lesen, sie würden niemandem mehr schaden.

Das Erste, was ich erfuhr, als ich im Hotel die Akte aufschlug – nach Verbüßung seiner Strafe in Karaganda ließ man Kastalski in Kasachstan zur Ansiedlung, und er durfte zehn weitere Jahre die Republik nicht verlassen; als Wohnort wies man ihm Balchasch zu, eine Siedlung am Ufer des gleichnamigen Sees.

Dieses Urteil wurde 1946 verhängt. Und dann tauchte 1948 eine neue Strafsache auf; ich dachte, er sei »Wiederholungstäter« und habe eine weitere Strafe wegen irgendeines dummen Wortes, wegen »Diffamierung des Sowjetsystems« bekommen; aber da standen andere Paragraphen, nicht aus dem politischen Teil des Strafgesetzbuches: Paragraph 59, Teil 3 – Banditentum, Paragraph 59, Teil 3a – Raub von Feuerwaffen, Paragraph 73, Teil 1 – Morddrohung gegenüber Funktionären …

Nicht schlecht, dieser Angestellte der polnischen Verwaltung! Die Akte wurde geschlossen in Zusammenhang mit dem Tod des Beschuldigten – in der Mappe lagen Papiere aus der Bezirksabteilung der Miliz von Balchasch, eine ärztliche Bescheinigung über seinen Tod, der »infolge einer Feuerschusswaffenverletzung am Hals eingetreten war«. Den bürokratischen Einzelheiten war zu entnehmen, dass sich Kastalski »als Mitglied einer organisierten Bande« am Überfall auf ein Waffenlager, an Raubüberfällen auf vier Sparkassen und eines Transportzugs beteiligt hatte sowie am Mord des Bezirkskommandanten, der für die Kontrolle der Sondersiedler zuständig gewesen war … Die Nachnamen seiner Mittäter waren – Kislizyn, Teplenko, Gorojew, Nagischew,

Gmyrja, Ochloptschenko, Jurow, Spiriakis, Smetana, Schwidler; eine seltsame Mischung, aber aus diesen Namen war nicht ersichtlich, was sie verbunden hatte. Später wurde die Bande – oder ein Teil von ihr – von der Miliz mit Hilfe einer eigens abgestellten Soldateneinheit gefasst, es kam zum Kampf. Drei von ihnen – Nagischew, Ochloptschenko und Spiriakis – überlebten, aber das Gericht verurteilte sie zum Tod durch Erschießen. Die anderen waren umgekommen.

Nun ja, mein Klient konnte mich durchaus belogen haben – oder er wusste tatsächlich nichts von der Vergangenheit seines Vaters, dieses Sortiment von Paragraphen des Strafgesetzbuchs passte nicht recht zur Persönlichkeit eines gehobenen Finanzbeamten. Aber vielleicht hatte sich die Bande ursprünglich auch mit anderen Zielen organisiert und Kastalski als Finanzexperten gebraucht, als Kenner von Bankangelegenheiten, aber dann war etwas schiefgelaufen, der Schurkenstreich misslang, es musste geschossen werden, Blut floss, die Bande wurde verfolgt …

Ich hatte die Idee, noch einmal in das Archiv zu gehen und den beflissenen Ruheständler zu bitten, mir die Akten aller Bandenmitglieder zu holen; aber das hätte mir kaum dabei geholfen, in Balchasch das Grab von Kastalski zu finden. Ich beschloss, später über Karaganda zurückzufahren und dann beim Archiv vorbeizuschauen.

Während ich mit dem Bus nach Balchasch fuhr, versuchte ich mir ein Bild von dem zu machen, was vor etwa fünfundvierzig Jahren geschehen war. Insbesondere bemerkte ich für mich diese Zahl, fünfundvierzig; die damals Dreißigjährigen waren jetzt fünfundsiebzig, die damals Zwanzigjährigen fünfundsechzig; sicher gab es noch Zeugen, lebte noch jemand von den Milizionären oder den Ermittlern, Mitarbeiter des Krematoriums oder Journalisten der Kreiszeitung; einfach irgendwer, der sich an die Gerüchte und Klatschgeschichten von damals erinnerte.

Also, man hatte Kastalski entlassen, ihm aber verboten, nach Hause zurückzukehren; wie alt war er zu diesem Zeitpunkt? Vierundvierzig. Sieben Jahre war er schon in der Verbannung. Für weitere zehn Jahre war er in Kasachstan eingesperrt, und es hätte in dieser Zeit durchaus zu einer weiteren Haftstrafe kommen können. Fliehen? Aber wohin?

Der Bus hatte inzwischen ein Drittel des Wegs zurückgelegt. Alle Anzeichen eines städtischen Lebens waren verschwunden, es blieben nur flache Berge, fast Hügel. Die Landschaft schien sich zu einem Ausdruck verhelfen zu wollen, schaffte es aber nicht und konnte nur zappeln wie ein verendender Fisch, bis sie schließlich erstarb – graugelb, ein Aschton, die Farbe von Sand und verdorrtem Gras. Alle Formen der Natur hatte der Wind geschaffen. Die Menschenleere war arg und bedrückend, als würde der Raum sich wehren und anspannen, falls man aus dem Bus stiege und versuchte, die Straße zu verlassen.

Die Telegraphenmasten entlang der Chaussee, die man normalerweise nicht bemerkt, schienen hier wie gigantische Bauwerke und die Leitung wie eine wertvolle Schnur, die weit voneinander entfernte menschliche Welten miteinander verband. Lehmhütten in vereinzelten Siedlungen, Lehmmausoleen auf den Friedhöfen, die riesig, größer als die Siedlungen waren, wo man jedem Toten ein eigenes Haus gebaut hatte; und aus der Ferne meinte man zwei Dörfer zu sehen, zwei Aule nebeneinander – das Dorf der Lebenden und das Dorf der Toten.

Halt, das Dorf der Toten. Ich erinnerte mich an die Bücher kasachischer Historiker, die ich im Hotel gelesen hatte, während ich auf einen Zutritt zu den Archiven wartete; die wichtigsten Daten hatte ich in meinem Notizblock festgehalten.

Eine Million Verbannter bei sechs Millionen Einheimischen in der Republik. 1935 – Finnen, die man aus der Grenzzone aussiedelte. 1936 – Polen und Deutsche aus ukrainischen Grenzregionen. Koreaner – Verbannung aus der Pazifischen Küstenregion im Herbst 1937 »zur Unterbindung japanischer Spionagetätigkeit«; die Koreaner ließ man aus irgendwelchen Gründen bei den Polen und Deutschen siedeln. Kurden und Iraner aus Transkaukasien – 1938. Die nächste Welle, es waren Polen, kam 1940 nach der polnischen Teilung. 1941 – zuerst Moldauer und Rumänen aus Bessarabien, dann Deutsche aus dem Wolgagebiet, die gesamte Republik wurde deportiert. Griechen von der Schwarzmeerküste der UdSSR, dreimal – 1942, 1944, 1949. Deportationen zur Kriegszeit – Karatschaier, Kalmücken, Tschetschenen, Inguschen, Krimtataren, Balkaren. Außerdem – Basmatschen aus Tadschikistan, genauer: diejenigen, die das Tribunal als Basmatschen gekennzeichnet hatte. Anhänger der Wlassow-Bewegung und der OUN* nach dem Krieg. Lutheraner, Baptisten, Mennoniten, islamische Bruderschaften – Tarīqas …

Kasachstan war in jenen Jahren buchstäblich das *Jenseits*, ein Sammelbecken der Vergessenen. Die Reversrückseite, die Leere, die Innentasche der Sowjetunion, in die man alles steckte, was verborgen werden musste – von den Häftlingen und Deportierten der dreißiger, vierziger und fünfziger Jahre bis hin zu den hochgeheimen Betrieben und später Raketentestgeländen.

Das war es, was Kastalski gesehen hatte: Die ganzen sieben Jahre, die er im Lager verbrachte, kamen immer neue Häftlinge nach Kasachstan, wurden immer neue Nationalitäten in die Verbannung geschickt; und diese Straße führte nur in eine Richtung.

Wahrscheinlich war nach dem Krieg ein verhafteter Frontkämpfer hierhergeraten, dachte ich, und der hatte die Bande zusammengesucht. Kastalski war entweder widerspenstig geworden oder hatte aufgegeben, konnte das Warten nicht mehr ertragen; denn sicher hatten sie nach dem Sieg auf eine große Amnestie gehofft, auf irgendwelche Veränderungen – aber die waren nicht eingetroffen …

Bis Balchasch war es nur noch ein Drittel des Wegs; links in der Steppe erhoben sich Berge von Menschenhand, riesige Halden der Kupfermine Qonyrat – Häftlinge hatten sie ursprünglich erschlossen, vielleicht war sogar Kastalski daran beteiligt gewesen, warum sonst hatte man ihn zur Ansiedlung nach Balchasch geschickt?

Das *Jenseits* der UdSSR; auch die Landschaft ringsum passte ideal zu dieser Rolle. Es war keine dürre Steppe mehr wie am Anfang der Fahrt, sondern eine steinige Halbwüste, übersät mit Granitblöcken. Stein und Sand, Sand und Stein, ein wenig ausgedörrtes, dorniges Gestrüpp; Quarz, Feldspat und Glimmer – kein Wasser, kein Grün. Vielleicht wurde es im Frühling in den Oasen grüner, aber jetzt sah man nur Sand, Stein sowie Salz an den verholzten Stacheln; Schlangen in der Dunkelheit der Felsenspalten; silbrige geöffnete Knospen im Spinnengewebe der Schwarzen Witwe, eine Sonne, die so grell schien, dass sogar der blaue Himmel erblasste und alle Farben verblichen.

Als ich nach Balchasch kam, schien mir, ich sei in die Zeiten des Bürgerkriegs geraten, in jene kleine Stadt, in der meine Großmutter 1921 auf die Straßenkinder mit der Schachtel voller Läuse getroffen war. Am Stadtrand stieß ich auf verlassene Häuser. Türen und Heizkörper hatte man weggeschleppt, Fenster herausgenommen oder eingeschlagen; man hätte meinen können, die Marodeure seien aus der Wüste gekommen, barbarische Nomaden, die eine entfernte Exklave belagert hatten; aber es waren natürlich die Stadtbewohner selbst gewesen. Zum Abend hin – und in diesen Breiten sind die Nächte sogar im Sommer kalt – zog aus den geöffneten Oberlichtern der Wohnungen der Rauch der Kanonenöfen durch die Straßen; die Laternen wurden nicht entzündet, dafür brannten in den Höfen Lagerfeuer, auf denen man das Abendessen zubereitete und Wasser zum Waschen und für die Wäsche kochte. Reflexe der Feuerstellen spiegelten sich an Zähnen wider. Männer, Frauen – offenbar hatte ein Viertel der Städter Zähne aus Metall, Gold kostete wohl zu viel, manche hatten einen oder zwei, der andere einen ganzen Kiefer voll; als wolle sich ein unbekannter Stamm dadurch von anderen Stämmen unterscheiden.

Im Hotel gab es kein Wasser, man empfahl, die Zimmertür über Nacht von innen mit einem schweren Gegenstand zu verbarrikadieren; das hier war nicht Kasachstan, nicht die GUS, es war eine Art autonome Republik Balchasch, ein Anhängsel des stockend arbeitenden Kupferkombinats.

Zwei Tage in dieser Stadt, zwei Tage Befragungen über die Vierziger – umsonst; aus jenen Zeiten waren weder Ermittler noch Milizionäre noch Journalisten übrig. Fast niemand war hier geboren worden, denn die Stadt war Anfang der Dreißiger entstanden, man hatte Fachleute aus allen Bereichen geholt, wie man auch alles von Nägeln bis zu Spiegeln heranschaffte; und mit derselben Leichtigkeit, mit der sie gekommen waren, zogen die Menschen später von hier weg, wechselten von einer Baustelle zur nächsten.

Schließlich fand ich in der Bibliothek ein Buch, das zum Stadtjubiläum erschienen war, und schrieb daraus die Namen all jener ab, die in den fraglichen Jahren das Stadtkomitee der Partei geleitet hatten. Alle höheren Vorgesetzten waren entweder weggezogen oder lagen auf dem städtischen Friedhof. Aber ich bekam den Hinweis, es gäbe jemanden, der in den vierziger Jahren Ausbilder und angehender Agitator gewesen war, sich später zum zweiten Sekretär hochgearbeitet hatte und mittlerweile Rentner war.

Ich dachte, ich würde einen von allen vergessenen, alten Kommunisten antreffen, ein verzagtes Gespenst vergangener Zeiten. Aber der ehemalige zweite Sekretär war völlig anderer Natur; jahrzehntelang hatte er im Rhythmus des Bergwerks, im Rhythmus der geförderten Tonnen an Kupfererz gelebt; und nun ähnelte er sogar ein wenig dem Kupfer, diesem leicht schmelzenden und schmiedbaren Metall, dem die Korrosion fast nichts anhaben kann; die eisernen Menschen früherer Zeiten waren gerostet, zu Staub zerfallen, er aber, der *eherne Mensch*, hatte geistig und seelisch überlebt.

Und – oh Wunder – er erinnerte sich an das Jahr 1948; er sagte mir, ich sei nicht der Erste, der danach fragte; dass manchmal jemand käme, seltsame Menschen aus entfernten Regionen, Kinder, Enkel – und er sei praktisch gezwungen, sich zu erinnern, schließlich gäbe es weder ein Museum noch Archive, weder Listen noch die alten Strafzonen.

Ich fragte ihn, was er als Mitarbeiter des Stadtkomitees über all die Häftlinge und Verbannten gedacht hatte; schließlich war er Mitglied der Partei, der Nomenklatura gewesen, hatte Macht ausgeübt … Er sagte, er habe nichts gedacht; im Krieg hatte er in der schweren Artillerie gedient, aus 122-mm-Haubitzen geschossen, und danach kam er hierher, und hier musste man bauen, etwas erschaffen, und alles, was der Bautätigkeit nutzte, sah man, wenn nicht als etwas Positives, so doch auf jeden Fall nicht als etwas Schlechtes.

»1948 tauchten die dann auf …«, sagte er. »Hier war es immer unruhig gewesen, einige Siedlungen betrat der Kommandant nie ohne Soldaten. Es gab Raub, Mord, große Banden und kleine Gauner. Parteileute wurden aufgeschlitzt. Fremde auch. Vieh wurde gestohlen. Aber 1948 … In den Lagern gingen damals Gerüchte, es wird ein neues 1937 geben, neue Anschuldigungen seien schon in Arbeit. Gerüchte sind eben Gerüchte. Aber es gab sie nicht das erste Mal. Wahrscheinlich war an den Gerüchten was dran … Irgendwie fanden diese Verbrecher zueinander. Zwei aus dem Kaukasus, die gehörten zu denen, die aus der Armee entlassen wurden, als man die Tschetschenen und Inguschen aussiedelte. Offiziere. Die anderen waren auch Offiziere – von denen, die nach dem Krieg im Gefängnis landeten. Außerdem gab es da noch so einen alten Haudegen, der war vor dem Krieg von der Westgrenze deportiert worden.«

»Kastalski?«, fragte ich.

»Nein, weiß ich nicht mehr«, antwortete er. »An Nachnamen erinnere ich mich überhaupt nicht. Nur an Allgemeines. Ein Jahr lang überfielen sie Sparkassen, ganz sauber, ohne Blutvergießen, waren nicht auffindbar. Sie hatten einen Chauffeur, der arbeitete beim Bau und brachte sie, wohin sie wollten, hier gab es ja nicht allzu viele Sparkassen, nur in den großen Siedlungen. Wahrscheinlich hatten sie einen Plan und sammelten dafür Geld. Einen Fluchtplan. Wenn man über den See nach Osten schwimmt, sind es nur noch 200 Kilometer bis zur chinesischen Grenze. Die Kasachen flohen während der Entkulakisierung in den dreißiger Jahren über diesen Weg. Und in den Vierzigern auch. Völlig unpassierbare Orte, die Grenztruppen konnten nicht alle Schluchten im Blick haben. Es gab Fluchthelfer, die machten daraus ein Geschäft, sie brachten die Leute bis zur Grenze und übergaben sie dort an Chinesen, ebensolchen Fluchthelfern. Sie nahmen viel dafür. Aber ohne sie kam man nicht durch, nur Sand und Berge dort, da muss man Pfade kennen, Brunnen. Und auch da gab es jede Menge Grenzer. Viele Fluchthelfer verschwanden. Weil es teuer war, und die Chinesen wollten auch ihr Geld.«

»Und in China? Was passierte da? Dort machten die Kommunisten doch gerade Chiang Kai-shek den Garaus?«, fragte ich, wobei ich zu spät bemerkte, wie der Alte beim Wort »Kommunisten« die Stirn in Falten zog.

»Doch nicht nach China«, winkte er ab. »Ihr in Moskau habt eine andere Landkarte im Kopf und wisst nichts über den Osten. Aber in den Lagern, sei es in Kasachstan oder im Altai, träumten alle davon, nach Taiwan zu fliehen. Nein, nicht nach Taiwan, das verwechsle ich, nach Hongkong. In die englische Kolonie. Das war wirklich so, ich lüge nicht. Das war ihr Traum. Das gelobte Land. Man muss doch von einer Flucht träumen können. Also träumten sie. Und man kann nicht sagen, dass es völlig unmöglich war. China war damals noch ziemlich löchrig, da konnte man durchschlüpfen. Ich denke, das war ihr Plan – nach Hongkong zu fliehen. Deswegen sammelten sie auch so viel Geld – um es bei den Chinesen in Pfund zu tauschen, bei den Schmugglern waren zehn Währungen im Umlauf. Wenn auch zu einem unverschämten Kurs, zehnmal so teuer, aber sie hätten es getauscht.«

Während ich dem Alten zuhörte, begann ich zu ahnen, wozu die Flüchtlinge Kastalski gebraucht hatten. Vielleicht hatte es einige dieser Frontkämpfer 1945 nach Westeuropa verschlagen, aber das Leben im Westen kannte nur er, der in Polen geboren worden war, in den an die UdSSR angeschlossenen Gebieten. Als Mann aus einem Grenzland, als Verwalter und Finanzexperte hatten sie mit ihm das große Los gezogen: Man musste sich dort ja irgendwie einrichten, Hongkong verlassen, Geld verdienen; und nur Kastalski konnte sich um all das kümmern.

»Allerdings unterlief ihnen ein Patzer«, fuhr der Alte inzwischen fort. »Anfang des Sommers 1948 waren sie in Priosersk, das ist etwas über hundert Kilometer westwärts von hier. Einer von ihnen hatte dort eine Frau, einen Sohn. Vielleicht planten sie einen Überfall und wollten sich bei ihr verstecken. Sie kamen in eine Straßenkontrolle. Und jeder hinten im Wagenkasten hatte was auf dem Kerbholz, schließlich waren sie Verbannte, Sondersiedler, die durften nicht frei herumfahren. Natürlich hatten sie sich früher immer irgendwie herausgewunden, vielleicht Geld bezahlt, aber diesmal klappte es nicht. Sie erschossen die Patrouille, aber am Bahnhof von Priosersk stand zu diesem Zeitpunkt ein Militärzug. Es begann eine Jagd auf sie. Einer aus der Bande stammte von dort. Er führte sie nach Betpak-Dala.«

»Betpak-Dala …«, sagte der Alte leise und merkte, dass ich die Wichtigkeit nicht verstand, mit der er diesen Namen aussprach. »Hungersteppe heißt das übersetzt. Ein toter Ort ohne Wasser, ohne Pfade, ohne Behausungen. Hunderte von

Kilometern. Die Basmatschen versteckten sich dort, hatten geheime Rastplätze. Man erzählt sich, man kann dort Gräber aus Zeiten von Dschingis Khan finden.«

Ich versuchte mir vorzustellen, was für ein Ort das war, und der Alte erriet, woran ich dachte, und sagte mit zärtlichem Spott:

»Glaub nicht, dass dir irgendetwas über Betpak-Dala klarwird, wenn du die Wüste durch die Scheibe eines Busses siehst. Selbst wenn man ein ganzes Jahr hier lebt und die gesamte Gegend durchforstet, kann man das nicht begreifen. Das ist eine Welt für sich. Soldaten haben es mir im Vertrauen erzählt – das ist ein Märchen, aber egal –, die Kosmonauten seien in Betpak-Dala trainiert worden, die Wüste grenzt an Baikonur. Und wer später im All war, erzählte, in Betpak-Dala sei es schlimmer gewesen. Das ist eine echte Wüste«, er hob das Wort »echte« hervor, »auch wenn sie Steppe genannt wird.

Solange es ging, fuhren sie mit dem Auto, dann gingen sie zu Fuß weiter. Und sicher wären sie entkommen, ihr Führer wusste wahrscheinlich, wo die Basmatschen lauerten. Aber auch ihre Verfolger hatten einen Führer und außerdem Pferde. Sie holten sie ein und töteten sie im Kampf, nur zwei oder drei überlebten. Wer gestorben war, wurde gleich dort begraben, man kann bei der Hitze keine Leichen transportieren, sie fangen an zu stinken.«

»Und wo könnte das sein? Wo war der Kampf?«, fragte ich und wusste schon vorher, was der Alte antworten würde.

»Woher soll ich das wissen«, sagte er. »Betpak-Dala ist groß. Wohin sie gegangen sind? Nach Süden, Westen oder Norden? Keine Ahnung. Jetzt ist da auch noch ein Testgelände. Saryschagan, hast du vielleicht gehört? Ein Raketenübungsplatz. Alle Wege in die Tiefe von Betpak-Dala vom See aus führen da durch. Früher hätte man dich am ersten Kontrollpunkt verhaftet, aber jetzt …«

Gespannt wartete ich auf die Fortsetzung.

»Jetzt gibt es ein Drittel der Kontrollpunkte nicht mehr. Vielleicht auch die Hälfte. Aber das macht es nicht leichter«, fügte er eilig hinzu. »Wo das Militär abgezogen ist, herrschen jetzt Marodeure. Allein mit dem Metall kann man Millionen von Rubeln machen. Zunächst kamen sie mit Pkws und Spaten, jetzt fahren sie mit Kränen und Planierraupen vor. Alle bewaffnet. Und zwar nicht mit Gewehren.«

Je länger er sprach und mich davon zu überzeugen versuchte, ich solle nicht einmal daran denken, nach Betpak-Dala zu fahren, umso mehr erwachte in mir die Abenteuerlust, obwohl ich nicht einmal wusste, wo ich suchen sollte.

»Ich habe eine Idee«, sagte ich zum Alten.

Er hörte mich an. Offenbar freute er sich, an einer Sache beteiligt zu werden, die den Aufgabenkreis eines Rentners überstieg und ihm die Langeweile vertrieb, und sagte zustimmend:

»Das ist riskant … Aber es könnte funktionieren. Und, übrigens, der stellvertretende Chef der Administration hat einen Nissan. Genau so einen brauchst du. Ich helfe dir.«

Noch in Moskau hatte ich in Anbetracht früherer Erfahrungen einige Sätze Visitenkarten mit meinem Namen in Auftrag gegeben. Gesellschaftswissenschaftliche Stiftung zur Erforschung historischer Perspektiven, Trainee Koordination; Internationale ökologische Vereinigung landschaftlicher Makrosysteme, Mitarbeiter Forschung; Internationales Colloquium nationaler Minderheiten, Programmkoordinator; Friedens- und Wohlstandsmission in Zentralasien bei der UNO, Berater der Abteilung Russland – erfundene Organisationen und erfundene Positionen.

Auf allen Visitenkarten stand ein und dieselbe Nummer – die Telefonnummer eines Büros, in dem man nach Vergleich mit einer entsprechenden Liste dem Anrufer bestätigen konnte, dass es sich tatsächlich um die betreffende Stiftung oder den Verband handelte und derjenige dort wirklich in dieser Funktion arbeitete; diese Dienstleistung war nicht billig, aber dank des Geldes von Kastalski junior konnte ich mir das erlauben. Natürlich sah ich sogar für einen Trainee Koordination ziemlich jung aus, aber sollten sie nur denken, mein Vater habe mich über seine Beziehungen in einem ausländischen Büro untergebracht, und die entsprechende Gestalt konnte ich durchaus abgeben.

Nachdem ich die Visitenkarte der Friedens- und Wohlstandsmission genommen und einen Anzug angezogen hatte, ging ich zum Chef der Lokalverwaltung – der ehemalige zweite Sekretär legte Fürsprache für mich ein, und ich wurde außer der Reihe empfangen.

Als Berater einer unbekannten UN-Mission konnte man nach alter, noch nicht verflogener Gewohnheit verhaftet, für einen ausländischen Spion gehalten werden – die vielen Jahre in der Nähe eines hochgeheimen Testgeländes waren nicht folgenlos geblieben. Deshalb brauchte ich eine Legende, die weniger überzeugend sein musste, aber die Aufmerksamkeit in phantastische Fernen lenkte. Und ich fand sie; in jenen Jahren versuchten alle, den Aralsee zu retten, kaum eine Zeitung oder Zeitschrift kam ohne ein Foto von Schiffen aus, die am Ufer gestrandet waren, als der Wasserstand sank. Jeder wusste, dass man das Wasser des Amudarja und des Syrdarja zur Bewässerung der Baumwollfelder umgeleitet hatte, dass in mehreren Projekten die Flussläufe verändert worden waren … Am Vortag hatte ich in der Bibliothek gelesen, dass die Flüsse Tschüi und Sarysu, die Betpak-Dala umsäumten, früher einen Abfluss in die Gewässer des Aralsees gehabt hatten. Damit wollte ich spielen – es gäbe Untersuchungen, ob man diesen Abfluss erneuern könne, ich sei geschickt, die Bedingungen für eine künftige internationale Expedition einzuschätzen. Die Bewässerungswirtschaft war ein Korruptionsparadies, man konnte Geld in phantastischer Höhe »abschreiben«, auch das hatte ich berücksichtigt.

Nach den Unterredungen bekam ich das Auto, einen Fahrer und Unterstützung zugesagt; allerdings sagte der Chef über das Gebiet nahe des Testgeländes und über die Randgebiete des Geländes sehr eindeutig: Niemand habe dort die Kontrolle, man solle sich dort nicht zeigen – das Auto sei Beute genug, dass man umgebracht werden könne.

Nachdem mein Blick von meiner Visitenkarte mit dem UNO-Wappen zum Auto gewandert war, einem beigen Nissan-Patrol, der seinen Dienst wahrscheinlich schon an Dutzenden Orten auf dem Erdball geleistet hatte, bat ich den Fahrer, zuerst in eine Lackiererei zu fahren. Eine halbe Stunde später prangten auf den Vordertüren die frischen Buchstaben UN, United Nations, die jedem Fernsehzuschauer bekannt waren. In jenen Jahren zeigte man in den Nachrichten ständig beigefarbene Nissans und Toyotas – in Afrika, auf dem Balkan, in Transnistrien, im Nahen Osten, es war die Blütezeit der UN-Diplomatie, die Epoche der »Blauhelme«.

Zwei Wochen fuhren wir kreuz und quer durch die Umgebung von Betpak-Dala; den Fahrer hätte ich nicht lange zum Narren halten können, und ich erklärte ihm das wahre Ziel der Reise, nachdem ich ihm Geld gezahlt hatte.

Die UN-Buchstaben halfen wirklich; selbst mit einem Panzer als Transportmittel wäre der Schutzeffekt geringer gewesen. Panzer kannte man hier zu Genüge, ganz verschiedene, aber einen Jeep der UNO sah man zum ersten Mal. Wir waren wie Außerirdische, auf uns fanden die Gesetze des lokalen Lebens keine Anwendung; einige Male konnten wir unangetastet Orte verlassen, an denen wir mit jedem anderen Auto verloren gewesen wären. Wilddiebe, Marodeure, Militärs, Tagediebe, Straßenräuber, die heruntergekommenen Bewohner der Hütten – alle sahen auf einmal, dass es eine wirkliche United Nations Organization gab, die hier irgendetwas verloren zu haben schien. In anderen, zivilisierteren Gegenden hätte dieser Trick nicht funktioniert, aber hier hatten wir einen Bombenerfolg.

Übrigens brachten uns die UN-Buchstaben auch in gewisse Gefahr; ich fragte nach Verbannten, suchte Zeugen, und es gingen Gerüchte, dass die UNO eine Kommission ausgesandt hatte, um die ehemaligen Sondersiedler in ihre angestammten Wohnorte zurückzuholen. Jetzt traf ich auf die letzten Überlebenden, die ihre Muttersprache längst verlernt hatten und mit Mühe ein paar Sätze hervorbrachten, um zu beweisen, dass sie Finnen oder Koreaner waren. Wenn der Administrationschef davon erfahren hätte, wäre meine Legende vom Aralsee zum Teufel gegangen; aber vor allem war es unerträglich zu lügen, und ich bedauerte doppelt und dreifach, dass ich mir keine andere Legende überlegt hatte; ich konnte die Asche eines Menschen holen, aber wer konnte alle anderen herausholen und wie? Die Staatsgewalt, die sie dorthin verbannt hatte, existierte nicht mehr, sie aber waren immer noch hier; ich weckte vergebliche Hoffnungen.

Außerdem entnahm ich Gerüchten und unklaren Andeutungen, dass ich allen Grund zur Furcht hatte, weil es Situationen gab, in denen einen das UN-Symbol nicht rettete. Die Leute – die wenigen, die zu sprechen wagten –, erzählten, durch die Randzonen des Testgeländes, weiter durch Betpak-Dala und entlang des Aralseeufers zum Kaspischen Meer verlaufe die Route der Drogenhändler. Drogen hatte man schon früher verschoben, als das Militär das Testgelände streng bewachte, es waren auch Armeeangehörige beteiligt. Und jetzt war das Militär weg, und die Leere füllte sich – womit sie sich eben gerade füllen konnte. Vier- oder fünfmal trafen wir auf den Straßen ein, zwei Landrover hintereinander, die hier noch fremder wirkten als unser gefälschter UN-Jeep, und bei jedem Zusammentreffen wollte ich die Suche schon aufgeben – und wenn die Männer in den Geländewagen nun dachten, hinter der UN-Mission verberge sich in Wirklichkeit eine Kundschaftergruppe des Antidrogenprogramms?

Unterdessen konnte mir niemand etwas über die Ereignisse des Jahres 1948 sagen; niemand gab mir einen Hinweis, wo man jemanden fand, der einen durch die Wüste führte. Die Hungersteppe war wieder zu dem geworden, was sie in den ersten Jahrzehnten der Sowjetmacht gewesen war – ein weißer Fleck auf der Landkarte, ein Niemandsland. Damals ließen die Basmatschen die Köpfe rollen, wenn jemand einen Fluchthelfer an die Tschekisten auslieferte – und jetzt fürchteten die Menschen erneut, jemand könne sie bestrafen, wenn sie mir den Namen von jemandem nannten, der die Pfade von Betpak-Dala kannte.

Auch Geld half hier nicht; ich versprach viel, aber die Angst – ob sie nun eingebildet oder real war – blieb stärker; das Geld schien sie sogar noch zu verstärken: Wenn ein Unbekannter mit einem UN-Geländewagen eine solche Summe bietet, ohne zu überlegen oder zu feilschen, dann sollte man sich von diesem Unbekannten lieber fernhalten.

Aber schließlich ging mir ein Licht auf, ich musste sogar das erste Mal seit Tagen lachen, womit ich den Fahrer erschreckte, der meinte, ich habe von den ergebnislosen Befragungen, der Hitze und den Gefahren den Verstand verloren. Die UdSSR existierte schon drei Jahre nicht mehr, und alle, die hier waren, hatten das damalige Dasein schnell vergessen. Sie lebten neben Marodeuren und Verbrechern, als ginge das schon eine Ewigkeit so, als habe es nie eine Sowjetunion gegeben. Aber – und deswegen musste ich lachen – noch fünf oder sechs Jahre zuvor konnten diese Marodeure Bestarbeiter gewesen sein, deren Namen und Gesichter auf den Ehrentafeln prangten; die heutigen Gauner konnten begeisterte Sportler gewesen sein; nur die Wüstenführer waren selbstverständlich Wüstenführer gewesen …

Ringsum ein Komplott des Schweigens – den Blick senken, vom Wagen zurücktreten, ein gleichgültiges »wir wissen nichts«, »solche gibt es hier nicht« –, das Schweigen war einmütig, undurchdringlich, gründete auf Angst vor einer Vergeltung von unbekannt – aber man konnte es mit einem Schlag durchbrechen: Indem man in die Bezirksbibliothek ging. Das hatte mich schon oft gerettet.

So machte ich es dann auch: Ich bat den Bibliothekar, Überstunden zu machen und eine Auswahl von Publikationen über die wissenschaftlichen Expeditionen nach Betpak-Dala in den achtziger Jahren zusammenzustellen.

Ein Dank an die Journalisten der Zeitungen im Bezirk und der Republik, ein Dank an die Tradition der sowjetischen Abhandlungen – denen es nie an einer genauen Wegbeschreibung zum Ort des Geschehens fehlte: Die Expedition steigt aus dem Zug, fährt mit einem Lastwagen, trifft auf den Wüstenführer, macht sich auf den Weg dorthin …

Drei Namen schrieb ich ab, drei Orte – durch die Zeitungsauszüge ließ sich nachvollziehen, wo diese Wüstenführer gewohnt hatten, sie waren mit ihren Gruppen immer von ihrem Haus aus aufgebrochen.

Wieder fuhr ich in die Siedlungen, in denen man mir am Vortag gesagt hatte, solche Wüstenführer hätte es hier nie gegeben.

Ein Haus war vernagelt – bereits viele Jahre. Niemand hatte versucht, das Haus zu plündern, wahrscheinlich war dem Wüstenführer ein düsterer Ruf vorausgegangen; aber er selbst war weg – in der Wüste umgekommen, in eine andere Gegend gezogen, in Haft?

Das zweite Haus war komplett niedergebrannt, das Feuer hatte sogar die selbstgefertigten Lehmziegel mit Strohbeimischung zu Asche verbrannt – wahrscheinlich war das Haus mit Benzin übergossen worden; das Feuer konnte auch zufällig entstanden sein, aber es sah eher nach Rache und Vergeltung aus.

Der dritte Wüstenführer lebte nicht in der Siedlung, sondern in einer kleinen Oase am Rand der Hungersteppe. Von ihm hatten die Zeitungen am meisten berichtet, einmal war offenbar sogar ein Korrespondent der unionsweiten »Komsomolskaja Prawda« hier gewesen. Dank der Artikel konnte ich den Weg zu ihm gut nachvollziehen – wohin man den Wagen lenken, an welcher Kreuzung man abbiegen musste, wie das Haus aussah. Allerdings meinte ich, wenn schon die anderen beiden Wüstenführer verschwunden waren, die in einer Siedlung unter Menschen gelebt hatten, dann würde ein Einzelner wohl kaum überlebt haben.

Doch nein – das Haus war heil geblieben, ebenso ein kleiner Hain verkümmerter Pappeln, die sich von unterirdischem Wasser nährten, was in allen Reportagen als großes Wunder bezeichnet worden war. Neu war nur eine Fernmeldeantenne – oder die Journalisten hatten sie nicht beachtet –, und statt eines Hundes waren nun sechs hier: Sechs Zentralasiatische Schäferhunde, jeder von ihnen konnte einen Wolf töten. Der UAZ-Geländewagen – der Held der Zeitungsberichte – stand immer noch unter einer Plane, aber zu ihm hatte sich ein Pajero gesellt: In der spontan entstandenen Hierarchie der Straße rangierte er etwa zwischen einem schwarzen Landrover und unserem Nissan, galt als solides Auto eines soliden Besitzers.

Heraus kam ein Mann von etwa vierzig Jahren; mir war nicht klar, ob es der Wüstenführer war oder einer seiner Verwandten oder Helfer; sein Alter war in den Zeitungen nicht genannt worden, die Fotos verschwommen. Ich nannte meinen Namen, und er seinen: Dauken. Ja, er war es, der, den ich suchte, die Zeitungen hatten von einem Dauken geschrieben.

Natürlich hatte ich erwartet, in ihm einen Wüstenführer, den Mann von Betpak-Dala zu erkennen, dem die Hungersteppe ihr Siegel aufgedrückt hatte. Aber Dauken schien der einfältige Hüter einer Oase zu sein, ein guter Geist in Menschengestalt, den man angewiesen hatte, die Quelle zu bewachen. Ich meinte, ein Wüstenführer müsse dünn und ausgemergelt sein, aber Dauken war füllig, seine Haut schwitzig. Seine Bewegungen glichen denen von Wasser, er strömte heran, ergoss sich im Türrahmen, plätscherte mit den Händen – als würden durch einen hinuntergefallenen Stein Spritzer auseinanderfliegen; vielleicht konnte nur so ein Wasser-Mann in der Wüste überleben, dachte ich; wahrscheinlich witterte er Wasserquellen wie ein Rutengänger.

In einem großen kühlen Zimmer – das Haus hatte so dicke Wände wie eine Festung – hingen Geweihe von Mufflons und Rehen sowie alte Waffen –, ich bemerkte zum Beispiel eine SIG-Sauer-Bockdoppelflinte aus Kriegszeiten, ein Beutegewehr, das wahrscheinlich einmal einem reichen deutschen Gutsverwalter gehört hatte und auf unbekannten Wegen hierhergeraten war. Gesondert hingen Urkunden von wissenschaftlichen Instituten, Dankschreiben und Fotografien – eine ganze Wand voll; Glückwunschtelegramme zu einem Jubiläum, eine Urkunde über die Zuerkennung irgendeiner Auszeichnung, eine humoristische Wandzeitung, vor zwanzig Jahren von Archäologen gezeichnet, die auf den Film »Weiße Sonne der Wüste«* anspielte – Dauken-Abdullah führt Studentinnen an, seinen »Harem« …

Das Gespräch hatte noch nicht begonnen, und ich wurde schon schwermütig – von diesen Urkunden und Wandzeitungen, von dem sorgevoll gehüteten sowjetischen Leben. War Dauken etwa tatsächlich so, wie die Zeitungen über ihn geschrieben hatten – ein Enthusiast der Urbarmachung der Wüste, »Freund der Wissenschaftler«, Kommunist aus tiefstem, innerem Bedürfnis – oh, Gott, er war ja auch noch Parteimitglied!

Aber es war den Versuch wert gewesen – schließlich hatte ich nichts verloren. Ich begann die Geschichte von Kastalski zu erzählen, die Geschichte der Bande, ihre geplante Flucht nach Osten, ihr Weg durch Betpak-Dala, den letzten Kampf –

und merkte dabei selbst nicht, wie ich mich ereiferte, die winzigsten Details unterbrachte, eine Kette der Ereignisse spann. Das Sujet begann zu atmen, belebte sich auf geheimnisvolle Weise, als hätte ich alles genau erraten, klangen meine Worte wie die Erzählung eines Augenzeugen. Ich sprach von den drei Getöteten, vom Wüstenführer, der die Bande in die Tiefe von Betpak-Dala gebracht hatte, vom zweiten Führer, der ihnen mit Soldaten gefolgt war.

Anfangs schien mir, ich habe Dauken durch die Genauigkeit meines Umgangs mit den Fakten, durch die Sorgfältigkeit der Rekonstruktion beeindruckt. Aber dann bemerkte ich, dass er gleichsam mit dem Rücken hörte, als erwarte er einen Befehl oder Schuss.

Teure Waffen an den Wänden ... All diese Urkunden, sowjetische Zertifikate der Loyalität, die schon vor dreißig Jahren hier gehangen hatten, zur Schau gestellt wurden ... Das Haus des zweiten Führers war niedergebrannt, und vielleicht war er selbst im Haus verbrannt ... ein karikaturistischer Dauken-Abdullah ...

Die dichte Bastmatte vor der Tür wurde beiseitegerissen, das Zimmer betrat ein alter Mann; das war er, der wirkliche Wüstenführer. Vor mir standen Dauken-Vater und Dauken-Sohn; der Sohn war ein Wasserwesen, der Vater ein Wesen von Sand und Stein. Sogar seine Haut schien wie mit Schuppen einer Eidechse oder eines Warans überzogen. Seine Augen wirkten wie Rauchkristallkügelchen, die man in den umliegenden Berghöhen finden konnte; seine grauen Haare hatten die Farbe von Salz, das an den Kameldornsträuchern mit kleinen bösen Kristallen ausfiel. Man merkte kaum Leben in ihm, er war eins mit der Wüste, und deswegen nahm sie ihn an.

Er hatte sich damals also gerettet – als Einziger von allen; die gefangen genommenen Verletzten hatten seinen Namen nicht verraten. Vierzig Jahre hatte er Expeditionen geführt, Urkunden erhalten, die Rolle des gebildeten Aborigine gespielt … Und irgendwo in der Nähe hatte jener gelebt, der zusammen mit der Soldateneinheit der Bande gefolgt war. Die Rache war über vierzig Jahre gereift …

»Ich bringe dich dorthin«, sagte der Alte. »Ich gehe nicht mehr in die Wüste, aber dich bringe ich hin. Wir glauben, dass man einen Menschen von fremder Erde am Wegrand beerdigen muss, damit seine Seele am neunten Tag nach Hause findet. Nimm sie mit. Nimm sie alle mit. Sollen sie gehen.«

3

AM NÄCHSTEN TAG machten wir uns zu dritt mit dem UAZ-Wagen auf den Weg über das Testgelände nach Betpak-Dala. Dauken-Sohn, der Wasser-Dauken, saß hinterm Steuer und erzählte vom Testgelände: Mehr als dreihundert Sonnentage im Jahr, ein herrliches »Himmelstheater«, wie die Militärs es nennen. Hundert Teststartbahnen, zwanzigtausend Menschen Personal, Tausende Kilometer planierter Wege in der Steppe … Gebaut in den fünfziger Jahren, Raketenabwehrtests, höchste Geheimhaltungsstufe.

Drei verschiedene Dimensionen, drei Lebenssegmente existierten hier.

Das erste – das Altertum, die Wildnis, das Nomadenleben, die Tierzucht, steinerne Götzenbilder auf entfernten Hügeln.

Das zweite – Verbannte und Strafzonen, die mit Stacheldraht abgetrennt waren.

Das dritte – ebenfalls hinter Stacheldraht – Pioniergeist des Fortschritts, die vorderste Front von Wissenschaft, Zivilisation und Kultur: Testgelände, Kosmodrome, Baikonur, Saryschagan.

In sowjetischen Zeiten konnten die Menschen aus der dritten Schicht die der zweiten und ersten übersehen. Aber jetzt drangen die Nachfahren jener, die von Nomaden oder Verbannten aufgezogen worden waren, an die ehemals verbotenen Grenzen.

An einem Ende, wo sich ein Armeestädtchen befand, war das Testgelände noch intakt, an einzelnen Standorten wurden noch Starts durchgeführt, aber an der riesigen Peripherie war alles verwahrlost. Der Armee fehlte das Geld, um das gesamte Gelände instand zu erhalten, die Ausrüstung zu demontieren und abzutransportieren – oder sie ordentlich zu bewachen. Die Armee war zerfallen und wusste nicht mehr, *wessen* Armee sie war.

Marodeure suchten die in der Steppe verstreuten Kommandostellen, von denen aus die Tests geleitet wurden – wegen der Geräte und der Edelmetalle in den Platinen. Aber auch alles andere verachteten sie nicht: Sie demontierten Fernwärmeleitungen, gruben Rohre und Kabel aus, um sie an Metallsammelpunkten abzugeben; wie Bodenschätze von Mutter Natur bauten sie das jüngste sowjetische Erbe ab.

Meine beiden Begleiter verhielten sich so, als würde sie diese Zerstörung nicht betreffen – sie hießen sie nicht gut, waren aber auch nicht entsetzt. Unser alter UAZ kam an Dutzenden Marodeurcliquen vorbei, aber niemand wagte es, uns anzuhalten, im Gegenteil – die Bewaffneten versteckten sich in Ruinen und warteten ab, bis unser Auto vorbeigefahren war. Sollten die beiden, Vater und Sohn, etwa mit den Gerüchten über den Drogentransit zu tun haben, war deswegen ein Wüstenführer verschwunden und das Haus des anderen abgebrannt?

Schließlich ließen wir das Testgelände hinter uns, und nach zehn Kilometern endete die Straße, löste sich im Sand auf, als hätten wir eine unsichtbare Linie überfahren, hinter der es keine Spuren menschlichen Lebens mehr gab.

Das Auto mussten wir bald darauf stehen lassen – vor uns lagen von Schluchten zerfurchte, niedrige Hügel, die Landschaft erinnerte an zusammengeknülltes Papier – man konnte sie nur durch verschlungene Klüfte passieren. Der Wind und das Frühlingswasser hatten Tausende von Öffnungen in den brüchigen Mergel geschnitten, kleine und große Höhlen; man hätte hier eine Armee verstecken können.

Einen Tag lang schlugen wir uns durch die felsige Gegend, an den steinernen Wächtern vorbei; am nächsten Tag erreichten wir die Ebene. Hier gab es keine Kuppen, Hügel und alte Flusstalniederungen mehr – nur Sand und trockenes Gras. Es war der Grund eines uralten Meers, das tektonische Kräfte emporgehoben hatten. Und da wurde mir klar, warum diese Steppe Hungersteppe hieß – nicht nur, weil es hier nichts gab, womit man die Nomadentiere füttern konnte, sondern auch deshalb, weil sie selbst hungrig war. Eine riesige, schreckliche Leere, eine hungrige Leere, die man vorsichtig anschauen musste – sie konnte einem den Blick austrinken, mit einer einzigen Berührung die Seele herausreißen.

Am dritten Tag bekam ich Halluzinationen, mir schien, eine Truppe Soldaten verfolge uns, ich hörte das Wiehern ihrer Pferde, die sinnlosen Schüsse unserer Verfolger; und wir führten diese Soldaten immer tiefer in die Hungersteppe, um sie mit ihnen zu füttern, denn wir dienten der Steppe, und deswegen verschonte sie uns.

In den seltenen Momenten, in denen ich ganz bei Bewusstsein war, wurde mir klar, dass der Alte und sein Sohn mir aus irgendeinem Grund etwas vormachten – ohne eine höchst genaue Karte konnte man in der Hungersteppe nichts finden, egal, was für ein guter Wüstenführer man war. Aber wir gingen trotzdem irgendwohin, und ich war ihnen dankbar, dass wir gingen, eine Richtung hatten, wenn auch nur scheinbar – schrecklicher wäre es gewesen, stehen zu bleiben und sich einzugestehen, dass man sich in diesem *Nirgends* an nichts orientieren konnte.

Ein Jenseits – die letzten Ereignisse hatten sich hier in der Kreidezeit zugetragen, in der Epoche der Dinosaurier und gigantisch großer Bäume; seither herrschten hier ausschließlich die Kräfte der Zerstörung, die das Gestein in Mulm verwandelt hatten. Wir gingen über Schotter, Sand und Lehm, durch den Müll vormenschlicher Zeiten, über eine von der Sonne ausgebrannten Ebene; dieses Jenseits war die Wahnvorstellung eines paranoiden Geometrikers, der ein Flächenideal, ein Symbol der Nicht-Existenz geschaffen hatte, denn das Leben ist immer schief, gezackt, brüchig.

»Sieh mal«, sagte der Alte bei einer Rast, als ich schon um Umkehr bitten wollte.

Auf seinem Ärmel saß eine Wespe, eine ganz gewöhnliche Wespe.

»Schau, wohin sie fliegt«, sagte der Alte.

Er schüttelte die Hand, die Wespe flog auf und schwirrte davon. Ringsum befanden sich kleine, hüfthohe Steinhaufen, Reste von zerstörten Felsen. Zu einem solchen Haufen flog die Wespe.

»Gehen wir, gehen wir«, der Alte stieß mich in diese Richtung.

Langsam, ganz langsam verarbeitete mein Verstand das, was gerade geschah. Eine Wespe. Eine Wespe. Eine Wespe. Woher kam hier eine Wespe, hier gab es doch kein Wasser! Aber die Wespe war da. Das bedeutete ...

Wir gingen zu den Steinen. Die Wespe war irgendwo zwischen ihnen abgetaucht. Ihr folgte eine andere, die aus entgegengesetzter Richtung kam. Eine dritte Wespe kam, im Gegenteil, herausgeflogen.

Unter den Steinen, zwischen den Ritzen atmete etwas dunkel und feucht, etwas tönte, raschelte; es schien, als wälze sich dort unten ein gefangenes Wesen.

»Schieb die Steine weg«, kommandierte der Alte.

Fünf Minuten später kam unter den Brocken das runde Mauerwerk eines Brunnens zum Vorschein; dort unten, in zehn Metern Tiefe, wohin nicht einmal die steil einfallenden Lichtstrahlen reichten, wimmelte ein lebendiger Teppich – Wespen setzten sich auf ihre toten Kumpane, tranken, flogen auf und machten anderen Platz.

»Wenn man nichts von den Wespen wüsste, könnte man diesen Ort nicht finden. Man muss die erste Wespe entdecken und ihr folgen. Manchmal vergeht ein ganzer Tag damit«, sagte der Alte. »Wir wollten damals auch zu diesem Brunnen. Uns und auch den anderen ging das Wasser aus. Wenn wir es geschafft hätten, welches zu schöpfen, wären sie bald zurückgeblieben, sie hätten nicht riskiert, ohne Wasser weiterzugehen. Aber wir schafften es nicht. Der Kampf war dort«, er wies mit der Hand in Richtung einer unscheinbaren, kleinen Schlucht.

Ich ging zu dieser Schlucht. Ich nahm einen schwachen Geruch wahr, es gab ihn nicht, ich bildete ihn mir nur ein – einen solchen Geruch kennt man aus der Kindheit, wenn man einen Funken erzeugt, indem man zwei Feuersteine aneinanderreibt. Diesen Geruch konnte es hier nicht geben. Wenn Kugeln auf weiches Gestein trafen, schlugen sie keine Funken; es war ein Gespenst, eine Blendung. In den Ritzen, die das Frühlingswasser ausgewaschen hatte, lagen alte, grün angelaufene Hülsen, viele Hülsen, Hunderte, sie waren bereits miteinander verbacken und verwittert.

In derselben kleinen Schlucht befand sich ein weiterer Steinhügel. Mir war klar, was sich darunter befand, warum er hier aufgehäuft war und von wem.

Ich fotografierte ihn und wusste, wie dumm das Foto aussehen würde – nur Stücke von Kalkstein. Ich fotografierte die Hülsen, die Häufchen von Hülsen sowie die alten Einschusslöcher im Stein. Erde gab es hier nicht, man konnte nichts mitnehmen, also kratzte ich Sand zusammen und schüttete ihn in ein Glas.

Patronenhülsen und Sand, Knochen unter Steinen, die sich wahrscheinlich schon in Staub verwandelt hatten; und Dauken, der ewig lebende Alte. Als er und sein Sohn sich wegdrehten, fotografierte ich auch sie, zwei Figuren, zwei Schatten.

Ich fühlte nicht, dass von Kastalski und den anderen, die hier starben, irgendetwas übrig war. Am liebsten hätte ich einfach nur ein wenig Wüstenluft im Glas mitgenommen, aber Kastalski junior hätte das wohl kaum verstanden.

Irgendwie war ich mir sicher, dass es irgendwo bei Drogobytsch ebenso eine unscheinbare Vertiefung gab, in der Großvater Michail lag; und nie würde ich ihn finden, weil irgendein Glied aus der Erinnerungskette fehlte, und nun war der Weg zu ihm für immer verschlossen. Dafür würde ich andere finden, Fremde; und wenn ich dem Vergessen einige Menschen entreißen könnte, wäre das ein großartiges Werk, das auf der Waage des Lebens Gewicht hätte.

Dauken und sein Sohn machten sich in der Nähe an etwas zu schaffen. Vermutlich war dort ein Versteck, alt wie der Brunnen, wie der unscheinbare Pfad durch die Wüste. Vielleicht hatte sich Dauken dort versteckt, als die Soldaten sie einholten. Vielleicht auch war dort der Schatz der Bande gewesen, und später hatte Dauken ihn nach und nach geholt, seinen Sohn hierhergeführt – daher auch ihr Haus und der Wohlstand.

Im Moment schienen sie eine Fracht im Versteck abzulegen, die jemand holen sollte, der von der anderen Seite der Wüste kam. Und als ich sah, wie geschickt sie vorgingen, wie behänd sie die Steine schleppten, fühlte ich Wut in mir aufsteigen: Zehn Menschen lagen in einem Massengrab, und Dauken war nicht einmal dorthin gegangen und hatte eine Schweigeminute eingelegt. Aus meiner Wut erwuchs der Verdacht, ob er sie, die sich ihm anvertraut hatten, damals vielleicht extra hierhergeführt und sich vorher ausgerechnet hatte, dass er sich retten und das Geld, das Gold sichern konnte?

Ich schaute mir die Patronenhülsen an – mir kam es so vor, dass ich mit einer Waffe ausgerüstet das Magazin mit den alten, leeren Hülsen hätte laden können. Und sie wären auf jenen losgegangen, der sich in Sicherheit hatte bringen können, nachdem er vielleicht die anderen verraten hatte – sie würden mit uraltem, posthumem Hass losgehen.

Wut und Verdacht wechselten mit Besorgnis; wenn ich zu jemandem geworden war, der Tote suchte, musste ich daran denken: Nicht nur ich suchte Verstorbene, sondern auch sie suchten durch meine Augen, durch meine Gefühle etwas in der Welt der Lebenden, reichten aus dem Jenseits an jene heran, die sie im Leben nicht hatten erreichen können; ich war gefährlich für die Lebenden, denn die Toten hatten sich meiner bemächtigt; als hätten sie mich zu ihrer Einheit im Jenseits abgeworben.

Ich spürte die Toten wie eine dunkle und verborgene Macht; ich konnte Dauken für einen Verräter halten – aber was wusste ich über jene, die in der kleinen Schlucht unter dem Steinhaufen lagen? Dass sie tot waren, er aber lebte. Dass sie in einem ungleichen Kampf umgekommen waren, aus der Verbannung hatten fliehen wollen, schien ihnen in diesem posthumen Prozess gleichsam recht zu geben. Aber was wusste ich über das Wesen ihrer möglichen Verwünschungen, darüber, was sie in die Welt der Lebenden tragen wollten? Nichts. Aber hätte ich eine Waffe gehabt, hätte ich jetzt vielleicht auf Dauken geschossen!

Ich dachte an Großmutter Tanja, daran, wie sie Großvater Michael abgetrennt, auf Lektorenart *gekürzt* hatte; zum ersten Mal fühlte ich dieses Verbot – geh nicht dorthin! Dort wartet der Gehörnte; von dort kommt nichts Gutes. Meine Großmutter schien gewusst zu haben, dass man eine solche Vergangenheit nicht einfach »aufdecken« konnte, man musste sie erst entminen, der Munition alten Hasses die Sprengkraft nehmen.

Eine Unmenge posthumer Verwünschungen, feinster, unerfüllter Heimsuchungen schien in der Luft zu liegen und Wirklichkeit werden zu wollen! So viele waren es – Hass, Bosheit, Verzweiflung, Todesverwünschungen, gerecht und ungerecht – gerichtet gegen Henker, Folterer, Feinde, Verwandte, ehemalige Freunde, zufällige Mitfahrende im Verbannungszug, die davon überzeugt gewesen waren, dass Stalin von all dem nichts wisse … Es kam mir vor, als habe ich in dieses Gefäß ohne Boden geschaut und gemerkt, wie ausgeklügelt, heimtückisch und grausam dieses Flehen nach Vergeltung war.

Dort, in dieser blutigen Masse, konnte man Reines von Üblem, Erlittenes von Erdachtem nicht mehr unterscheiden. Dort gab es die UdSSR noch – als Ansammlung zerbrochener Existenzen, Deportationen, die das Leben ganzer Völker verändert hatten, mit Blut gezogener Grenzen, die den einen etwas nahmen und anderen etwas gaben, eine unvorstellbare Fülle gegenseitig zugefügter Ungerechtigkeiten, die umso grausamer waren, als die Rollen wechselten, jeder sowohl Verbrecher als auch Opfer sein konnte. Die Ansammlung dessen, was sich über Jahre im Innersten angehäuft hatte und vor dem Tod herausgeschrien wurde; die Summe der Verbitterung, des Verlangens, die Gerechtigkeit wiederherzustellen, für die man gelitten hatte. Und niemand dachte an Vergebung – nur an Vergeltung und Rache, die Menschen wie die Völker; und das war tatsächlich das Reich des Teufels, nicht Gottes, der Teufel liebt solche Sachen, so kann er die Toten und ihre Nachkommen verspotten.

Am namenlosen Grab in der Hungersteppe fühlte ich, dass der Teufel bereits Teil unserer Pläne, unserer Gedanken, unserer Taten war. Die Kraft der jenseitigen Verwünschungen würde unsere Wege lenken, und wir mussten vorsichtig sein, um nicht blind zu ihren Waffen zu werden. Das Grab am Rand der Erde schien mir für einen Moment der Angelpunkt der Welt zu sein, die Achse der Ereignisse, um die herum sich unser Leben drehte, auch wenn wir meinten, wir seien rein, weil wir Kinder einer neuen Zeit waren und uns nichts vom sowjetischen Erbe anhaftete.

Ich hob die Patronenhülse auf, nur eine, als Gedankenstütze für diese Einsicht; der Alte und sein Sohn waren mit dem Versteck fertig. Wir konnten gehen.

Die ersten paar Kilometer hatte ich das Glas mit dem Sand einfach nur in meiner Jackentasche, ich fühlte es nicht, auch wenn ich wusste, dass es dort war. Wie der alte Dauken gesagt hatte, kehrten wir genau über den Weg zurück, den wir gekommen waren – aber ich erkannte auch nicht einen Hügel wieder, als sei der Raum durch die Anwesenheit von Menschen aufgewühlt worden und habe sich neu zusammengesetzt.

Am zweiten Tag des Rückwegs fühlte ich bereits, dass mein leichtes Gepäck sich irgendwie verändert hatte. Je weiter wir aus Betpak-Dala kamen, umso mehr hörte der Sand vom Grab auf, einfach nur Sand zu sein und wurde zu einem Stoff des Erinnerns.

Als wir am Auto angekommen waren, trank ich so lange aus dem Kanister, bis ich von dem warmen Wasser einen Brechreiz bekam. Wieder fuhren wir durch das Testgelände; in unserer Abwesenheit hatten die Marodeure wie fleißige Käfer schon neue Löcher gegraben, eine Wasserpumpe umgeworfen, einen weiteren Graben gezogen.

Als wir in der Nähe des Hauses angekommen waren, bat uns der Alte nur aus reiner Höflichkeit hinein; vermutlich meinte er, die alte Schuld sei beglichen, die alte Sünde – falls es eine war – von ihm genommen, und jetzt wollte er nicht, dass ich mich lange aufhielte. Ich setzte mich ans Steuer und wollte gleich nach Balchasch fahren, das Auto zurückgeben, mir irgendeine Geschichte über das Ergebnis der »Untersuchungen alter Gewässer des Aralsees und der Perspektiven einer Bewässerungserschließung« ausdenken und mir am Morgen eine Fahrkarte nach Karaganda kaufen.

Als es bereits dunkel wurde, kam ich auf eine asphaltierte Chaussee; endlich konnte ich schneller fahren und musste nicht mehr den Staub schlucken, der durch alle Filter drang. Ich stellte mir vor, an einen See zu kommen, die erste mögliche Zufahrt zum See einzubiegen, die vom Salz hart gewordene Kleidung abzuwerfen und ins Wasser zu springen – Betpak-Dala von mir abzuwaschen, den Wüstenführer Dauken, das geplünderte Testgelände, die geheimen Pfade zu vergessen und ganz tief unterzutauchen, bis das Wasser gegen mein Trommelfell drückte, wieder aufzutauchen, die feuchte Luft zu atmen und wieder unterzutauchen.

Scharf überholte mich ein schwarzer Lada Samara mit getönten Scheiben und bremste direkt vor meinem Jeep; ein zweiter Lada drängte sich an meine hintere Stoßstange und schaltete das Fernlicht ein.

Jemand hatte beobachtet, wie Dauken und ich zurückgekehrt waren, jemand war uns gefolgt – und hatte mich entweder als Klienten oder als Kurier eingestuft; man hatte mich ein Stück von Daukens Haus wegfahren lassen, von der Siedlung bis zur Wüstenstraße … Hatte mich mein Chauffeur, den ich nicht mit zu Dauken mitgenommen hatte, verraten? Hatte er jemandem erzählt, dass ich nicht bei der UNO war? Dass die UN-Buchstaben als Schutzschild dienten? Hatte Dauken sie geschickt?

An die dreißig Kilometer weiter befand sich an einer Straßenkreuzung eine Tankstelle; dort patrouillierte zwei, drei Mal am Tag eine Straßenkontrolle. Allerdings war nur wenig Benzin übrig, ich hatte damit gerechnet, auf dem Rückweg tanken zu können – genau an dieser Tankstelle, die vor uns lag.

Mit etwas weniger Furcht hätte ich angehalten; aber die Angst trieb mich weiterzufahren. Ich bremste, und als der Lada ebenfalls bremste, fuhr ich in den Straßengraben, riss das Lenkrad nach rechts, überfuhr einen flachen Graben und gab Gas. Zu meinem Glück waren mir beide Ladas in den Graben gefolgt – wenn einer auf der Asphaltstraße geblieben wäre, hätte es schlechter für mich ausgesehen. Doch so verloren sie Zeit mit dem Rangieren, ein Auto musste angeschoben werden, und ich schaffte es, eine Distanz aufzubauen, die eine Schießerei sinnlos machte. Ich fuhr weiter in Richtung Tankstelle, aber durch die Wüste, und die Ladas folgten meiner Spur – entweder der Trägheit der Jagd geschuldet oder aus Furcht, noch einmal im Graben zu landen.

Zur Tankstelle flog ich hinter einem Hügel hervor, es blieben noch zwei- oder dreihundert Meter.

An der einzigen Zapfsäule standen an beiden Seiten zwei schwarze Landrover, zwei dieser gespenstischen Jeeps, die mir in diesen Wochen auf den Straßen um Betpak-Dala entgegengekommen waren. Offenbar hatte man mich ihnen in die Arme gejagt, wie man bei einer Hetzjagd das Vieh dem Schuss des Jägers entgegentreibt.

Es gab keinen Ausweg. Hätte ich das Auto verlassen und versucht, mich zu verstecken, hätten sie es bemerkt und mich verfolgt. Sollte ich umdrehen und ein Verfolgerauto rammen? Der verstärkte vordere Rammschutz des Nissans würde das aushalten, aber was käme dann? Schließlich ging das Benzin zur Neige … Und da bemerkte ich, dass aus den Benzintanks beider »Landys« Tankschläuche hingen; sie hatten nicht auf mich gewartet, waren erst vor zwei oder drei Minuten hier angekommen.

An der Tankstelle drehte ich den Wagen so, dass die UN-Aufschrift lesbar war, sprang heraus, rannte zu den Landrovern und schrie um Hilfe. Die Entscheidung war von selbst gefallen – ich hoffte, die Fahrer der Jeeps würden einen in die Zwickmühle geratenen UN-Mann verachtungsvoll bedauern.

Als kleinere Raubtiere konnten sich die Ladas nicht entschließen, den schwarzen Jeeps näher zu kommen. Meine Verfolger stiegen aus – acht Männer, zwei Pistolen und eine Pumpgun, nomadisierende Kasachen, von Kind auf an Waffen gewöhnt, aber nicht als Soldaten, sondern als Hirten. Gewöhnliche Straßengangster. Vielleicht hatte Dauken sie geschickt, wollte mich doch nicht ziehen lassen, nachdem ich sein Geheimnis erfahren hatte? Stadtgangster wären beim Anblick von zwei Mercedes-Fahrzeugen wahrscheinlich zurückgewichen, sie aber schritten ruhig voran, als fühlten sie, dass die Wüste auf ihrer Seite stand.

Endlich konnte ich die beiden Männer näher betrachten, die an den Jeeps standen – Jeeps mit neuen russischen Nummernschildern, die man gerade erst anfing, auszugeben. Sie waren genauso seltsame Fremde hier wie ich; ihrem Gebaren nach zu urteilen, gehörten sie zum Militär oder zur Miliz, zu einer Sondereinheit oder Ähnlichem.

Der eine hob die Hand und stoppte mich; von hinten näherten sich schweigend die Kasachen. Die Fensterscheibe an der Vordertür des Jeeps fuhr langsam herunter, der Bodyguard sprach kurz mit jemandem im Wageninneren. Dann gab er mir ein Zeichen – komm her.

Die Kasachen blieben nicht stehen; sie verlangsamten ihren Schritt und hoben die Waffen. Beide Jeeps standen zu nah an der Zapfsäule, sie waren gerade erst betankt worden – eine schlechte Voraussetzung für einen Schusswechsel. Da öffnete der Bodyguard, der am rechten Auto stand, die Hintertür, nahm etwas vom Rücksitz und richtete auf meine Verfolger ein Maschinengewehr.

Die Ladas entfernten sich im Rückwärtsgang, drehten um, und ihre roten Rücklichter entfernten sich immer weiter in die Wüste; einer der Fahrer ging, ohne etwas zu fragen, zu meinem Jeep, und vor mir sprang die Tür des Landrovers auf.

Im Inneren war es dunkel, ich konnte nur eine Figur auf dem Rücksitz erkennen, einen mittelgroßen Mann.

»Guten Tag«, sagte er. »Ich heiße Mars.«

Die Stimme war tief, kräftig, auch wenn sie leise klang. Und nach dem Schrecken und der Angst, die ich durchlebt hatte, dass es mich hier, an einer Tankstelle erwischen konnte, und weil ich mich verspottet fühlte – hatte er mir etwa gerade seinen Codenamen genannt? –, antwortete ich so, als würde ich mit einem alten Freund sprechen, der bekanntermaßen gern scherzt:

»Und ich Phobos.«

Der Mann im Dunkeln schnaubte kurz, dann fing er leise, als halte er ein Stillegebot ein, doch vergnügt zu lachen an, ein gröberes Lachen kam auch vom Vordersitz.

»Nicht schlecht«, sagte er. »Die Sache ist die – ich heiße wirklich Mars.«

Und zum Fahrer vorn:

»Los, Danila.«

Der Landrover wurde gestartet und fuhr von der Tanksäule weg.

Ich begriff, was sie von mir erwarteten, und erzählte ehrlich von Kastalskis Auftrag, vom Fußmarsch durch Betpak-Dala, von meiner Vergangenheit; nur die Erinnerungen meiner Großmutter und Großvater Michail erwähnte ich mit keinem Wort.

Mars hörte zu, fragte manchmal nach, bat um eine Erklärung, warum ich auf bestimmte Weise gedacht oder gehandelt hatte. Ich bemerkte, dass er seine Fragen professionell stellte – wahrscheinlich auch bei Verhören – ich begann zu ahnen, was er hier tat – bei meinen Fahrten waren mir Menschen seines Schlags schon begegnet.

In jenen Jahren reisten durch Russland und die angrenzenden Länder Gruppen von Konquistadoren, die eine Art Inventur durchführten: Wer verfügte gerade über besonders interessante Unternehmen, Aktiva, und wie gut wurden sie geschützt. Diese Kundschafter dienten zur Hälfte dem Unternehmertum, zur anderen dem Staat, und es war nicht zu erkennen, wessen Interessen Vorrang hatten und ob die Interessen wirklich geteilt waren.

Mars stammte offenkundig nicht vom KGB, sondern aus der Armee; er mochte Major sein oder eher noch Oberstleutnant. Das waren keine hohen Ränge, und Mars merkte man ein rangunabhängiges Machtbewusstsein an. Das hieß, entweder gehörte er zur Militärstaatsanwaltschaft oder zu einer Sonderabteilung oder, was am wahrscheinlichsten war, zur militärischen Aufklärung. Ein aktiver Offizier? Oder außer Dienst, zum Kreis enger Vertrauter gehörend?

Mars stellte mir noch einige Fragen; mir schoss durch den

Kopf, er könne mir, ähnlich Kastalski, einen Job anbieten. Aber Mars bot mir lediglich ein gemeinsames Abendessen an. Er schien der Wüste überdrüssig zu sein, überdrüssig der neuen Rolle, die ihm wie eine fremde Uniform nicht richtig passte, und war nun einfach froh über eine Ablenkung, einen Abend mit einem kleinen Gauner, einem vorgeblichen Mitarbeiter der UNO – dieser Einfall gefiel ihm besonders gut.

In den letzten Minuten der Fahrt – in der Stadt gab es immer noch kaum Licht, nur die seltenen Reflexe der Feuerstellen – zeichnete ich in meiner Vorstellung ein Porträt von Mars, der mir in der Dunkelheit gegenübersaß. In dem kleinen Restaurant dann stellte sich heraus, dass ich nur in einem richtig lag: seine grauen Haare.

Im Dunkeln war er mir füllig und gutmütig vorgekommen, so wie ein Koch. Im Licht entdeckte ich, dass er zwar nicht besonders groß und breitschultrig war, aber einigermaßen kräftig, wie ein Turner, ein kleiner Hammerschmied, der Hufeisen für Ponys schlägt; sein Gesicht war nicht scharfzügig, nicht kommandeurhaft, sondern schlicht, mit tatarisch schräggestellten Augen – und gleichzeitig ernst und ausdrucksvoll. Ich hatte solche Gesichter in alten Bildbänden gesehen, auf Fotografien der Kriegsjahre, Gesichter von Hirten und Bauern, die kriegshalber Offiziere, Oberste und Generäle geworden waren.

»Die Jungs kommen gleich«, sagte Mars, scheinbar unglücklich darüber, dass er dieses zivile Wort »Jungs« benutzen musste und kein anderes fand.

Ich konnte mir denken, welche Art »Jungs« Mars untergeordnet war. Am wahrscheinlichsten handelte es sich um ehemalige Soldaten, die in Afghanistan, im Kaukasus gekämpft hatten; keine richtigen Söldner, sondern eine stetig kämpfende, feste Truppe; ich war solchen Männern schon begegnet.

Wir tranken Bier. Im Lokal war es leer, niemand kam herein, niemand ging hinaus, bis schließlich hinter der Glastür die beiden Männer von der Tankstelle auftauchten; jetzt konnte ich erkennen, dass einer braunhaarig, der andere rothaarig war.

Zuerst hatte ich sie nicht erkannt und für Freunde aus dem Nachbarhaus gehalten, die hier etwas trinken wollten. Sie waren nicht groß, einfach gekleidet, von gewöhnlicher Gestalt. Sie sahen aus wie Menschen, die sich seit langem mit Gelegenheitsjobs durchschlagen, und diese Gelegentlichkeit hatte sich bereits in ihrem Erscheinungsbild festgesetzt.

Der Kellner wurde aufmerksam – das Restaurant lag in der Nähe des Bahnhofs, und die Kellner waren dadurch zwangsläufig Menschenkenner. Von ihnen ging keine Bedrohung, keine Gefahr aus, sie schritten ruhig und gelassen voran, und ich begriff erst einige Sekunden später, dass sie sich wie ein Paar beim Tanz vorwärtsbewegten, eine zweigeteilte Einheit, die wie Scherenklingen in verschiedene Richtungen aufgehen konnte. Sie strahlten nichts aus, ähnelten einem Schacht, der jedes auf ihn gerichtete Gefühl verschlingt, und deswegen stufte sie der erfahrene Kellner als äußerst gefährlich ein.

»Mussa«, sagte der Braunhaarige.

»Dschalil«, stellte sich der Rothaarige vor. »Danila kommt später.«

Fast hätte ich losgelacht. Mussa Dschalil*, das Gefängnis Moabit, der Engelchor der Pioniere mit dem Lied »Ich gehe über die Straße – und dort ist Krieg« – kannten sie das alles etwa nicht? Wollten sie sich über mich lustig machen?

Später, als wir uns zwar nicht sonderlich nahestanden, aber besser kannten, fragte ich Mussa, ob er wisse, wessen Name sich aus ihren beiden Namen ergab? Mussa zuckte erstaunt mit den Schultern, und ich begriff, dass sie Kindheit und Jugend in solchen Tiefen verbracht hatten, dass die sowjetische Bildung, die sowjetische Propaganda oberhalb geblieben war.

Arbeiterbezirke oder kleine Siedlungen, Müllhalden, klettenbewachsene Ödnis, verlassene Dauerbaustellen, Häuser, in denen jeder Dritte gesessen hatte, Jugendbanden, Garagen, Alkohol, Schlägereien – die untergeordnete sowjetische Peripherie, die eigentlich nicht sowjetisch war, weil es dort überhaupt nichts Sakrales gab; sie kamen von dort, hatten in Dutzenden von Kriegen das Töten gelernt und arbeiteten jetzt für Mars.

Der bald darauf eintreffende Danila war genauso wie Dschalil und Mussa. Ich hatte gedacht, wir würden das im Auto begonnene Gespräch fortsetzen, aber Mars schwieg. Scheinbar hatte Danila ihm zu verstehen gegeben, dass es Neuigkeiten gab, die sie unter sich, ohne Außenstehende besprechen mussten.

Allerdings konnte ich nicht als Erster aufstehen und mich verabschieden – ich war ihnen für meine Rettung etwas schuldig, und ich musste zeigen, dass ich mir dessen bewusst war, dass ich wartete, wann mir der Preis genannt wurde.

Ehrlich gesagt hoffte ich darauf, mich so schnell wie möglich freikaufen zu können – einige Episoden in meinen Erzählungen schienen Mars Interesse geweckt zu haben, auch wenn er sich nichts anmerken ließ. Aber er bat mich nur darum, meine Telefonnummer auf die Visitenkarte der Friedens- und Wohlstandsmission in Zentralasien bei der UNO zu schreiben – damit er sich gleich an mich erinnerte. Man ließ mich einfach gehen, und Mussa fuhr mich ins Hotel; aber ich wusste, wir würden uns eines Tages wiedersehen.

Vier Tage später war ich in Moskau – ich hatte keine Kraft mehr gehabt, in Karaganda die Akten von Kastalskis Komplizen aus dem Archiv zu holen. Vor meiner Abreise hatte ich Kastalski junior angerufen, er holte mich in Moskau am Bahnsteig ab: Ich war ihm so dankbar, dass er mir entgegenkam!

Ich meinte, er würde mich peinlich genau ausfragen und so viele Details wie möglich aus dem unbekannten Leben seines Vaters erfahren wollen, würde sich beklagen, dass ich die anderen Archivakten nicht gekauft hatte; ja und überhaupt – würde er mir, den Fotos, der Patronenhülse und dem Sand Glauben schenken? Würde er nicht meinen, ich habe das alles irgendwo zusammengesammelt? Wie konnte ich die Echtheit dieser neuerworbenen Reliquien beweisen?

Aber der alte Juwelier betrachtete mich nur aufmerksam. Natürlich war ich sonnenverbrannt, hatte stark abgenommen, man konnte sehen, dass ich es ganz sicher bis zur kasachischen Steppe geschafft hatte. Aber mir schien, dass er einen Schatten an mir sah; einen Schatten von meiner Reise ins Jenseits.

Ich ließ ihn allein – mit Sand und Patronenhülse; nichts fragte er, und ich war verblüfft, als mir klarwurde, dass er nichts wissen wollte, dass er es so beschlossen hatte – übereinstimmend mit der Entscheidung von Großmutter Tanja, die keine Kenntnis zulassen wollte. Ihm war dieser Sand wichtiger, der nicht einmal mehr Sand war, sondern Leib;

seine Pflicht war erfüllt, der Sand würde auf dem Friedhof in Drogobytsch beerdigt werden. Und Vater Kastalski, der Vagabund, der Flüchtling bliebe mir, das war mein Teil: Erinnerungsstücke für die einen und die Toten für mich.

Wir nahmen Abschied; ich dachte, ich würde den Alten nie wiedersehen und nie mehr seinen Namen hören. Aber drei Monate später klingelte bei mir zu Hause das Telefon; ein anderer Mann, der sich auf den ausgewanderten Kastalski berief, etwas verlegen war und nicht wusste, wie er seine Angelegenheit ohne Umschweife erklären sollte, fragte mich, ob ich etwas über das Schicksal seiner Mutter herausfinden könne, die in einem Lager gestorben und irgendwo nördlich des Polarkreises bei Workuta beerdigt worden war …

Zwei Jahre lang fuhr ich nach Norden und nach Osten. Meine Telefonnummer kannten Archivmitarbeiter, an die sich die Verwandten der ehemals Verbannten meist wandten, aber am häufigsten fanden mich diejenigen, die auswandern wollten wie Kastalski junior und irgendwo von irgendjemandem die Geschichte von dem Mann gehört hatten, der in ungeheuerlichen Fernen ein Grab finden und von dort eine Handvoll Asche holen konnte.

Wenn sie meine »Vita« den nächsten Zuhörern erzählten, fügte jeder Erzähler etwas zu meinem Bild hinzu. Die Einzelheiten der ersten Expedition nach Kasachstan waren bereits Dutzende Male verdreht worden, man schrieb mir die Fähigkeiten eines Sehers zu oder auch Verbindungen zu Berufsdieben; die einen meinten, für mich arbeite ein ganzer Suchtrupp, andere gingen davon aus, ich sei der Mittelsmann irgendeiner Geheimorganisation.

Ohne mein Zutun und gegen meinen Willen bildete sich eine Legende heraus; und eines Tages sagte mir ein neuer

Auftraggeber beim ersten Treffen, dass ich, so wie ich vor ihm saß, ein Hochstapler sei, viel zu jung, um ein wirklicher *Sucher* zu sein.

In der sowjetischen Zeit gab es einen Almanach, eine Beilage der Zeitschrift »Rund um die Welt« mit dem Titel »Der Sucher«; darin wurden Abenteuergeschichten und Krimis abgedruckt, und vor allem Sciencefiction aus dem Ausland, die Beilage kannte jeder. Und nun nannte mich ein Auftraggeber im Scherz so.

Von da an haftete mir dieser Beiname an und wurde zusammen mit all den anderen absurden Geschichten weitergetragen – angeblich habe ich einen Talisman an einer Schnur aus Leichentuchfäden bei mir. Mit diesem Talisman würde ich über die Karte fahren, und er zeige mir wie ein Pendel, wo genau derjenige begraben ist, den ich suche. Gläubige gaben mir Ratschläge, zu welchem Heiligen ich beten, vor welcher Ikone in welchem Kloster ich Kerzen aufstellen solle. Ungläubige erzählten mir, wie man »energetische Rahmen zur Biolokation« verwendete und zu welcher Wahrsagerin ich gehen solle.

Auf einmal entdeckte ich, dass erwachsene Menschen, die in der atheistischen Sowjetunion groß geworden waren, sehr realistisch empfanden, dass sie von Geistern, Gespenstern, von paranormalen Zonen umgeben waren. Zuerst schrieb ich das der allgemeinen intellektuellen Desorientiertheit jener Zeit zu, doch dann begriff ich, dass ich irrte.

Für viele wurde ich so etwas wie ein historischer Psychotherapeut. Und ich sah, dass die Menschen, ohne es sich eingestehen zu wollen, ihre verstorbenen und lebenden Großväter und Großmütter fürchteten; wie ein Kind, dass ein Gruselmärchen liest, sich vor dem Alten-mit-den-Eisenzähnen oder der Alten-mit-den-roten-Augen fürchtete, vor dem Bewohner oder der Bewohnerin einer Hütte im entfernten Moor.

Die Großväter waren dunkle Gespenster in der inneren Welt jener, die zu mir kamen, deswegen war es für sie ein Leichtes, auch die äußere Welt mit Gespenstern zu besiedeln – aus ungeteilter Erfahrung wussten sie, was ein Leben mit chthonischen Wesen bedeutete. Eigentlich kamen sie auch oft zu mir, um auf heidnische Weise die Fortgegangenen zu beschwichtigen oder einen Untoten zu finden; die Verstorbenen waren scheinbar nicht zur Ruhe gekommen und forderten, dass man sie mit dem frischen, blutigen Fleisch der Gefühle nähre.

Im Herbst 1994 übernahm ich auch für Mars einen Job, nicht als Dank für die Rettung, sondern per Vertrag; die Aufgabe war viel zu einfach, als dass ihre Erfüllung eine gleichwertige Gegenleistung gewesen wäre. Mars bat mich, in den Archiven zu stöbern und für ihn eine kurze Familienbiographie zu erstellen; er hätte auch jemand anderen bitten können, aber offenbar wollte er keine Fremden an seine Vergangenheit, an das Leben seiner Verwandten lassen.

Wie sich herausstellte, stammte Mars aus einer alten Tatarenfamilie, der nationalen Aristokratie, der Intelligenz des Landes. In seiner Sippe hatte es Mullahs gegeben, bekannte Stammväter – Korangelehrte, Armeeoffiziere. Sicher war einer seiner Vorfahren auf einen der meinen getroffen: Es war derselbe Dienstkreis, Amtsadel, nicht geeignet für die Garde oder die Eliteeinheiten.

Der Großvater von Mars hatte im Bürgerkrieg für die Roten gekämpft, späterhin hatte er sich bis zum Divisionskommandanten hochgedient, wurde 1937 verhaftet und 1939 freigelassen; er fiel im zweiten Kriegsjahr, ohne sich irgendwie hervorgetan zu haben, auch wenn er im Bürgerkrieg ein kluger und geschickter Heerführer gewesen war.

Der Vater von Mars war ebenfalls Soldat gewesen, hatte als Militärrat in der ägyptischen Armee gedient, ruhmlos am Jom-Kippur-Krieg teilgenommen, und war als Oberst in den Ruhestand gegangen. Ihm hatte Mars offenbar auch seinen Namen zu verdanken, der der Familie den verlorenen militärischen Erfolg zurückbringen sollte.

Auch wenn ich wusste, dass ich damit die Grenzen meiner Aufgabe überschritt, fing ich an, Auskünfte über Mars selbst einzuholen. Damals wurden sehr viele Memoiren über den Afghanistankrieg veröffentlicht, dort fiel mir die fragmentarische Erwähnung eines Majors und später Oberstleutnants Faishanow auf, und ich setzte aus den Bruchstücken ein Porträt zusammen.

»Weiß, wie er Menschen einsetzen muss« – diese Zeile stammte aus den Erinnerungen seines Vorgesetzten. Andere schrieben, Mars habe immer an seine Untergebenen gedacht und sich um sie gekümmert – ein guter Offizier. Aber mir wurde auf einmal klar, dass er in dieser Hinsicht ein Zyniker war; Menschen spielten für ihn eine große Rolle, allerdings nur als Werkzeuge, und mit seinem Werkzeug sollte man pfleglich umgehen.

Damit wurde auch seine Zuneigung zu mir erklärlich. Ich hatte gedacht, es sei etwas Sentimentales, Väterliches – Mars war kinderlos –, aber in Wirklichkeit hatte er in mir einen wertvollen *Dietrich* gefunden, einen Schlüssel, ein Mittel zur Lösung enggefasster, seltener Aufgaben – und so saß ich auf der Reservebank und konnte eines Tages zum Einsatz gebracht werden.

Er war ein Pragmatiker, den der Krieg gelehrt hatte, auch Dinge zu glauben, die nicht völlig realistisch waren, er war streng, aber nicht gemein. Ich hatte ihn damit beeindruckt, dass ich Kastalski finden konnte. Nicht als unbeteiligter Ermittler, sondern indem ich selbst Teil dieses Rätsels wurde, genau das Glied, das in der Kette fehlte, um die Lösung zu finden und den übergeordneten Sinn aller Elemente zu erkennen. Und Mars schien zu denken, das sei meine Fähigkeit – ein Geheimnis auf diese ungewöhnliche Weise zu lüften.

Natürlich merkte man ihm seine Ambitionen an, aber es waren nicht seine eigenen, sondern die seiner Kaste: Sie dienten der Armee. Die Sowjetunion war für ihn noch nicht zerfallen, er hing immer noch der Armeesymbolik an; er hatte das neue Leben angenommen, aber als etwas Provisorisches, Zufälliges, Vorübergehendes; noch konnte er nicht sagen, wie die Zukunft aussehen würde, aber instinktiv grenzte er sich von der Gegenwart ab.

Ich wollte ihn sogar darum bitten, für ihn arbeiten zu dürfen, zu seiner Mannschaft zu gehören, aber etwas hielt mich davon ab, eine winzige Kleinigkeit: Mir war klar, dass ich nicht in einem Land leben wollte, das Mars geschaffen oder wiedererschaffen hatte. Dennoch wollte ich in seiner Nähe bleiben – er war der Beste von allen, auf die ich getroffen war, in einer gefährlichen Situation, einem Extremfall konnte er mir Sicherheit bieten.

Als ich Mars seine von mir zusammengestellte Familiengeschichte übergab, fragte er mich, ob ich gedient habe. Ich antwortete mit Nein und erwartete eine giftige Bemerkung, denn Mars war Soldat in wohl zehnter Generation. Zum damaligen Zeitpunkt ergingen gerade die Einberufungsbescheide, man hatte mir eine Benachrichtigung in den Briefkasten geworfen – damals konnte man sie einfach ignorieren, der Armee und Miliz fehlte die Kraft, nach den Einberufenen zu suchen.

Die Benachrichtigung stand auf einem Briefbogen des Verteidigungsministeriums der UdSSR: Wie viel Papier hatten sie damit bedruckt! Die Sowjetunion gab es nun schon drei Jahre nicht mehr, und immer noch holte man die Männer in die Armee eines nichtexistierenden Staates.

»Geh nicht«, sagte Mars unerwartet. »Bald gibt es Krieg.«

»Wo?«, fragte ich nur.

In Afghanistan, Karabach, Abchasien hatte es bereits Krieg gegeben. Aber auch wenn man sie als Kriege bezeichnete, spürte man darin nicht die allumfassende Bedeutung, mit denen man das Wort im Sinne des Großen Vaterländischen Krieges aussprach.

»Tschetschenien«, antwortete Mars. »Die Entscheidung ist noch nicht gefallen, aber es läuft wohl darauf hinaus.«

Zuerst fiel mir ein Stein vom Herzen; der Name der kaukasischen, nicht anerkannten Republik war nur schwer damit in Verbindung zu bringen, wie ernsthaft Mars das Wort »Krieg« aussprach.

Dann aber erinnerte ich mich an das, was ich gelesen und in Kasachstan gesehen hatte – zwei Männer, die mit Kastalski hatten fliehen wollen, waren Verbannte dieses Bergvolks. Außerdem erinnerte ich mich an die Vision der rachsüchtigen Toten, die sich die grausamsten Strafen für jene ausdachten, die sie in die Verbannung und den Tod geschickt hatten, an das verlassene Grab, um das sich die Welt drehte.

Das konnte sich nicht einfach zerstreuen, im Sand zerrinnen. Der pockennarbige Teufel Stalin hatte Zeitbomben hinterlassen, die dem Stolz und einem wütenden Gewissen zum Fangeisen werden konnten; beide Seiten, die sich gerade auf diesen Krieg vorbereiteten, gingen ihm direkt in diese Falle.

Beim Abschied riet mir Mars, ich solle mich vom Wehrkommando fernhalten; ich nahm seinen Rat an – ich hielt diese Armee und erst recht diesen Krieg nicht für die meinen.

Mars fuhr los, und das Wort »Tschetschenien« tönte immer noch in meinem Kopf. Ich erinnerte mich daran, wie ich in Belgorod eine Straße mit einem ulkigen, fröhlichen Namen entlangspaziert war – Kichluschka-Straße. Ich wollte wissen, woher dieser Name stammte, und dachte, es gäbe einen solchen kleinen Fluss, oder vor Urzeiten habe hier eine fidele, verwitwete Kneipenwirtin mit dem Spitznamen Kichluschka gelebt. Doch dann fand ich heraus, dass es der Name eines hier zur Welt gekommenen Milizionärs war.

1966 war aus einer Armee-Einheit ein Deserteur geflohen, er erschoss eine Streife. Schließlich konnte man ihn irgendwo im Abseits einkesseln, Kichluschka stand mit seinem Hund schon bereit und rechnete sich aus, wann der Deserteur sein Maschinengewehr durchladen würde, damit er den Hund auf ihn hetzen und ihm hinterherjagen konnte. Aber er hatte sich verrechnet und geriet in eine Maschinengewehrsalve, die sowohl ihn als auch seinen Hund tötete.

Der Tod des Mannes mit diesem heiteren Namen hatte etwas Berührendes, Ungerechtes. Er war Soldat und Kriegsveteran gewesen, und dann unterlief ihm ein solch tödlicher Fehler – als habe ihn eine unsichtbare Hand vor die Kugel geschubst.

Ich hatte noch Zeit bis zur Abfahrt des Zugs, ging ins Museum und las dort, Kichluschka habe seinen Dienst in den

Reihen des NKWD begonnen; 1944 war er an Deportationen von Tschetschenen und Inguschen beteiligt gewesen – mit seinem ersten Diensthund. Und zwanzig Jahre später hatten die Frauentränen, Männerverfluchungen und das Kinderweinen schwerer gewogen; ein guter Milizionär war er gewesen, hart war es, dem Volk zu dienen – aber *jene* Vergangenheit war auch noch da und nicht verschwunden.

Als zum Ende des Herbsts der Verteidigungsminister im Fernsehen damit prahlte, man könne Grosny mit einem einzigen Fallschirmjägerregiment einnehmen, fühlte ich mit Grauen, wie seine Worte Tausende Untote hörten, darunter auch die aus dem Bergvolk stammenden Getöteten in Betpak-Dala, wo jetzt die Winterstürme heulten – und wie sie sich freuten, weil die Flamme nun noch stärker flackern würde.

Im Fernsehen war von einem Truppeneinmarsch die Rede und davon, wie stark die Einheit ist. Ich aber hatte das Gefühl, dass über den Wagen- und Panzerkolonnen, über Flugzeugen, Transportzügen, über Tausenden Menschen ein graues Licht der Verzweiflung schimmerte.

Und als sich am dritten Tag des Januars 1995 herausstellte, was in Grosny geschehen war, was aus dem Sturm wurde und wie viele Soldatenleben er gekostet hatte, wusste ich, das war nicht der Beginn eines neuen Jahres, sondern einer neuen Ära. Wir waren in der Zukunft angekommen, und diese Zukunft sah keineswegs so aus, wie wir gedacht hatten.

TEIL III

1

DAS GANZE JAHR 1995 reiste ich durchs Land. Zunächst konnte ich nicht verstehen, warum ich so viele Aufträge bekam, die Asche der Verwandten anderer Leute zu suchen, denn im Vorjahr 1994 hatte ich das Gefühl gehabt, man würde mich bald gar nicht mehr anrufen: Alle, die ein Geheimnis in der Vergangenheit lüften wollten, hatten das bereits getan, und die Übrigen legten keinen Wert darauf. Und nun kam ein Anruf nach dem anderen; viele wollten wie Kastalski auswandern. Übrigens schickte mir Kastalski einen Brief aus Amerika, er lud mich ein – er brauche einen Kompagnon; ich antwortete mit einer Scherzpostkarte.

Man wollte weg – wegen des Kriegs? Nein. Der Krieg ging weiter, im Fernsehen sah man Gefechte, Verletzte, Getötete, Dudajew, die Rebellen; aber der Krieg schien sich in einer anderen Dimension, einer anderen Zeitebene abzuspielen.

Tschetschenien steckte zwischen der UdSSR und Russland fest; die Armee kämpfte mit Waffen, die in der Sowjetunion hergestellt worden waren, in sowjetischen Uniformen, sie schoss mit sowjetischen Kugeln und Granaten – und die Rebellen auch; man hatte den Eindruck, solange diese sowjetischen Vorräte nicht aufgebraucht wären, würde das Land nicht merken, was hier und jetzt mit ihm geschah.

Wegen des Kriegs wollten sie nicht weg; weswegen dann?

Im Herbst 1995 fand ich die Antwort. In den Kleinstädten, den Siedlungen, wo ich meine Erkundigungen über Häftlinge und Verbannte einholte, wollte man mir nun keine Informationen mehr geben, und nicht einmal Geld half da; zuerst war ich nur erstaunt, aber dann flüsterte mir eine Alte im Archiv zu, sie habe Angst, die Kommunisten könnten zurückkommen, und dann würde man sie dafür bestrafen, dass sie Staatsgeheimnisse preisgegeben hatte.

Jetzt verhielt man sich mir gegenüber ganz anders, schottete sich im Gespräch ab, antwortete abschlägig, bat mich hinaus, schlug mir die Tür vor der Nase zu, drohte mit der Miliz für die Frage, wer früher in einer bestimmten Wohnung gelebt hatte. Die Menschen schlossen förmlich die Reihen, schoben einen Riegel vor, lernten das Schweigen neu; und das geschah noch vor den Parlamentswahlen 1995, die die kommunistische Partei gewann.

Wie zum Trotz suchte ich in dieser Zeit nur nach umgekommenen Lagerinsassen – keine administrativ Verbannten, keine Sondersiedler aus der Bauernschaft, keine »unerwünschten Subjekte« aus den Städten, sondern solche, die verhaftet, erschossen, während der Haft verstorben oder im Lager zum Tod verurteilt worden waren. Und entgegen meinen eigenen klaren Vorstellungen von Vergebung und der Unabdingbarkeit, Hass und Streitigkeiten ein Ende zu setzen, war es dennoch Hass, der langsam in mir anwuchs – ein tiefer, leidenschaftlicher, bedrückender Hass.

Von einem bestimmten Moment an wurde mir klar, dass dieser Hass eine Melodie sang, die Melodie von »Heiliger Krieg«: »Wie eine Welle schäume auf die edelmüt'ge Wut, der heilige Krieg der Völker ergieße sich zur Flut.« Die Schulung des sowjetischen Lebens erwies sich als äußerst langlebig, unfähig war man, die edelmütige Wut zu besänftigen – schließlich war sie edelmütig!

Nahm man die Melodie und den Rhythmus als Ausdruck einer bestimmten Stimmungslage, dann hasste ich die sowjetische Vergangenheit, die Kommunisten, die reuelosen Henker und Schlächter, alle, die Drangsalierungen und Repressalien willig unterstützt hatten – aber ich hasste sie auf sowjetische, stalinistische Weise, das heißt – ebenso gnadenlos und mörderisch.

Ich war einer gegen Hunderte, die wie gewohnt den »Stummen spielten«, kaum dass es anfing, nach einer Revanche der Kommunisten zu riechen. Ich fühlte, dass ich Spuren, Beweise, Zeugen verlor, es gab sie, sie waren nah – aber die Menschen schwiegen und taten so, als wüssten sie nichts.

Gepeinigte, Gemarterte – ich hatte mir das Recht genommen, in ihrem Namen zu sprechen, und gierte nach Rache an jenen, die immer noch beharrlich behaupteten, die Getöteten seien zu Recht getötet worden und die Häftlinge schuldig gewesen – oder es habe gar keine Häftlinge gegeben und die Repressionen seien eine Erfindung der Demokraten, um die Sowjetunion in Verruf zu bringen. Ich wollte sie rütteln, jeden Schweigenden an der Hand hierherzerren und mit dem Kopf in die gefrorene Tundraerde drücken, in die Grube eines alten Grabes, damit er tief den Geruch der Verwesung einatmete.

Der Höhepunkt meiner Hassgefühle war im Juni 1996 erreicht, kurz vor den Präsidentschaftswahlen. Ich kam gerade mit dem Flugzeug aus dem Norden, der Gegend von Workuta, dort kursierten Gerüchte, die Kommunisten würden den Gulag wiederbeleben, ein ehemaliger Lageraufseher tat sich in einem Gespräch mit mir wichtig, und zum ersten Mal konnte ich jemanden, den ich suchte, nicht finden.

Und in Moskau beschworen Zeitungen und das Fernsehen den Beginn eines Bürgerkriegs herauf; es schien, als ob sich im Widerstreit zwischen Jelzin und Sjuganow der Weg des Landes für Jahrzehnte, wenn nicht für Jahrhunderte im Voraus entschied; bei einer Niederlage würden die Kommunisten nie wieder eine zweite Chance bekommen und sich augenblicklich verflüchtigen wie böse Geister. Aber Jelzin hatte seine Probleme bereits zweimal mit Panzern gelöst, und wieder wurde er dazu gedrängt, deswegen schien diese Zeit besonders schwankend und unsicher.

In der heißen Sommerluft flimmerten gefährliche Trugbilder, riesige Pumpen schienen unaufhörlich den Druck der ohnehin erregten Leidenschaften zu erhöhen. Ich kam aus der menschenleeren Tundra und fand mich förmlich an einer trostlosen Jahrmarktsbude wieder, wo ein Marktschreier eine Schau fürchterlichster Schreckensbilder ankündigt, wo es nach Schweiß, dem Katzenjammer vorzeitig niedergebrannter Gefühle, nach klebrig-öligem Theaterblut roch.

Mein Wahllokal lag in einer alten Schule, die Ende der vierziger Jahre gebaut worden war. Dort waren immer die Wahlen zum Stadtverordnetenrat, zum Obersten Sowjet der UdSSR abgehalten worden. Vor kurzem hatte im Foyer noch ein Leninporträt gehangen, nun blieb ein auffälliges, helles Rechteck. Im Erdgeschoss war die »Agitationsecke« noch nicht entfernt worden, an den Wänden hingen Schaukästen mit Berichten über längst vergangene Pionierwettbewerbe.

Profile von Lenin, Gorki und Lomonossow schmückten

die Schulfassade, sie waren in Gipsmedaillons eingelassen; das vierte Medaillon fehlte bereits seit den sechziger Jahren – an der mit Mörtel übertünchten Stelle hatte ein Basrelief von Stalin gehangen. Aus der Küchenkantine roch es nach Kohlsuppe von gestern – wahrscheinlich wärmte man das Essen für die Wahlkommission auf.

Die Wähler kamen, im Wesentlichen waren es ältere Menschen. Vor meinen Augen standen noch die zinnernen Tundraseen und die morschen grauen Pfeiler ehemaliger Lager. Ich ahnte, wem die Alten ihre Stimmen gaben, und erkannte in ihnen keine müden und verarmten *Menschen*, deren Welt zusammengebrochen war und die sich verzweifelt und entmutigt an die Vergangenheit klammerten. Ich sah *Sklaven*, die sich unter dem allgegenwärtigen Blick des unsichtbaren Stalins dorthin schleppten, wo sie bei den sowjetischen Wahlen jahrzehntelang ihr wirkungsloses Kreuz gesetzt hatten; und unter ihnen befanden sich – anders gekleidet, andere Manieren – die pensionierten Henker sowie die Söhne, Töchter und Enkel dieser Henker, um für eine Wiederkehr des Henkertums zu stimmen.

Mit Blick auf diese Menge dachte ich: Wir wissen, was Mord, Verrat, die Lossagung von Verwandten bedeuten, aber diese Erfahrungen sind scheinbar herrenlos; sie sind da – aber es fehlt die Erkenntnis. Niemand sagt – da ist Blut an meinen Händen, mein Gott, das war ich, das ist meine Schuld vor Dir und den Menschen.

Und nachdem ich auf dem Wahlzettel mein Kreuz bei Jelzins Namen gesetzt hatte, schwor ich: Wenn ich die Möglichkeit bekäme zu handeln, gar mit einer Waffe in der Hand diesen Wahnsinn zu stoppen, dann würde ich handeln. Für meine Großmutter und ihr verpfuschtes Leben, für Großvater Michail, für alle, die ich suchte und nicht finden konnte. Das schwor ich – und wollte mein Wort auf der Stelle zurücknehmen, als habe mir eine Nadel einen Stich in die Zunge versetzt, als habe mich jemand augenblicklich beim Wort genommen.

Am Morgen nach dem ersten Wahlgang stellte sich heraus, dass Jelzin offenbar mit minimalem Vorsprung gewinnen und es einen zweiten Wahlgang geben würde. Einige Tage schaute ich im Fernsehen die Berichte aus dem Zentralen Wahlkomitee. Dann bemerkte ich, wie seltsam ruhig es im Land geworden war; keine Nachrichten über Raub und Totschlag mehr, keine Katastrophen, verzögerte Gehaltszahlungen oder Streiks; Russland schien wie ausgestorben. Da erinnerte ich mich an etwas, was mir meine Mutter, die im Ministerium arbeitete, erzählt hatte: Am Vorabend der Wahlen zum Obersten Sowjet der UdSSR – ein Gruß an das Wahllokal in der alten Schule – ereignete sich ein Grubenunglück, es gab Tote, aber die Nachricht wurde geheim gehalten. Also herrschte auch jetzt das Regime absoluter Stille. Meine Mutter hatte etwas von Soldaten erzählt, man habe zu sowjetischen Zeiten in solchen Fällen immer einen speziellen Stab eingerichtet; ich stellte mir vor, wie jetzt in den verschiedenen Behörden wieder solche Stäbe zusammengerufen wurden und Hunderte damit beschäftigt waren, die Illusion von Ruhe und Ordnung herzustellen.

Am dritten Tag rief Mars an; sein Anruf kam für mich unerwartet. Er bat mich, einige Stunden später in voller Geländeausrüstung zu erscheinen. Allein an seinem Tonfall wurde mir klar, es war jene Aufgabe – die Wiedergutmachung meiner alten Schuldigkeit, Mars würde nicht fragen, ob ich sie übernehmen wolle; außerdem war mir bewusst, dass Mars

Anruf wahrscheinlich mit den großen Ereignissen im Land zu tun hatte.

Mars saß in einem Café in einem Tarnanzug ohne Dienstgradabzeichen, die man ihm jedoch gedanklich sofort ansteckte, und trank Kaffee.

»Setz dich«, sagte er. »Die Jungs kommen gleich.«

Mars schien nicht zu wissen, wie er anfangen sollte. Zum ersten Mal sah ich ihn zwar nicht ratlos, aber bedrückt.

»Wir fahren nach Karelien«, sagte er. »Dort wird schwarz Holz gefällt. Viel Geld. Sehr viel. Fließt ganz nach oben. Lief alles wie ein Uhrwerk. Und auf einmal war Schluss. Jemand sollte ein Auge drauf werfen, jemand aus Moskau. Der ist verschwunden, nicht auffindbar. Seine letzte Botschaft war – die Leute dort meutern, wollen nicht mehr mit Moskau zusammenarbeiten, sondern für einen andren Chef.«

»Meutern« – ich bemerkte, welch hypnotisierende Wirkung dieses Wort auf Mars und seinesgleichen, auf Menschen der Ordnung hatte. Höchstwahrscheinlich war das Wort einfach ungenau, wie konnten illegale Holzfäller meutern wollen – aber es war bereits in Umlauf, wurde in mir unbekannten Amtsstuben von Mund zu Mund weitergegeben, geriet außer Rand und Band wie ein Dschinn und drohte jenen, die das Regime der Stille gestört hatten, mit bösen Unannehmlichkeiten.

Und trotzdem: Warum befasste sich Mars persönlich damit? Am wahrscheinlichsten war, dass er einen einfachen Befehl erhalten hatte: Maßnahmen zu ergreifen. Er konnte jemand anderen dorthin schicken, fuhr aber selbst. Warum?

»Die schicken kein Geld mehr«, sagte Mars. »Wir müssen herausfinden, welcher neue Chef sich da breitgemacht hat.«

Geld, Geld … Und auf einmal kam ich drauf: Es handelte

sich schließlich um Schwarzgeld! Wahlkampfmittel für Jelzin, die man von allen Unternehmern einsammelte! Stilles Geld, das keine Spuren auf Dokumenten hinterließ. Stilles Geld, das pünktlich eingehen musste, wobei keinerlei Ausreden oder Erklärungen akzeptiert wurden. Und die Suche nach dem Sündenbock hatte schon begonnen für den Fall, dass Jelzin verlieren würde … Enger, immer enger zog sich der Knoten zusammen!

»Was ist das für eine Gegend, Mars?«, fragte ich.

»Völlige Ödnis«, antwortete er. »Von der Eisenbahn hundert Kilometer entfernt, vielleicht auch mehr. Vor dem Krieg gab es dort nur Lager. Während des Kriegs haben unsere Soldaten und Finnen sich gegenseitig abgeschlachtet. Sumpfkrieg, Waldfront. Nach dem Krieg wieder Lager. Siedlungen ehemaliger Häftlinge. Ungehobeltes Volk, sieht die Miliz nur einmal im Jahr, redet nicht mit seltsamen Gästen.«

»Und was werden wir tun?«, ich hoffte immer noch, Mars habe mich nur zum Gespräch gerufen, wolle einen Rat.

»Hinfahren. Ich habe einen Befehl«, Mars sah mich eindringlich an. »Dann sehen wir, was wir machen. Dich nehme ich mit, weil du solche Gebiete besser kennst. Und auch die Leute dort.«

Mars, Mars … Er wusste nicht, dass ich das Regime der Stille durchschaut hatte; dass ihm durch dieses Regime Hände und Füße gebunden waren, er kein Recht auf direktes Eingreifen, auf grausame Verhöre, auf Schießereien hatte; dass er entwaffnet war. Wie alle anderen wollte er nicht zum Sündenbock werden, wenn irgendetwas schiefging. Deswegen brauchte er mich, den Einzigen, der greifbar war; ein Mensch, der diese Aufgabe friedlich lösen konnte.

»Du weißt doch, Mars, ›Such keine Lebenden, such Tote‹«, antwortete ich halb scherzend.

Mars schwieg. Ich wusste, dass ich ihm für die Rettung in der Wüste etwas schuldig war, und ihm war klar, dass ich es wusste.

Den Rest des Abends verbrachten wir mit Packen; ich war reisefertig, aber Mars Handlanger, Mussa, Dschalil und Danila, die ich von Betpak-Dala kannte, mussten noch einiges regeln. Eigentlich hatte ich andere als diese Troika erwartet, die besser zu diesem kleinen Krieg passten. Als ich merkte, dass sie Waffen mitnahmen, und zwar keineswegs Pistolen, glaubte ich, Mars sei leicht übergeschnappt; oder – er hatte ein eigenes Gefühl, das Gefühl des Soldaten, das mir unzugänglich war, und dieses Gefühl signalisierte ihm etwas, was ich nicht erfassen konnte: dass die Gefahr viel größer war, als es schien; so groß, dass er bereit war, ein Risiko einzugehen und doch zu schießen, auch wenn Schießen verboten war.

Schließlich bog der schwarze Landrover auf die Leningrader Chaussee ein, vorbei an den monumentalen Panzerigeln von Chimki, an durchgefrorenen Straßenprostituierten, die in der Nacht niemand nahm, an abstoßenden Vorstädten. Dann kam der Abzweig nach Scheremetjewo, dicht über unserem Auto stieg ein startendes Flugzeug in die Höhe, und dann endete die Beleuchtung auf der Chaussee, und der Jeep trieb mit seinen Scheinwerfern in die Nacht hinein und schob sie mit seinem gespenstischen, silbernen Licht auseinander.

Solange der Asphalt es zuließ, jagte Mussa mit hundertsechzig voran, durch die getönten Scheiben sah man Bäume aufscheinen, reihten sich die Häuser kleiner Dörfer aneinander, breiteten Felder ihre Finsternis aus. Der Jeep sah von innen wie ein Raumschiff für Reisen durch Russland aus, eine Schutzkapsel, die die Fahrgäste vor den Straßen ihres eigenen Landes schützte.

Als es hell wurde, waren wir bereits bei Kirischi; nur einmal hielt man uns an, nach einem langen Gefälle, über das ein Laster zuckelte, den Mussa bei durchgezogener Linie mit einer leichten Bewegung des Lenkrads überholt hatte. Auf der gegenüberliegenden Seite der Flussniederung stand versteckt ein Wagen der Straßenpolizei, aber Mars ließ das Fenster herunter, zeigte seinen Ausweis, und schon flogen wir weiter nach Norden, in Richtung Petrosawodsk.

Irgendwo bei Tichwin stießen wir auf eine Unfallstelle; man hielt uns an, solange die betroffenen Autos von der Chaussee gehievt wurden und Ärzte ihren Dienst taten. Ein Kleinbus mit Agitationsmaterial hatte mehrere Autos gerammt und sich überschlagen. Seine Hintertüren standen offen, und über hundert Meter war die Chaussee mit Jelzin-Plakaten übersät. Es blies ein starker Seitenwind, vielleicht war er es auch gewesen, der den Kleinbus auf den Mittelstreifen gestoßen hatte – die Plakate flatterten, flogen fort auf ein Feld, hingen in den Bäumen; Tausende von Jelzin-Gesichtern, faltig oder geglättet, stiegen in den Himmel auf. Mitten über die Fahrbahn ging der Fahrer eines Wolgas, den der Kleinbus, bevor er einen Lastwagen rammte, seitlich gestreift hatte. Er wischte sich Blut vom Gesicht, besah einen zerbeulten Kühlschrank, der vom Autodach gefallen war, ging weiter und spuckte in jedes Jelzin-Gesicht auf jedem Plakat, die Spucke war ihm bereits ausgegangen, er strengte sich an und spuckte nach einem Räuspern erneut.

Sicher war er nach dem Unfall verwirrt, rächte sich an Jelzin für den kaputten Kühlschrank und das beschädigte alte Auto. Aber ich fühlte auf einmal, dass Mars Befürchtungen begründet waren und nicht umsonst im Kofferraum des Landrovers ein dickes Segeltuchbündel mit Waffen lag. Eine Zeit des Zwischenraums war angebrochen, eine Zeit des Machtvakuums, das in Russland besonders schrecklich war. Alles Mögliche konnte geschehen, genauer, wir konnten uns gar nicht alle Gefahren vorstellen.

Wir fuhren weiter. Die Straßen waren schon seit fünf Jahren nicht ausgebessert worden; wie der Organismus eines Dystrophikers fraß das Land sich selbst. Über den Asphalt pfiff ein Banditenwind, diese Ebene war herrenlos. Der Staat hatte sich in den Städten verschanzt, Kontrollposten an die Fahrbahnen gestellt, und die Straßen zwischen den Städten waren nicht einmal an die Kriminellen, sondern für einige Jahrhunderte in die Vergangenheit gefallen.

Danila zeigte mir ein Dorf in einer Niederung an einem Gefälle; die Bewohner begossen den Asphalt mir Motorenöl und raubten dann die zerschellten Lastwagen aus. Aber dieses konkrete Beispiel war es nicht, man merkte einfach, dass die Straßen fast aufgehört hatten, etwas zu verbinden, und dass das große Land nur durch die Trägheit der Anordnung ihrer Einzelteile zusammengehalten wurde.

Cafés am Straßenrand, umgebaut aus alten Verkaufskiosken oder Containern, kleine Verkaufsstände in Bretterbuden, die zum Verkauf feilgebotene Produktion der ansässigen Betriebe – Dutzende Menschen mit Gläsern, dann Dutzende Menschen mit Reiben und Töpfen, in einer anderen Siedlung waren es Galoschen; launische Hunde, verlotterte minderjährige Mädchen an den Truckerrastplätzen, mit schwarzen Bremsspuren übersäter Asphalt und an den Straßenrändern – alles verfallen und im Verfall begriffen.

Die Zäune waren mit Plakaten beklebt, in jeder Wohnung agitierte rund um die Uhr der Fernseher, Briefträger steckten Zeitungen in die Briefkästen. Es schien, als würde in dieses kochende Gebräu von Autoabgasen, Gaunerblicken, erbettelten Almosen, gegenseitigen Verwünschungen, von Hoffnungslosigkeit, Blut und Angst unaufhörlich eine ätzende Propagandaflüssigkeit, eine Säure wie von verrückt gewordenen Chemikern gegossen werden, und es war schon so viel von dieser Säure, und keiner bemerkte es.

Je weiter wir uns von Moskau, der Hauptstadt, der gedachten Mitte entfernten – damals war das Wort »Mitte« in Mode: »die Mitte« hat bestimmt, »die Mitte« hat angeordnet, mal sehen, was »die Mitte« entscheidet –, umso einsamer und ungeachtet der Waffen hilfloser fühlten wir uns. Wir fuhren in einem schwarzen Jeep mit einem »Freifahrtschein« an der Frontscheibe, noch vor zwei Monaten hätten Entgegenkommende weggeschaut, weil die Insassen jeden Blick als Frechheit empfinden konnten – und jetzt sahen uns alle offen an, und in den Blicken war zu lesen: Wartet nur, bald hängt ihr an der Laterne.

Mars hatte beschlossen, dass wir uns zunächst bedeckt halten und sagen sollten, wir seien zum Angeln gekommen; im Kofferraum lagen ein Boot, Taue und sonstiger Expeditionskram. Von den Holztransportern waren die Straßen so zerstört, dass man nicht schneller als 20 fahren konnte; links und rechts tauchten kahlgeschlagene Stellen auf, es waren so viele, dass wir wussten: Der Wald wurde von jedem, der zwei Hände hatte, abgeholzt, hier waren alle illegale Holzfäller und hielten kraft ihrer ungesetzlichen Machenschaften fest zusammen.

Am frühen Morgen, in der weißlichen Dämmerung des

Nordens, zur Stunde von Nebel und der Perlmuttfarbe des Wassers, kamen wir in der Siedlung an. Während der fünf Jahre, die wir nun schon in einem neuen Land lebten, hatte ich oft in Dörfer fahren müssen. Aber erst hier wurde mir endgültig klar, wie sich das Dorf in diesen Jahren verändert hatte – die Vorgärten mit den Kartoffelbeeten waren nun größer, es gab mehr Fensterläden, Türen, Pforten, Tore, Riegel, Schlösser, Hof- und Kettenhunde; auf den Straßen brannten nachts keine Laternen, kein Licht drang durch die dichten Vorhänge an den Fenstern. Die nächtliche Finsternis über diesen Höfen hauchte einem im Stall als Kuhatem ins Gesicht, wälzte sich wie die Schweine im Dreck, flatterte erschrocken mit den Flügeln.

Wir fuhren mit unserem dreckigen Auto, das seinen schwarzen Glanz eingebüßt hatte, durch die Siedlung, und die früh aufgestandenen Dorfbewohner schauten uns argwöhnisch hinterher, als seien hier Neuigkeiten und Umbrüche unerwünscht, weil die Menschen vom Leben keine Veränderungen zum Guten mehr erwarteten. Keiner glaubte hier an Jelzins Sieg, finster schaute man der Zukunft entgegen, und jedes Wort, jede Zusicherung, jede Drohung waren wirkungslos geworden. Es schien, man könne uns durchaus umbringen und in einem entfernten Feldstück verscharren – einfach nur deshalb, weil wir Unbekannte waren.

Wir klapperten einige weitere Siedlungen ab und sagten überall, wir wollten ein Haus mieten, dort, wo es viele Fische zu angeln gäbe. Überall versuchten wir eine Spur jenes Aufpassers aus Moskau zu finden, der die Nachricht von der Meuterei übermittelt hatte und verschwunden war. Es sah so aus, als habe er einen guten Moment abgepasst und sei mit dem Geld geflohen, und mit dem Wort »Meuterei«

hatte er allen blauen Dunst vorgemacht. Wenn wir sagten: Angeblich gibt es hier einen neuen Chef, es weht ein neuer Wind – bekamen wir zur Antwort: Nein, bei uns ist alles beim Alten; sie antworteten so, als gäbe es ihn, diesen Neuen, man redete über ihn, er war eigentlich nichts als Gerede, niemand hatte ihn gesehen, niemand wusste, wer er wirklich war, aber – sie warteten auf ihn – er ist hier, er naht; er kommt unbedingt.

Selbstverständlich juckte es Mars in den Fingern, jemanden in den Würgegriff zu nehmen. Mars brauchte ein Ergebnis, einen konkreten Schuldigen, irgendjemandes Skalp – wir aber fischten im Leeren. Außerdem bemerkte ich, dass Mars offenbar nicht vor der Zeit nach Moskau zurückwollte. Er schien in diesem Bärenwinkel abwarten, sich regelrecht verstecken zu wollen; damals deutelte man, der zweite Wahlgang könne doch nicht durchgeführt werden, Panzer könnten in der Hauptstadt auffahren; daran wollte er nicht beteiligt sein. Ich beobachtete ihn – wenn er nun etwas wusste? Oder so etwas schon erlebt hatte? War er beim Sturm des Weißen Hauses 1993 dabei gewesen? Nein, sicher war er nicht mit einem Maschinengewehr herumgelaufen oder hatte Kommandos gegeben. Hatte er vielleicht mit den Panzersoldaten verhandelt, mit jenen, die von der Brücke aus das Parlament beschossen hatten? Sie waren für den Sturm bezahlt worden, soweit ich wusste. Fürchtete er, man könne ihm erneut befehlen, sich an derartigen Dingen zu beteiligen? Um ihn dann als gefährlichen Zeugen zu eliminieren? Wollte er seine Hände in Unschuld waschen? Durchaus möglich … Mir hatte einmal jemand erzählt, wie er in den Tagen der Kämpfe 1993 Moskau vom Flughafen Scheremetjewo in der Pilotenkabine verlassen hatte, als Begleitung einer hochgestellten

Person, die angeblich wegen irgendwelcher Angelegenheiten dringend nach Rostow musste, in Wirklichkeit aber vor einer Entscheidung davonlief … Möglich war alles …

Aber schließlich musste er seine Abwesenheit irgendwie rechtfertigen, begriff ich auf einmal. Und einen gewichtigen Grund vorbringen. Nun sah ich alles mit anderen Augen – die Waffen im Kofferraum, Mussa, Danila, Dschalil, Mars und auch mich selbst … Mars brauchte nicht nur ein Ergebnis, sondern auch Blut. Ein Gefecht, einen kleinen Krieg. Das Regime der Stille bremste ihn, würde ihn jedoch nicht aufhalten, wenn Ort und Zeitpunkt passend wären. Einer seiner Mitstreiter war sicher ein V-Mann, Mars konnte sich nicht alles von Anfang bis Ende ausdenken. Aber die Ereignisse ein wenig umfärben, die Bedrohung übertreiben, seine Entschlossenheit unterstreichen – das konnte er …

Noch war nichts geschehen, aber die Situation hatte sich schon so zugespitzt, dass ein Zusammenstoß unvermeidlich wurde.

Mars beeilte sich nicht, von den illegalen Holzfällern die Fortführung der Zahlung zu fordern. Im Prinzip hätte er das tun können, wir hatten schon herausgefunden, wer wichtig war und wer nicht, wer die meisten Holztransporter hatte, wie der ganze Mechanismus funktionierte, auf wen man Druck ausüben musste. Aber nein – er beharrte auf seinem Willen, und wieder fuhren wir durch die Siedlungen, klapperten die Häuser ab, angeblich auf der Suche nach einer Unterkunft, und redeten, redeten, redeten …

Wir trafen auf stille, aber nicht sonderlich verschlossene Verrückte, die sich ohne ihre denunziatorischen Briefe an das Gebietskomitee langweilten, einfach Menschen mit »Marotten«, wie einen Hobbyschachspieler, der mit dem ganzen Land Fernpartien austrug, oder einen gutmütigen älteren Soldaten im Ruhestand. Dieser ehemalige Artillerist war im Rentenalter dem Glauben an die Existenz von UFOs verfallen und verbrachte nun seine ganze Zeit in der Taiga an einem See, wo man angeblich ein ungewöhnliches Leuchten am Himmel gesehen hatte, das er mit einem alten Fotoapparat festhalten wollte. Außerdem gab es einen alten Bibliothekar aus dem geschlossenen Bibliotheksstandpunkt, der anhand von Zeitungsfotos die Größe des Muttermals auf Gorbatschows Glatze berechnete – und wenn es ein Sechstel des Schädels einnehmen sollte, so wie die UdSSR den sechsten Teil des Festlands, dann wäre das ein Mal des Antichrists.

Diese Wahnsinnigen überschütteten uns mit ihren Mutmaßungen und Phantasien, die manchmal lustig, manchmal beunruhigend und quälend waren. Und dabei gab es so viel Schlacke und unnötige Details, die unsere Aufmerksamkeit beanspruchten, dass man meinen konnte, jemand habe das absichtlich so eingerichtet und aus dem Stegreif eine Gruppe von Paranoikern zusammengesucht, mit denen in der gedrängten Welt der Siedlungen keiner sprach, und sie auf uns gehetzt.

Doch hinter diesem ganzen Müll, hinter dem missmutigen Schweigen der Holzfäller verbarg sich noch etwas anderes. Dieses *Etwas* befand sich nicht in den Siedlungen; *es* war nebenan, *es* war klein, verriet sich aber – ich kannte viele Waldsiedlungen, hatte mich nie irgendwo vor dem Wald gefürchtet, der Wald war ein Ernährer, ein Zuhause; aber hier – und sei es in den Reden dieser leicht verdrehten Menschen – schimmerte oft ein ungutes, bedrohliches Bild der Taiga durch; das hätte nicht sein dürfen – war aber so.

Die Einheimischen oder genauer, ein Teil der Einheimischen kannte irgendein Geheimnis, und die anderen fühlten es; niemand jedoch beeilte sich, es zu lüften.

Durch eine Siedlung schlenderte ich mehrere Stunden, erforschte extra die Außengebiete, die Müllhalden, ein nahe gelegenes Waldstück. Der Siedlung fehlte etwas. Ich meinte sogar, dass Dörfer nach dem Durchzug des SD so ausgesehen haben könnten – einige Menschen waren deportiert worden, aber ein unbeteiligter Beobachter, der die Häuser nicht betrat, hätte ihr Fehlen nicht bemerkt.

Dann wurde mir klar, wer hier fehlte – aus der Siedlung waren alle Landstreicher und Gelegenheitsarbeiter verschwunden, als seien sie fortgezogen. Niemand sammelte sich vor einem Schuppen am Lebensmittelladen, niemand hauste in verlassenen Gebäuden oder suchte nach kleinen Verdienstmöglichkeiten wie Holzhacken – um sich Schnaps zu kaufen.

Ich traf auf einen Geistlichen, dem Banditen ein paar Landstreicher zur Besserung zugeschoben hatten – damit sie eine Kirche bauten. Er wusste zu berichten, dass man Gelegenheitsarbeiter an manchen, noch entlegeneren Orten als Sklaven in kleinen Bergwerken hielt – aber hier gab es nichts zu fördern, kein Gold, kein Platin, keine Edelsteine. In den Städten des Nordens wurden die Landstreicher vor Wintereinbruch in einen Transportzug, manchmal sogar in ein Flugzeug gesteckt, nach Süden gebracht und am Bahnsteig oder auf einem Sommerfeld ausgesetzt, damit die Miliz nicht den ganzen Winter Frostleichen aus den Kellern holen musste; ich hatte diese Landstreichermigration beobachtet, wenn sich auf ein Gerücht hin ganze Kleinstädte plötzlich leerten – dem Gerücht, dass man sich anderswo besser einrichten und mehr stehlen konnte.

Dennoch kam mir das Fehlen von Landstreichern verdächtig vor. Vorsichtig versuchte ich herauszufinden, ob es in dieser Gegend überhaupt welche gab; es gab sie, wie sich herausstellte; jemand erinnerte sich, wie anderthalb Jahre zuvor Wäsche von der Leine verschwunden war, ein anderer, wie die Landstreicher den Transformator zerstört hatten, um an Kupferdraht zu kommen ... Aber man erzählte davon so, als käme es nie wieder.

Aufmerksam studierte ich die Gebietskarte; ich wusste, dass eine solch seltsame Atmosphäre dort entstand, wo es eine »Strahlung« gab; einige Male hatte ich auf diese Weise alte Gulag-Lager gefunden.

Auf der Karte war nichts zu sehen – nur Siedlungen. Aber die Karte stammte aus sowjetischen Zeiten, viele Objekte waren dort einfach nicht eingezeichnet. Trotzdem konnte man sie mit etwas Geschick finden: Eine Schmalspurbahn, die ins Nichts führte, eine Planierstraße, die im Wald endete ... Schmalspurbahnen und Straßen hätten vollständig eingezeichnet sein müssen, hier zeigte sich, dass etwas auf der Karte fehlte.

Den unerklärlicherweise abreißenden Planierweg fand ich auch. Die Einheimischen sagten, dort habe sich irgendwann eine Strafkolonie befunden, die aber vor langer Zeit geschlossen worden sei, und die Straße werde nicht benutzt.

Der Kompass meiner suchenden Gefühle zeigte in diese Richtung; ich schlug Mars vor nachzuprüfen, wohin der Planierweg führte, so zu tun, als reisten wir ab, uns von unserem Wirt zu verabschieden und heimlich diese Richtung zu nehmen.

Noch zwei, drei Tage zuvor hätte mich Mars zum Teufel geschickt; aber die Zeit lief, es gab kein Ergebnis, und es schien ihm egal zu sein, wohin wir fuhren – er wollte Klarheit, war mit jedem Gegner einverstanden, nur sollte er sichtbar sein. Die anderen zeigten mir natürlich einen Vogel – wozu eine verlassene Strafkolonie überprüfen –, und diese Reaktion überzeugte mich endgültig davon, dass wir es versuchen sollten.

Den Jeep mussten wir im Wald stehen lassen, schon nach wenigen Kilometern; der Planierweg war an einigen Stellen ausgewaschen, und auf den Steinen hatten wir die Motorwanne zusammen mit dem Unterschutz aufgerissen. Ein Blick von Mussa zeigte mir, was er von mir und meiner dummen Idee hielt, er wollte umkehren und in der Siedlung ein anderes Auto nehmen; mir kam es jedoch so vor, als würden uns die Ereignisse den Weg weisen und dass das richtig war, das Ziel zu Fuß zu erreichen.

Mars erstaunte seine Mitstreiter damit, dass er meiner Intuition vertraute. Wir versteckten das Auto, packten die Ausrüstung in vier Rucksäcke; Danila trug den fünften, besonderen, mit einem verstärkten Metallgestell; Mars sagte, dies sei eine Fernfunkstation für den Extremfall.

Wir liefen den ganzen Tag. Vom Wall des Planierwegs verzweigten sich Pfade der Jäger, Angler, Gold- und Erzschürfer in die Taiga, jeder führte irgendwohin, war zu einem bestimmten Zweck angelegt worden, und meine Gefährten fügten sich der seltsamen Vorgabe unseres Wegs und hatten aufgehört zu fragen, warum wir ausgerechnet dorthin gingen.

Nach und nach begann ich, diesen Wald zu ergründen und zu empfinden, er war von Seen und Bächen zerteilt, erklomm an wenigen Stellen Granithügel. Es war ein Wald, in dessen knarrenden Kiefernstämmen die Kugeln und Splitter längst vergangener Gefechte ächzten. Es war ein langer Krieg ohne Front gewesen, hier waren kleine Truppen finnischer und sowjetischer Soldaten aufeinandergestoßen, die sich wer weiß wie in diesen morastigen Weiten der Sümpfe gefunden hatten. Irgendwo hier war Pawel, Großmutter Tanjas Vetter, umgekommen, seine Kameraden hatten beim Rückzug seinen Körper nicht aus dem Schussfeld holen können, und vielleicht – in Sümpfen verwest das Fleisch nicht, sondern mumifiziert – lag er bis heute in den Torfschichten unter dem Knüppeldamm, um den sie sich mit den finnischen Infanteristen geprügelt hatten.

Schwarzes Torfwasser strömte in den Verbindungsflüssen zwischen den Seen, die Bäume tranken das schwarze Torfwasser und waren, so schien es, von innen schwarz. Ich staunte über mich selbst, dass ich gedanklich versuchte, in den Tiefen der Sümpfe Pawels Körper zu finden und ihn, den Untoten, der um alle Geheimnisse der Sümpfe wusste, anzusprechen.

Ich bekam keine Antwort. Der Morast verströmte süßlichen Krankenhausgeruch, Gräser und Moos verschmolzen zu schwebenden grünen Wölkchen, als seien sie der Atem des Sumpfes. Aber vor uns und links, wo die Sonne unterging, hinter den Hügeln pulsierte ein Punkt – oder sollte es ein Pochen in den Schläfenarterien sein, ein Spasmus des Sehnervs? Mir war nicht klar, ob der Punkt meiner Einbildung entstammte, dem Unterbewusstsein oder ich mit dem sechsten Sinn etwas erfasste.

Ich bat darum, die Waffen wegzunehmen; alle vier gehorchten mir sofort, offenbar merkten sie, dass sich zwischen mir und dem Wald eine Verbindung herstellte, und überließen mir schweigend die Befehlsgewalt.

Wir gingen zu fünft: ich zuerst, in der Mitte Mars, an den Flanken Mussa und Dschalil und hinter uns, als Nachhut, Danila. Junikriebelmücken, dick und zudringlich, drängten in dichten Schwärmen auf unsere Gesichter. Schon früher waren Kriebelmücken das »Weiße Rauschen« der Taiga für mich gewesen, ein Störgeräusch, das einem am Lauschen, Sehen und Fühlen hinderte; die Taiga verteidigte sich, man wird zu einem verschwitzten, abgequälten Körper, über den Insekten auf der Suche nach totem Fleisch krabbeln – damit man nicht plötzlich das fühlte, was man nicht fühlen sollte; damit man keine verbotenen Orte aufsuchte.

Wenn wir von Zeit zu Zeit auf einen Hügel stiegen und durchs Fernglas schauten, bemerkten wir verlassene Siedlungen mit etwa zehn Häusern, abgeholzte Waldstücke, rostende Planierraupen und Seilschlepper; wir kamen uns vor wie Kosmonauten, als gingen wir über einen Planeten, dessen gesamte Bevölkerung umgekommen war.

Über Nacht blieben wir an einem namenlosen See, auf einer langen und schmalen Landspitze, damit der Wind die Mücken vertrieb. Das andere Ufer war von einer Grube aufgewühlt, wir konnten zerstörte Baracken erkennen, und am Rand der Grube hing ein windschiefer Wachtturm über einer Durchbruchstelle. Von dort drang kein Laut, nicht einmal die typischen Waldgeräusche waren zu hören, als sei dieser Ort vor vielen Jahren verstummt und zöge nach und nach die Umgebung in diese Grube der Stille. Die Rast nach dem langen Weg brachte die alten Zweifel zurück, Mussa, Dschalil und Danila sprachen leise miteinander und diskutierten, wohin wir gingen; die hypnotisierende Wirkung des rhythmischen Schritts war verschwunden, und sie sahen mich wieder voller Misstrauen an.

Das kommt vor in der Taiga: Verschiedene Wege, verschiedene Pfade verwandeln sich in Fäden, die unterschiedlich vibrieren, allerlei versprechen. Darin liegt keinerlei Mystik – die Wahrnehmung ist geschärft, und wie ein Ortungsgerät nimmt man intuitiv die emotionalen Abdrücke der Umgebung auf. Das feine Pulsieren in der Ferne, hinter dem hellen Streifen des Sonnenuntergangs hatte sich gelegt, war aber nicht verschwunden; dort geschah etwas – oder sollte geschehen.

2

AM NÄCHSTEN TAG gingen wir bis zum Mittag ohne Halt. Aber dann, als die Sonne im Zenit stand und uns auf den Kopf brannte, schlugen Mussa und Dschalil vor, Rast zu machen; offenbar wollten sie besprechen, ob sie einen solch rätselhaften Führer brauchten.

Aber ich fühlte, dass wir noch weitergehen mussten. Auf dem Weg waren wir an Orten vorbeigekommen, die der Jeep nie hätte durchqueren können – und an denen es Spuren von Lastern mit erhöhter Geländegängigkeit gab. Einige Stunden später, nachdem wir mitten im Sumpf eine langgestreckte, sandige Stelle passiert hatten, entdeckten wir eine kleine Brücke über ein Flüsschen; ihre morschen Balken waren an einer Stelle zerfasert, zerspant von einem Autoreifen, der sich festgefahren hatte und durchgedreht war; die Späne waren noch ganz frisch.

Meine vier Weggefährten untersuchten die Brücke; das Auto schien hier einige Male durchgefahren zu sein, wir fanden Zigarettenstummel – der Fahrer und diejenigen, die ihm geholfen hatten, den Lastwagen anzuschieben, hatten geraucht; allen war klar, dass ein Auto in dieser menschenleeren Gegend allein noch nichts zu bedeuten hatte, aber alle freuten sich, das es wenigstens irgendeine Spur gab.

Gegen Abend führte uns der Weg zu einer Siedlung – sie war schon vor Jahren verlassen worden. Ein unangenehmes Vorgefühl schnürte mir die Kehle zu: Verwilderung, Verlassenheit sind nicht untätig, jedes lebendige Wesen, sei es Mensch oder Tier, lernte etwas auf diesem vermüllten Ödland, veränderte sich, und diese Veränderungen wurden vererbt, es kamen andere zur Welt, die inmitten dieser Verheerung überlebensfähig waren.

Die Siedlung lag in Trümmern. Beim Verlassen hatten die Bewohner zum Abschied aus Verzweiflung oder Übermut – ach, geh doch alles zum Teufel! – Scheiben eingeschlagen, Barackentüren ausgehängt, Möbel zertrümmert, als Tapeten dienende Zeitungen von den Wänden gerissen. In der Siedlung gab es ein kleines Labor, dort war wahrscheinlich die Qualität des Nutzholzes getestet worden, und dieses Labor hatte am meisten abbekommen. Ihren Wohnraum hatten sie eilig zerschlagen, hier und da eine Pritsche oder ein Waschbecken heilgelassen, aber die Regale mit den Karteikarten und die Apparate waren mit Beilen, Hacken und Spaten der Feuerwehr zertrümmert worden; die verbogenen Werkzeuge lagen daneben auf dem Boden.

Die Zerstörung hatte sich durch die Naturgewalten vervielfacht; die Dächer waren löchrig, die Fußböden angefault, in den Baracken machte sich Schimmel breit. Eigentlich war diese Siedlung *getötet* worden – von seinen eigenen Bewohnern; hier gab es etwas, was für ein Haus, ein Obdach völlig widernatürlich und unzulässig war – der Ort wirkte unheilvoll und zum Leben unbrauchbar.

Warum mussten sie die Türen aushängen und die Fensterrahmen zerschlagen? Allem Anschein nach hatten diese Menschen in einer Art hysterischem Anfall das Leben befehdet und ihre Müdigkeit, ihre Angst an Häusern, Möbeln und persönlichen Gegenständen ausgelassen; das Transformatorenhäuschen war aus Gewehren beschossen worden, die Stromleitungsmasten wurden mit Planierraupen umgekippt, die Holzstapel waren umgeworfen worden, die Ecke einer Baracke hatte ein Bulldozermesser abgesägt, und vielleicht hätten sie die Siedlung auch gänzlich niedergerissen, aber ihre Angst und Bosheit waren zu abgelagert und feucht, hatten sich nur widerwillig entzündet und waren schnell erloschen; selbst dieser Gehässigkeit hatte es an endgültiger Entschlossenheit gefehlt – trunkene Courage, Zurufe »mach du es«, »ach nein, mach du«; und nun stand die Siedlung als Abdruck unentschlossener Wut da.

In einer der Barackenkammern – wahrscheinlich hatte hier der Leiter des Forstreviers gewohnt – lagen Zeitungen auf einem Tisch; Rostwasser von der Decke hatte sie mit hässlichen, entstellenden Kreisen befleckt, als zeige sich so das Wesen der vermeldeten Ereignisse; ich nahm eine Zeitung, in der ersten Spalte fiel mir die Aufnahme des Weißen Hauses im Oktober 1993 auf: *schwarzweiß*, zur Hälfte verräuchert, ohne Fahne.

Ich hatte auf einmal das Gefühl, dass ausgerechnet diese Zeitung den Virus des Aufstands in die Siedlung gebracht hatte; so also hatten sich jene Oktobertage, die Panzerschüsse am Moskwa-Fluss auf das Land ausgewirkt!

Mars befahl der Kampftroika, den Ort zur Übernachtung

zu reinigen; mir wurde schweigend zugebilligt, mich umzusehen – offensichtlich glaubte Mars als Einziger, dass ich wirklich etwas witterte, und schickte mich zum Schnüffeln los: Vielleicht würde ich plötzlich etwas bemerken.

In einer Barackenecke lag ein Helm, ein gewöhnlicher, orangefarbener Helm, den sowohl Bauarbeiter als auch Holzfäller tragen. Bei anderer Gelegenheit wäre ich einfach daran vorbeigegangen, aber jetzt erinnerte ich mich wieder an das Jahr 1993, an den Herbst, den September, den frühen September, als niemand glauben konnte, dass es bald zum Blutvergießen käme, es aber bereits nach Blut roch.

Das Weiße Haus, die Bergarbeiter auf der Gorbaty-Brücke davor – sie kamen aus dem Kusbass oder aus Workuta und hatten die Brücke besetzt, auf der die alten Pflastersteine durchschimmerten. Dort saßen sie und hatten Plakate entrollt: »Her mit dem Lohn!« – und sie klopften unablässig mit ihren Helmen auf das Pflaster und forderten, dass ein Vertreter der Regierung zu ihnen herauskäme.

Ich hatte mich damals schon an Bergbauorten aufgehalten und erinnerte mich, dass Bergarbeiter, die um die Zerbrechlichkeit von Felsgestein wissen und darum, wie leicht man einen Einsturz provozieren kann, niemals ohne Grund Steine anrühren und immer sehr vorsichtig mit ihnen umgehen. Nicht einmal ihre Stimme erheben sie ohne Not, sie sprechen leise, und ihre Bewegungen scheinen ungeordnet, schludrig, aber darin liegt die Weisheit ihrer Erfahrungen: eine Uneinheitlichkeit von Stimmen und Schritten verhindert jegliche Resonanz.

Und nun schlugen die an die Oberfläche gekommenen Bergarbeiter einhellig und laut mit ihren Helmen auf das Pflaster der Gorbaty-Brücke; sie wussten, wie man allein durch leise, scheinbar harmlose Schläge einen Einsturz, ein Absacken der Schichten provozieren kann – sie schlugen auf das Kopfsteinpflaster, das sich noch an die Schuhe von Arbeitertrupps, Soldatenstiefel, die Hufe von Kosakenpferden erinnerte, als wollten sie den Geist lang zurückliegender Ereignisse heraufbeschwören.

Einige Tage später hatte sich eine Dämmerung von der Farbe der Milizuniformen, der Farbe eines grauen Schäferhundfells über der Stadt ausgebreitet, die Luft war durchscheinend und flimmerte. Meine Eltern und ihre Freunde versammelten sich in der Pjatnizkaja Straße in einer großen Gemeinschaftswohnung, wo eine Etage tiefer eine Abteilung der Miliz untergebracht war – sie meinten, das sei sicherer. Und die Milizionäre kamen nach und nach in die Wohnung, zu häuslicher Wärme und Licht – weil sie ebenfalls dachten, das sei sicherer.

Die leeren Straßen warteten auf einen Laut, die Laternen schwankten im erstarkten, aber immer noch lautlosen Westwind, und süß, unzüchtig süß und betäubend zog Schokoladengeruch von der Süßwarenfabrik »Roter Oktober«.

Der Geruch kommt vom »Roten Oktober« – sagten die Älteren, und stockten unwillkürlich, als könnte das Aussprechen der Worte »Roter Oktober« die Ereignisse in das Fahrwasser von 1917 lenken.

Leere, völlig leere Straßen, der graue Asphalt, ein grauer Himmel, graue Joppen, gelbblaue Milizautos, sumpfgrüne Helme und die sumpfgrünen Schutzschilde mit Sehschlitzen.

Lampassenhosenkosaken und Kommunisten mit roten Fahnen, Nationalisten mit slawischen Swastikas, Theoretiker des allgemeinen Glücks mit Gouache-Plakaten, Zeltplanen, Thermosgefäße, Feuerstellen, Bahren aus Absperrgitterteilen – alles verschmolz zu einer überschäumenden Maskerade, einem schrecklichen Aufmarsch von Kostümierten, der sich aus der Fliehkraft der Entzweiung nährte: Die Menschen wollten den *anderen* mit Haut und Haar von sich losreißen, um ihn dann als *Fremden* zu vernichten.

In dieser Gemeinschaftswohnung mietete eine englische Slawistin ein Zimmer. Sie hatte ein aristokratisch-natürliches Gebaren, neben ihr lief jeder Gefahr, in seiner verhohlenen Schüchternheit entdeckt zu werden – unsere Körpersprache schien mit zahlreichen Verboten belegt zu sein, als nähme man den Körper generell als Quelle von Gefahr wahr – er konnte den Menschen verraten, das Geheimnis seiner Gefühle oder Absichten preisgeben, und daher wurde er gedanklich eingeschnürt, und man versuchte, sich selbst wie eine Marionette zu führen, geriet leicht in Verlegenheit, und von der Verlegenheit spannten sich die Schnüre noch mehr an.

Aber zu dieser Zeit wirkte ausgerechnet die Engländerin unnatürlich. In den Russen war etwas freigesetzt worden, was sich in ihnen wie eine eiserne Ration genau für diesen Fall erhalten hatte: die Bereitschaft zu fliehen oder zu erstarren, sich zu ducken, hinter einer Ecke hervorzuschauen, sich zu Boden zu werfen, hinzukauern, zu klettern, sich zu verstecken, unverwandt zu beobachten; auseinanderzulaufen oder, im Gegenteil, sich zu sammeln; ein elastisches Atom der allgemeinen Ereignisse zu sein; der soldatische Umgang mit Unbequemlichkeiten und der Unbestimmtheit der Zukunft, das Vermögen, in dieser Unbestimmtheit Schlupflöcher zu einem Vorsprung von wenigen Minuten aufzuspüren. Die Engländerin jedoch hatte den Kopf verloren; mental war sie ruhig, aber ihr Körper wusste nicht, wie er sich verhalten sollte; schließlich setzte sie sich in eine Sofaecke, neben ihr schlief ein junger Milizionär ein, sein Kopf sackte auf ihre Schulter, und so hatte sie im Wahnsinn dieses Tages eine Beschäftigung gefunden – den Schlaf des Sergeanten zu bewachen.

Ich erwachte aus meiner Erinnerung und merkte, dass ich sie in meinem Kopf schon das dritte oder vierte Mal abspulte.

Der Helm und die Zeitung – sie lagen wie mit Absicht hier, wie ein Hinweis, der mein Augenmerk auf etwas richten sollte; sieh hin, durch welche Zufälle sich die Ereignisse aneinanderreihen, und Schüsse erzeugen immer ein Echo, selbst wenn es scheint, sie seien unvermeidlich.

Über Nacht richteten wir uns in einem Zimmer ein, dessen Wände mit alten Zeitungen beklebt waren, machten in der Ecke auf einem Eisenblech ein kleines Feuer und aßen etwas. Mussa und Dschalil legten sich sofort schlafen, deckten sich mit Joppen zu, die sie in der Siedlung gefunden hatten, und schmiegten sich aneinander. Ich selbst war Meister darin, ohne Bett zu schlafen, aber dergleichen hatte ich noch nicht gesehen: Sie brachten es fertig, wie Geister geradezu zusammenzufließen, sich in einen einzigen Menschen zu verwandeln, um in der Nacht auch nicht einen Hauch Wärme zu verlieren. Danila blieb auf Posten.

Auch Mars legte sich hin, in die Nähe der erlöschenden Feuerstelle, ich jedoch konnte nicht einschlafen; Flammenzungen des auflodernden und erlöschenden Feuers liefen die Wände entlang. Manchmal knackste ein Holzscheit, das Feuer blitzte auf und aus dem Dunkeln traten Schlagzeilen, Fotografien, Schatten zurückliegender Ereignisse auf; mich überkam eine niederdrückende Schläfrigkeit, wieder sah ich das vom Feuer geschwärzte und von Panzereinschüssen zerschossene Moskauer Weiße Haus vor meinen Augen und dann – seinen architektonischen Doppelgänger, das Weiße Haus in Grosny*, noch stärker zerstört und ebenfalls rußüberdeckt; es schien ein und dasselbe zerschossene Gebäude zu sein, als sähe es sich selbst im Spiegel.

Am Morgen erwachte ich später als die anderen, und ich erwachte mit dem Gedanken, dass wir umkehren sollten: Die nächtlichen Visionen schienen von einer Fortsetzung unseres Wegs abzuraten. Aber mir war klar, dass Mars weder innehalten noch umkehren würde; wie eine Rakete hatte er das Ziel ins Visier genommen.

Die Sonne war schon aufgegangen, es war windstill, und die zerstörte Siedlung wirkte nicht mehr so unheimlich wie am Abend. Mussa gab Dschalil Wasser aus einem verrosteten Eimer, dieser übergoss sich den Oberkörper, prustete, und Danila wartete, bis er an der Reihe war; Mars trank Tee.

Auf einmal wandte Danila seinen Kopf in Richtung Wald, dann auch Mars; mit einem Ruck zog sich Dschalil die Windjacke über den nassen Körper, Mussa stand bereits bei den Rucksäcken, ein Maschinengewehr in der Hand. Alle vier waren im Nu wie unsichtbar geworden, als hätten sie sich aneinandergedrängt; eine Lötnaht entstand zwischen ihnen und den Gegenständen. Der Pfosten, das alte Fass, der Ziegelhaufen verbargen sie vor fremdem Blick.

Ein Mensch lief vom Wald zur Siedlung. Genauer, wir sahen einen laufenden Menschen, aber der Lauf schien von diesem Menschen unabhängig. Man hätte meinen können, in diesem rasenden Mann saß ein Hase, der ständig versuchte, das Körpergewicht auf vier Pfoten zu verteilen, um sich doppelt so stark abstoßen, doppelt so schnell rennen zu können. Dem Laufenden fehlte es an der Eleganz eines Sprinters, Arme und Beine arbeiteten gegenläufig, sein Kopf wackelte, aber bei all dem war der Ausreißer dermaßen von Angst erfüllt, dass diese ihn behutsam und geschickt über die umgefallenen Bäume im Gras, an Erdhügeln und Gruben vorbeitrug.

Aus dem Unterholz brachen dunkle Schatten hervor – einer, noch einer; ein halbes Dutzend. Es waren Hunde, die ihn in einen Halbkreis einschlossen; offensichtlich waren sie lange seiner Spur, seinem Geruch gefolgt, mit ihren Kräften sparsam umgegangen und jetzt, nachdem sie den Ausreißer erreicht hatten, stürmten sie mit voller Kraft voran. Es war keine Gewandtheit, nicht der federnd-leichte Flug von Windhunden, sondern eine schwere, beharrliche, drückende Kraft; die großen Hunde von der Farbe getrockneten Strohs waren offenbar mit Wolfsblut gekreuzt; die Meute wirkte aufeinander eingespielt, festgefügt.

Der Fliehende sah und hörte sie nicht, die Hunde rannten lautlos und so schnell, dass ihre Körper die Konturen verloren, tatsächlich zu Schatten wurden. Mal verschwanden sie, mal tauchten sie zwischen den Gräsern auf, und es schien, als ob sie nicht rannten, sondern sich stoßweise, als körperliche Blitzlichter durch den Raum fortbewegten. Der Fliehende strebte auf eine Baracke am Rand zu, wahrscheinlich wollte er sich dort verstecken, aber die Hunde wurden noch schneller, der linke »Flügel« der Meute legte an Tempo zu und stürmte vorwärts, um ihm den Weg abzuschneiden. Jetzt konnte man sie besser erkennen: Es waren verwilderte Hunde, ihr Blut vermischt mit dem von Wölfen; das war das Schrecklichste, worauf man in diesen Wäldern treffen konnte – ein solches Rudel fürchtete keine Menschen, es war nicht aufzuhalten mit einem Schrei, einem Schuss in die Luft oder mit Feuer.

Mars gab knappe Befehle, Danila stürmte zur Seite, um mit einer Salve jene Hunde niederzumähen, die direkt auf den Fliehenden zustürzten, Mussa und Dschalil fingen an zu schießen. Wohl kaum konnte der Fliehende verstehen, was hier vor sich ging, die Maschinengewehre mit den Dämpfern schossen fast lautlos, aber er hatte unsere Figuren gesehen – und sich auf die Erde fallen lassen; das war keine vernünftige Bewegung, keine soldatische Schlauheit – nur schreckten ihn Menschen offenbar nicht weniger als Hunde.

Die Hunde ließen nicht von ihm ab, sie ließen sich nicht einmal in ihrem Lauf stören. In den ersten Sekunden der Schießerei hatte es den Anschein, dass ihnen die Kugeln nichts anhaben konnten, durch sie hindurchgingen oder vorbeiflogen. Die Hunde wurden von einer derartigen Kraft und Verfolgungsgier getrieben, dass man jeden von ihnen scheinbar drei- oder viermal töten oder der Schütze bei jedem Schuss noch etwas Zusätzliches in seine Kugeln legen musste – die gleiche Unbeugsamkeit, Entschiedenheit und den absoluten Wunsch, sie zu töten.

Aber dann begannen die Hunde zu stürzen. Die Kugeln trafen sie doch, streiften sie, warfen sie aus dem Element des Laufs zurück in die Dimension der Körperschwere, der Erlahmung der Muskeln. Wie in einem Standbild erstarrte jeder Hund für eine Millisekunde – und fiel zu Boden, rollte über den Kopf, flog zur Seite; Fellknäuel, Blutspritzer – und die zerfallende Zeichnung ihres Laufs. Als hätten die Hunde die Zeit vor sich hergejagt und beschleunigt, verlangsamte sie sich wieder und fand aus dem Rhythmus der Jagd zum gewohnten Fluss zurück.

Die Hunde starben, der Geist der Jagd verflüchtigte sich; der letzte, dem eine Salve die Hinterpfoten zerschmettert hatte, wühlte mit den Vorderkrallen die Erde auf und bewegte seinen verkrüppelten Körper auf den am Boden liegenden Ausreißer zu.

Mussa gab den verletzten Hunden den Todesschuss; wir vier anderen gingen zu dem liegenden Mann. Die Luft über seinem Kopf – von Kugeln zerschnitten, aufgewirbelt in der Rotation ihres Flugs – vibrierte noch immer unruhig. Der Ausbrecher war entweder in Ohnmacht oder ins Koma gefallen; er lag absolut unbeweglich da, kein Zittern, keine angespannten Sehnen. Er hatte sich offenbar so verausgabt, dass er in seinem Körper eingeschlossen schien wie in einem wuchtigen Eichenklotz, ohne auch nur mit der Wimper zucken zu können.

Seine Kleidung war aus gewöhnlichem Baumwollstoff und Segeltuch genäht, aber sehr schmutzig und speckig, und an den Füßen trug er alte Turnschuhe, obwohl niemand in Turnschuhen durch die Taiga geht, nur in Stiefeln. Hatte er gewusst, dass die Hunde ihm folgen würden, dass man in Stiefeln nicht wegrennen kann? Hatte er sich vorbereitet?

Mussa rief uns, einer der Hunde hatte eine frische Naht am Ohr – offenbar ein Riss von einer Rauferei, der behandelt worden war. Ein sichtlich verwahrloster Hund, der niemanden an sich heranließ, war behandelt worden, sein Ohr mit grobem Faden genäht, er hatte sich im Schmerz nicht auf seinen Arzt gestürzt, hatte ihn gewähren lassen …

Eine halbe Stunde später kam der Ausreißer zu sich. Wir hatten die getöteten Hunde bereits zur Müllgrube der Siedlung geschleppt und mit Kalk und den Kohleresten aus dem Heizkessel überschüttet. Der Ausreißer gefiel mir nicht; er missfiel mir so sehr, dass ich auf einmal die getöteten Hunde bedauerte – vielleicht hätte man sie nicht daran hindern sollen, ihn einzuholen. Er war flachsblond, hellhäutig, fast ein Albino; an Besitzlosigkeit gewöhnt, steckte er so ruhig, so selbstverständlich in seinen Lumpen, als führe er das Leben einer Ratte; er wunderte sich nicht, fragte nicht, wer wir sind, und mit einer verdächtigen Bereitwilligkeit fing er an zu sprechen, kam nicht gestellten Fragen zuvor.

Kirill – so hieß der Ausreißer – bestätigte uns, dass der Planierweg zu einer Strafkolonie führte. Er selbst hatte dort seine Haft verbüßt – wegen einer Zivilsache, unterließ er nicht zu erwähnen, was wenig glaubwürdig war – und als Baumfäller gearbeitet.

Die Häftlinge dieser Kolonie hatte man für verschiedene Tätigkeiten »vermietet«. Und als Kirill eines Tages einen geodätischen Dreifuß durch den Sumpf schleppte, war er auf einen kleinen Hügel gestoßen; dort saßen im glimmernden Schiefer kleine knospenähnliche Korundkristalle.

In Karelien gibt es viel Korund, hier aber waren auch transparente Kristalle darunter, fast so rein wie Rubine; und Kirill merkte sich diesen Hügel als Rücklage für die Zeit nach seiner Freilassung und stellte Erkundigungen an, wie viel solche Steine wert sein könnten. Später kam er dorthin zurück, nach etwa fünf oder sechs Jahren, und hatte Rucksack, Zelt und Spitzhacke dabei, um Proben zu nehmen und sie den Juwelieren zeigen zu können – und da ritt ihn der Teufel, und er besuchte seine ehemalige Kolonie, von der er wusste, dass sie geschlossen worden war; sie lag fast auf dem Weg.

Wie er erzählte, hatte sich Kirill Mut antrinken, im Dienstzimmer des Koloniechefs einen vorher besorgten

Wodka leeren und seiner Freunde gedenken wollen. Kühn ging er voran, er wusste ja, dass dort niemand sein würde, aber er konnte gar nicht so schnell reagieren, wie ihm ein Mann in einer schäbigen Begleitsoldatenuniform und mit einem Gewehr über der Schulter entgegenkam. Kirill sah, dass die ehemalige Strafzone doch noch bewohnt war – dabei wusste er genau, dass man sie geschlossen hatte, das stand angeblich auf irgendeinem offiziellen Papier – und es sogar Häftlinge gab, auch wenn es andere als die früheren waren.

An der Spitze des Ganzen stand ein Mann, den sie den Hundezaren nannten. Kirill kannte ihn, diesen früheren Kynologen, er hatte die Diensthunde der Kolonie dressiert. Dreißig Jahre oder länger, seit seiner Jugend hatte dieser Mann mit Hunden zu tun gehabt, mit den Schäferhunden der Wachmannschaften und der Suchtrupps; seine Behausung lag neben dem Hundezwinger. Er hatte keinen hohen Rang erreicht, war Feldwebel oder Unterleutnant, und er trug auch keine Uniform, war an eine schmutzige Joppe ohne Schulterklappen gewöhnt. Eigentlich widersprach das den Vorschriften, so ein Mitarbeiter ohne Dienstrangabzeichen, aber seine Vorgesetzten sahen es ihm nach – wegen seiner archaischen, mannhaften Begabung: Deswegen nannte man ihn auch den Hundezaren, weil ihm alle Hunde gehorchten, auch wenn es fremde waren, von anderen Besitzern aufgezogen und an sie gewöhnt, scharfe Hunde, auf das Aufspüren von Flüchtlingen trainiert.

Es gab Gerüchte – der Hundezar selbst sprach nie über seine Vergangenheit –, er stamme aus einem Walddorf im Westen, sei im ersten Jahr nach dem Krieg zur Welt gekommen, als sich in den Wäldern noch Deserteure sämtlicher

Armeen versteckten, Bandenmitglieder, die jegliches Militär als Feind betrachteten. Das NKWD fing an, die Gegend zu »säubern«, es kamen Soldaten mit Schäferhunden – so verwuchert war hier alles, dass ohne abgerichtete Hunde keine Razzia denkbar war; und alle, die sich im Wald verbargen, hatten in den fünf Kriegsjahren gelernt, sich solche Verstecke zu schaufeln, dass sie nicht bemerkbar waren, wenn man daran vorbeiging. Eines Tages, als man dem Hundezaren irgendeine kleine Dienstmedaille umhängte, war er davon so gerührt – eine Auszeichnung! –, dass er knapp erzählte, wie er sich als kleiner Junge um einen verletzten Schäferhund gekümmert hatte, »Fackel« wurde der Rüde gerufen, oder »Flamme«; und er erzählte, wie er, als der Hund starb, den man nicht hatte retten können, etwas Warmes und Gutes gefühlt hatte, als würde der Hund ihm zum Abschied wortlos danken.

Jeden anderen hätte man für eine solche Erzählung ausgelacht, aber dem Hundezaren hörte man interessiert zu, weil alle wussten, dass er sich auf die Abrichtung von Hunden verstand. Sie waren bissig und klug, stürzten sich, ohne zu zucken, auf Messer oder Pistole, ließen sich durch nichts von einer Fährte locken und konnten eine Spur, wie alt sie auch sein mochte, so verfolgen, als witterten sie wie Hunde und überlegten dabei wie Menschen, welchen Weg ein Ausbrecher genommen, wo er sich versteckt, zu welcher List er gegriffen haben könnte. Fremde ließ er nie in seinen Zuchtzwinger, und er fuhr mit seinen Hunden auch nie zu Wettbewerben – auch so etwas gab es unter den Strafkolonien, Vorführungen von Hundedressur –, er sagte, er brauche keine Sportler auf vier Beinen, das verderbe einen Hund, mache ihn abhängig von Äußerlichkeiten, von Lob. Dabei solle ein

Hund kein Lob erwarten, sondern seine Hundenatur ganz auf das Fassen eines Übeltäters richten, denn so sei es eingerichtet in der Welt – die Bestimmung eines Hundes ist es, jemandem nachzujagen, ihn einzuholen und sich mit seinen Reißzähnen in ihm zu verbeißen. Im Zwinger des Hundezaren herrschten Ordnung und Sauberkeit, er fütterte seine Hunde mit erstklassigem Fleisch, das konnte er sich erlauben, denn für jeden entkommenen Flüchtling flogen die Schulterklappen, und so kam man aus ganz verschiedenen Strafkolonien zum Hundezaren, um ihm Schäferhunde abzukaufen oder gegen etwas zu tauschen, was er brauchte. Aber er gab die Hunde nur ungern weg und sagte, ein Hund brauche sein Rudel. Und wirklich – wenn seine Hunde zwei, drei Jahre an einem anderen Ort waren, wurden sie so wie alle; die aber, die bei ihm blieben, behielten ihre Schulung bis zum Tod, und wenn sie kraftlos wurden, lebten sie in Pension, als verdienstvolle, vierbeinige Tschekisten.

Ende der achtziger Jahre, als Kirill in der Kolonie seine Strafe abbrummte, hielt etwas Milde Einzug, alle Politischen wurden freigelassen, und der Hundezar verdüsterte sich, er merkte, dass große Veränderungen bevorstanden. Ein illegaler Privatunternehmer, der wegen dunkler Geschäfte in Haft gewesen war – ein Hellseher! – schlug ihm sogar vor, den Dienst zu quittieren, und versprach ihm das große Geld für ein privates Trainingszentrum für Wachhunde.

Der Hundezar hörte nicht auf ihn, es gab bereits Engpässe in der Versorgung, und er bekam für seine Hunde kein gutes Futter mehr. Unterdessen bildete sich in der Kolonie eine Kooperative, die Häftlinge begannen, Matrjoschkas zu schnitzen, und ein Künstler unter ihnen bemalte sie; dann waren es auf alt getrimmte Säbel und Schatullen; die schickten sie nach Leningrad und Moskau, ein ehemaliger Häftling hatte es bereits zu Ansehen in der Gaunerwelt gebracht und »schützte« diesen Kleinhandel. Noch waren es Matrjoschkas und Säbel, aber die an der Kooperative beteiligten Offiziere liebäugelten bereits mit dem Baumfällen, dem Holzhandel; der Hundezar war ins Abseits geraten, seine Sache war es, Hunde zu dressieren, und er hatte sich völlig abgeschottet und in seinem Zwinger geradezu verbarrikadiert; aber er zeigte keine Schwäche und drillte seine Hunde womöglich sogar gründlicher als vorher.

Dann kam der August 1991, und anderthalb Jahre später setzten die Unregelmäßigkeiten in der Entlohnung des Wachschutzes ein. Um seine Hunde füttern zu können, begann der Hundezar zu wildern, fast hätte er dabei einen Waldarbeiter erschossen, als dieser ihn mit zwei Elchen erwischte, die noch warm waren. Der ohnehin menschenscheue Hundezar, der kaum noch mit anderen Offizieren redete, verbrachte immer mehr Zeit mit den Hunden, als berate er sich mit ihnen darüber, wie er weiterleben sollte, und versuchte zu erfühlen, wie sie die neue Zeit aufnahmen, was sie für die Zukunft witterten.

Als die Kolonie geschlossen wurde, weigerte sich der Hundezar fortzugehen. Zunächst schrieb er Briefe bis ganz nach oben, weil er dachte, man wüsste dort von nichts – wie wäre sonst dieser ungeheuerliche Fehler zu erklären gewesen? Aber dann begriff er, dass auch die Generäle die Kolonie für überflüssig hielten, es gab genug andere – und von da an glaubte er nicht mehr, dass der Staat ein Staat sei oder die Milizobrigkeit eine Milizobrigkeit; er hielt das alles für eine große Täuschung, alles schien unecht, man musste nur zu jemandem vordringen, der, wie er, sehend geblieben war.

Und dann hörte er mit einem Mal auf, sich zu quälen, seine Petitionen zu schreiben. Etwas Neues hatte sich in ihm aufgetan, das er nicht kannte; vielleicht fühlte er zum ersten Mal, dass sein Leben anders verlaufen wäre ohne die Milizuniform, die er schon in der Jugend angelegt hatte.

Als Einsiedler überwinterte er in der verlassenen Kolonie, wo er seinen Zwinger mit anderthalb Dutzend ausgewählten Schäferhunden behielt. Dann erschoss er wilde Tiere, von dessen Pelzen er den alten UAZ-Kleinbus kaufte, der in dieser Kolonie abgeschrieben worden war. Und er begann, wie ein Abdecker die Dörfer und Siedlungen abzufahren und sich nutzlose Menschen auszugucken – heruntergekommene, beschäftigungslose Kerle, Straßenkinder, die aus dem Waisenhaus entwischt waren, geistig Zurückgebliebene, Behinderte, alte Straßenprostituierte, die an der Autobahn nicht mehr gebraucht wurden. Kirill sagte, die Einheimischen, die auch ohne Worte verstanden, was der Hundezar wollte, hätten ihm einige ausgeliefert; die Landstreicher sorgten für Unruhe, klauten hier und da, richteten sich Lagerstätten in verlassenen Häusern ein; an manchen Orten kannte man den Hundezaren und erinnerte sich, dass er zur Innensicherung gehört hatte, anderswo wusste man nichts davon, erriet aber, dass er Aufseher gewesen war – es handelte sich um eine Lagergegend, dort erkannte man die Begleitsoldaten leicht.

Der Hundezar fuhr fast ein Jahr kreuz und quer durch den Bezirk, machte alle paar Wochen seine Tour. In dieser Zeit fragte nicht einmal jemand nach, wer er sei und wohin er die Menschen brachte. Wenn er sich vielleicht nur einmal geirrt und jemanden mitgenommen hätte, der für sich einstehen konnte oder den Bewohnern irgendwie sympathisch gewesen wäre, hätte alles anders kommen können; aber der Hundezar wählte nur solche, die die Dorf- und Siedlungsbewohner loswerden wollten und nicht wussten, wie. Ja, und verhasst waren die Landstreicher auch, ständig gab es ihretwegen Brände. Es ergab sich eine stillschweigende Übereinkunft, und einige drängten sich ihm sogar auf und dachten, er wolle in der Taiga ein einträgliches Geschäft aufziehen, er habe eine Goldader gefunden und brauche Sklaven. Übrigens waren diejenigen, die er holte, eher mittelmäßige Arbeitskräfte, und man meinte, der ehemalige Aufseher sei geistesgestört und wolle die Landstreicher ausrotten; da aber die Schuld nur ihn allein treffen würde, stellte man sich ihm nicht entgegen.

Wahrscheinlich hatte der Hundezar ganz am Anfang in seinen Gefangenen noch Menschen gesehen, war der Satzung des Wachdiensts treu geblieben, die ihn vor überflüssigen Grausamkeiten abhielt. Ein Dutzend Menschen von den robusteren arbeitete im Steinbruch und in einem Waldstück, die übrigen, die zur Arbeit nicht geeignet waren, stellten die »Vegetation« dar, und vielleicht brauchte der Hundezar sie sogar mehr als die Arbeiter: Die Ausbrecher aus Kinderheimen, die Debilen, die vom Leben aufgeriebenen Landstreicher nahmen ohne Widerworte oder Zweifel die ihnen zugedachte Existenzform an. Wenn er sie am Abend durchzählte und die Zahl stimmte, schien er sogar Zuneigung für sie zu empfinden, einfach dafür, dass es sie gab, dass sie sich seiner Macht fügten und nicht fliehen wollten; übrigens war es auch unmöglich zu fliehen.

In der Zeit seines Alleinlebens in der ehemaligen Kolonie hatte er Schäferhund und Wolf gekreuzt. Wahrscheinlich sollte dieses Tier so gehorsam wie ein Hund und grausam wie ein Wolf werden; aber es entwickelte sich so, dass der Zar zur Geisel dieser neuen, selbstgezüchteten Hunderasse wurde.

Die Hunde ließen sich schlecht dressieren, nur wenige konnten ruhig an der Kette sitzen. Ja, er war der Hundezar, und die Hunde gehorchten ihm – genau in dem Maße, wie Hundeblut in ihren Adern floss. Aber das Wolfsblut konnte er nicht unterwerfen, ein Wolfszar war er nicht.

Eines Tages, erzählte Kirill, fielen die neuen Hunde den Hundezaren sogar an; da er animalisch gewandt und zäh war, konnte er sich losschlagen, spaltete einem der Hunde mit einem Spaten den Schädel. Aber es waren ihrer zwanzig, er konnte sie nicht verjagen, für sie war die Kolonie ihr Territorium. Und sie zu erschlagen, zu erschießen, das brachte der Hundezar nicht fertig, sie waren wie unvernünftige Kinder für ihn, er hatte sie selbst gezüchtet, die Welpen aufgepäppelt. Eine Baracke gehörte nur ihnen, außer dem Hundezaren ging niemand dort hinein, niemand wusste, was dort vor sich ging. Das Einzige, was der Hundezar ihnen hatte beibringen können, war die hohe Kunst des Wachens. Wer auch immer versuchte, aus der Kolonie auszubrechen, fand einen der Hunde neben sich, der mit seinem Knurren die anderen herbeirief – und dann warfen sie den Ausbrecher zu Boden, bissen ihn und rissen an ihm, bis der Hundezar das Leittier wegzerrte.

Und so war er wahrscheinlich auf seine grausame Idee gekommen. Die Hunde vermehrten sich, ihre Zahl wurde immer größer, und er fühlte, dass ihm sein Geschick, seine Macht über die Hunde bald nichts mehr nützen würden – es wären zu viele, und er würde sie nicht mehr mit Willenskraft und Verstand im Zaum halten können, etwas übersehen, einen Fehler machen, und in den zottigen Köpfen würde der diffuse Gedanke aufsteigen, er sei kein Zar, sondern einfach nur ein Mensch; seine Macht zerrann und ging auf die Hunde über. Er musste sich überlegen, wie er sie wieder zu seinem Rudel machen, sein *Zarenreich* wiederherstellen konnte; und ihm fiel etwas ein.

Beim ersten Mal ergab es sich zufällig: Zwei Tagelöhner hatten einen unterirdischen Gang aus ihrer Baracke gegraben und ihre Spur mit Dieselöl übergossen, um den Geruchssinn der Hunde zu betäuben. In einer Nacht, als alle schliefen, flohen sie in den nahe gelegenen Sumpf, ans Wasser; die Hunde waren gerade nicht in der Kolonie, sie jagten als Rudel durch die umliegenden Wäldern auf der Spur nach Tieren zum Fressen, und als sie zurückkehrten, waren schon fünf oder sechs Stunden seit der Flucht vergangen.

Den Tagelöhnern war nur ein Fehler unterlaufen – sie hatten die Lumpen zurückgelassen, in denen sie schliefen – ihren Geruch; der Zar zerrte das Kleidergedärm hinaus zu den Hunden und befahl ihnen zu suchen. Die Meute beschnüffelte die schmutzigen, halbvermoderten Wattejacken und preschte widerwillig Richtung Wald. Zurück kam die Meute einen Tag später, einige Hunde hinkten – die Tagelöhner hatten zwanzig Zentimeter lange Nägel als Stichwaffen mitgenommen. Der Hundezar fühlte eine Veränderung an ihnen: Sie sahen ihn anders an und kamen anders auf ihn zu, als sei vorher ihr Verstand getrübt gewesen, und er habe ihnen zu einem göttlichen Lebenssinn verholfen – die Jagd; er hatte die Meute wieder in der Hand.

Wenn der Hundezar jetzt alle paar Monate fühlte, dass die Meute unlenkbar wurde und nur unwillig auf seine Kommandos reagierte, sich Wut und Jagdgier stauten, suchte er ihnen ein Opfer. Verständlicherweise wollte niemand freiwillig fliehen – alle wussten, dass die Hunde sie einholen würden; aber die Wahl war einfach – man konnte ihnen gleich in der Kolonie zum Fraß überlassen werden oder immerhin versuchen, sich durch Flucht zu retten.

Eigentlich hätten die Gefangenen auch versuchen können, den Hundezaren zu töten; aber er flößte ihnen zu große Angst ein. Alle sahen, wie er lautlos mit den Rüden sprach, wie die läufigen Hündinnen sich närrisch-rührend vor ihm auf den Rücken warfen, sich aufreizend hin und her wälzten. Wenn er mit seinem Hundegeruch auf die Außentreppe hinaustrat, in einer Joppe, die mit ihrem Speichel, Blut und Atem getränkt war, und sein Gesicht in die Sonne stellte, gingen von ihm in alle Richtungen Wellen einer unbändigen, haarsträubenden Energie aus, als lade er sich in der Sonne, in den über die Balken ziehenden Strömen der warmen Luft auf; als würde sich alles – das Sonnenlicht, das Zittern des Laubs, das trockene Rascheln der Kiefern – in ihm zu etwas verwandeln, was ihm die Macht über die Meute gab.

Der Hundezar musste über die Hunde herrschen, so hatte er über dreißig Jahre gelebt. Er hatte eine Unzahl von ihnen aufgezogen und abgerichtet, es mochten Hunderte oder gar Tausende sein – Hunde, Kinder dieser Hunde, ihre Enkel, Urenkel und Ururenkel; Generationen zogen an ihm vorbei, und er war ihr Herrscher von Geburt bis zum Tod. Und ohne sein seltsames Talent, ohne die Fähigkeit, einen Hund auf Herz und Nieren zu prüfen und dessen unvernünftigen Willen zu regieren, war er ein Niemand, war nur Leutnant der Begleittruppen und Kynologe – solche gab es jede Menge. Aber die neuen, halbblütigen Wesen, die Nachkommen von Hund und Wolf – sie waren überlegen, das fühlte er; sie waren zu stark für ihn, in ihnen floss zu finsteres, zu rasendes Blut; aber auch er wurde in seiner Herrschaft zunehmend mannhafter, wuchs über sich hinaus.

Fünfmal veranstaltete der Hundezar eine Jagd auf Flüchtlinge, fünfmal kam die Meute am zweiten Tag zurück, nur einmal fehlte ein Tier. Jedes Mal untersuchte er alle, und an den winzigsten Blutstropfen in ihrem Fell, auf das die Zweige eingeschlagen hatten und das mit Dreck bespritzt war, las er ab, wie die Sache gelaufen war.

Offenbar hatten einige Beerensammler diese Treibjagden beobachtet und ein Gerücht über die Dörfer verbreitet. Niemand brachte das Auftauchen der Meute im Sumpf mit den Abdeckerfahrten des Hundezaren in Verbindung; und auch das Gerücht selbst veränderte sich durch das Weitererzählen, man sprach nicht mehr von Hunden, sondern von einer Brut, von Bestien, die durch die Taiga irrten; man bat sogar den Hundezaren, die Bestien auszurotten, weil man in ihm einen Beschützer sah.

Dazu ist zu sagen, dass die Taiga in dieser Gegend nicht wenig dazu beitrug, dass das Gerücht sich auf diese Weise veränderte. Eigentlich war sie flach, es gab keine emporragenden Bäume, die den Himmel verdeckten, ein böser Zauber herrschte dort – zu viele Wasserstellen, Seen, Flüsse, Bäche, Verbindungskanäle, Untiefen, Wasserfälle, Quellen. Man ging durch den Wald, und ringsum rauschte eine Unzahl von Strömen, von Flüsschen, und das leise Geräusch des Wassers löste unwillkürlich Beunruhigung aus. Die Flüsse und Bäche waren ständig in Bewegung, und diese Veränderlichkeit verwandelte die Landschaft und machte sie unstet. Der Überschuss von dunklem und undurchdringlichem Wasser ließ die Landschaft verschlossen und spiegelhaft erscheinen, als existiere hinter ihr noch etwas anderes, als ruhten im dunklen Dickicht verborgene Gänge in eine andere Dimension.

Nie fühlte ich mich dort in Sicherheit; überall merkte man die rückstandslose Verwesung an den Sümpfen, eine nekrotische, unterschwellige Existenz; der Sumpf schnitt einem den Weg ab, zwang zu Umwegen, verwandelte die Landschaft in eine unerreichbare Ferne, die man unmöglich auf geradem Weg durchlaufen konnte; der Sumpf verstellte sich als Waldwiese oder Moosfeld, lockte einen in seine Fallen – und wieder war es Betrug, eine Maske, nicht das, was sich dahinter zeigte.

Die Gegend trieb den Verstand in den Aberglauben, man sah Gestalten in Zweigen und Schatten, fürchtete überall verborgene Gefahren. Die Gerüchte über die Bestien der Taiga kamen dadurch von ganz allein auf, durch die Flugbahn eines Vogels, das Plätschern eines Fischs in einem Wasserwirbel, den Abendschatten auf einem Weg. Immerhin liefen verwahrloste Hunde aus den verlassenen Siedlungen durch die Wälder – die waren uns zuerst in den Sinn gekommen, als wir auf die Jagdhunde des Zaren getroffen waren; manchmal fielen sie auch Menschen an. Sie jagten in Gemeinschaft, gewandt, geschickt, und wer auf sie traf, den erschreckten nicht die Hunde selbst, unter denen sich auch völlige Gerippe befanden, sondern ihre unerwartete Abrichtung; schnell fanden sich die Hunde im Rudel zusammen, verflog die Gewohnheit, dem Menschen zu gehorchen. Keiner von den angestammten Taigabewohnern wollte sich mit ihnen anlegen, selbst die Wölfe, die ja wild geblieben waren – während die Hunde eine neue Rasse darstellten, die viel vom Menschen übernommen hatte – Bosheit, Grausamkeit, Frechheit, eine tote, seelenlose Selbstsicherheit –, selbst diese wilden Tiere wichen zurück und flohen. Der Zar hatte sie zähmen wollen – aber selbst er, der Hundeherrscher, war gescheitert, als seien sie keine Tiere mehr, sondern menschenähnliche Kreaturen auf vier Beinen.

Die Gerüchte kamen dem Hundezaren gerade recht: Nun wagte es niemand mehr, in die Tiefen der Taiga vorzudringen, zu den entfernten Beerensümpfen zu gehen, die an die Kolonie grenzten. Er wurde sich seiner Macht über das große Waldgebiet immer sicherer, wo er tatsächlich Herrscher und Autokrat war. Die Miliz und die großen Verbrecher ließen ihn in Ruhe, sie wussten nicht einmal, dass es einen Hundezaren gab; und in den kleinen Siedlungen und Dörfern begann man, ihm Ehre zu erweisen, weil man verwundert merkte, dass in der unruhigen Übergangszeit ganz in ihrer Nähe etwas Neues entstanden war, mit dem man sich abfinden musste. Überdies hatte er diese Siedlungen ja bereinigt, die Landstreicher und kleinen Trunkendiebe entfernt, und neue kamen nicht, nachdem sie über die sichere Telegraphie vagabundierender Menschen erfahren hatten, dass es dort nicht ungefährlich war. Eigentlich schienen die Landstreicher über keine Mittel zu verfügen, um sich gegenseitig Nachrichten weiterzugeben, aber dennoch erfuhren sie immer alles Nötige, als würden sie Geheimzeichen hinterlassen, und in den Dörfern war es ruhig geworden.

Er dachte bereits darüber nach, diese Siedlungen mit einem Tribut zu belegen, sie sozusagen zum Teil seiner Domäne zu machen und die illegalen Holzfäller für sich arbeiten zu lassen. Langsam und schwerfällig schälte sich ein anderer Mensch aus ihm heraus, ein Herrschertyp, allerdings mit einem Funken Wahnsinn, denn er sah seine Macht nicht in den Menschen, sondern in den Hunden, und gedachte sie zu vermehren, auf dass es viele Hundertschaften seien. Und die Einheimischen meinten, der ehemalige Lageraufseher habe bei Schließung der Kolonie gewusst, dass alles wiederkäme, und waren bereit, ihn als Propheten anzuerkennen – oder als geheimen Hüter, von denen es an den nötigen Stellen, in Strafzonen und Rüstungsbetrieben, sicher noch einige gab, die auf die Wiedergeburt der Sowjetunion warteten, und von denen sie nur noch nie gehört hatten.

Irgendwo dort, im Großen Land, brannte das Parlament, begannen Kriege, und im Dickicht der Wälder wuchs eine Person aus dem siebzehnten Jahrhundert heran, ein streitwütiger Zar der ganzen Rus. Und er hatte keinerlei Begriffe von Macht, war geistig ein Leutnant des Innendiensts geblieben, ja, und sein Verstand war wohl etwas mürbe geworden, er war abergläubisch, aber es war nicht sein Verstand, der ihn lenkte, sondern ein Urinstinkt. Der Hundezar hatte die neue Zeit tiefer als andere ergründet, erspürt und in sich eingelassen, und sie hatte ihn verändert und erfasst wie eine Offenbarung.

Kirill hatte sich von seiner Angst vor den Hunden hinter ihm und vor den Kugeln, die ihm fast direkt ins Gesicht geflogen waren, noch nicht erholt. Wäre er ruhig gewesen, hätte er es anders erzählt; aber so wurde klar, dass er nicht einfach nur Gefangener des Hundezaren war.

»Der Hundezar hat dich zu seinem Partner gemacht?«, fragte Mars.

»Ja«, antwortete Kirill. »Das war ganz einfach. Ihm war sofort klar, dass man sich auf mich verlassen kann. Ein Häftling und ein Aufseher – und nun vereint.«

»Und du wolltest nicht fliehen?«, fragte Mars.

»Wozu?«, antwortete Kirill. »Er hatte ein Wort über mich *verhängt*, wie ein Schloss – für die Hunde war ich Luft, als sei ich einer von ihnen oder ein Baum. Da war viel Geld zu machen. Nur hat er einen Knall, einen wirklichen Knall. Ich sage zu ihm – lass uns diese Wracks rauswerfen, wir suchen uns normale Arbeitsskl...«, Kirill verbesserte sich im letzten Moment und sagte »Arbeiter«. »Und da hat er mich zum Abschuss freigegeben.«

»Und jetzt sage ich dir, wie es wirklich war«, meinte Mars. »Ein Denunziant warst du, vielleicht sogar ein Oberdenunziant. Du weißt zu viel, hast dich ganz oben eingeschleimt. Das mit dem Korund ist alles gelogen. Du bist zurückgekommen, um die Kolonie umzubauen, ein Sägewerk einzurichten. Aber dieser Platz war schon besetzt. Daraufhin hast du dich dem Hundezaren angedient – der wusste ja wahrscheinlich, dass du ein Denunziant bist, so einer wie er also. Und dann hast du dir überlegt, wie du den Zaren plattmachen kannst. Aber das hat er gemerkt, denn du hast es einfach nicht drauf, deine faulen Absichten zu verbergen.«

Kirill schaute erschrocken und böse.

Mars nickte Danila zu, der richtete den Lauf seines Maschinengewehrs auf Kirill: Steh auf, geh.

»In dieselbe Grube, wo die Hunde sind«, sagte Mussa, und Danila antwortete: »Genau, dorthin.«

Mir war klar, dass die Söldner ein Schauspiel aufführten, sie hatten keinen Grund, Kirill zu töten, aber für einen Moment glaubte ich selbst, dass sie den Ausreißer gleich hinter der Baracke erschießen würden.

Scheinbar war Kirill sich sicher gewesen, wir würden ihn als Führer nehmen. Jetzt bebte er, seine Lippen zitterten, seine Finger kneteten sinnlos den Saum seiner Segeltuchjacke. Aber ich fühlte, dass Kirill sich nicht ergeben hatte, in seinem Inneren ballte sich etwas zusammen, die kleine, rasende Wut eines wilden Tiers verhinderte, dass er um Gnade flehte.

Danila brachte ihn nicht ganz bis zur Grube und feuerte eine Salve oberhalb seines Kopfes ab, so dass der Mulm aus den Barackenwänden flog. Kirill duckte sich und erstarrte. Er merkte, dass er sich nass gemacht hatte, an seinem Bein floss ein warmes Rinnsal herab. Die anderen lachten hell, Mars zog die Stirn in Falten.

»Gut, leb weiter, du gehst mit uns«, sagte Mars. »Du zeigst uns, wie das läuft in der Kolonie, und wir lassen dich frei.«

Kirill nickte schweigend und unterwürfig. Mir schien, dass es nicht gut war, ihn mitzunehmen; sie hätten ihn besser gleich hier erschießen sollen – er war unbedeutend, aber rachsüchtig und deswegen gefährlich. Aber Mars hatte sein Maschinengewehr schon über die Schulter geworfen und wollte gehen – er sah ein Ziel vor sich, eine Rechtfertigung für sein Fortbleiben aus Moskau; und mir tat der Hundezar schon vorher leid.

3

ZUR EHEMALIGEN KOLONIE kamen wir gegen Abend. Die Sonne ging unter, es war einer der Taigasonnenuntergänge, die auf Fotos kitschig aussehen, aber in der Realität wie ein Omen wirken. Die satte rote Sonne verschwand hinter purpurn anlaufenden Wolken, ihre letzten Strahlen fielen auf den alten Rosenquarzsteinbruch, durchleuchteten die Ränder der trüben, zuckrigen Steinblöcke, so dass sie aussahen wie ein großer Fleischklumpen; am Rand des Steinbruchs lagen Pumpenschläuche, hier baute man wieder ab.

In der Kolonie brannte elektrisches Licht. Ein Teil der Baracken war baufällig, der andere ausgebessert und mit Stacheldraht umzogen. Entlang dieses Stacheldrahts liefen Schäferhunde, an deren Halsband eine dünne Metallschnur geknüpft war. Der Wind blies in unsere Richtung, die Hunde witterten die Fremden nicht, von den Baracken drang der Gestank von verdorbenem Fleisch, Asche und Rauch, aber die Hunde waren trotzdem unruhig und rannten hin und her, spannten ihre Leinen.

Wir schlossen uns zusammen; Mars holte sein Fernglas hervor und besah sich ausgiebig die Kolonie; der neubelebte Teil war nicht groß, nur drei Baracken und ein winziges Haus. Kirill erklärte, wo der Hundezar schlief, wo er die Gefangenen hielt, wo er seine Doppelflinte aufbewahrte, wobei er abseits stand und sich nicht in unser Gespräch einmischte, solange wir ihn nichts fragten.

»Es gibt ja gar keine Leitungen«, sagte Mussa. »Läuft da ein Generator?«

»Die Pumpen, die im Steinbruch stehen, kann man mit Diesel betreiben«, sagte Dschalil. »Wahrscheinlich verbrennen sie Sprit.«

»Woher nehmen die hier Sprit?«, fragte Mars feindselig. »Fällt er vom Himmel?«

»Schau mal rechts vom Turm«, antwortete Dschalil.

Das Fernglas wanderte von Hand zu Hand; rechts vom Turm waren dunkel drei in die Erde gerammte Eisenbahntanks zu erkennen. Offenbar hatten sie Hubschrauber irgendwann hergebracht, und jetzt verbrannten die neuen Bewohner der Kolonie die Reste an Brennstoff.

»Entschuldige«, Mars gab Dschalil mit der Schulter einen Stups. »Ich hab übertrieben. Wie blöd das alles ist.«

Aus Richtung der Kolonie wehte starker Wind. Er trug einen für diese Gegenden scheinbar unmöglichen Geruch heran – den Geruch von frisch gebackenem Brot. Auf einmal kam mir alles, was hier geschah, wie ein grauenvoller Fehler vor. Wir hätten die Waffen wegstecken und mutig vorangehen können, denn dort erwartete uns eine Herberge, ein Nachtlager, etwas überaus Vertrautes, das uns seit unserer Geburt begleitete, woraus wir bestanden.

Ich versuchte zu verstehen, was diese hypnotisierende Wirkung auf mein Unterbewusstsein ausgelöst hatte, und erinnerte mich daran, wie ich eines Abends an einer Brotfabrik vorbeigekommen war, in der Dämmerung, im Herbst. An solchen Abenden fühlt man besonders stark, wenn einen niemand zu Hause erwartet, es ist ein sentimentales Gefühl, das sich aufdrängt und nicht vertreiben lässt. Und auf einmal war aus einem Gebäude der süße und durchdringende Duft nach frischem Brot gedrungen. Ich hatte den Kopf gehoben – ein kleiner Betrieb, eine Ziegelsteinwand wie bei einem Gefängnis oder einer Kaserne –, und der Geruch drang hinter der stacheldrahtüberzogenen Mauer hervor.

Der Brotgeruch und die Spitzen des Stacheldrahts waren ein Ganzes, nicht voneinander zu trennen; ein beklemmendes Gefühl der Zusammengehörigkeit.

Und nachdem ich mich von dieser Chimäre gelöst hatte, dachte ich mit Blick auf die Kolonie – das hier ist das *Sowjetische*, sein Wesen, sein Fleisch und Blut. Als der Brotduft von der Kolonie herüberdrang, fühlten wir alle dasselbe, ich sah es an den Gesichtern. Also würde es in uns bleiben. Nicht das *Kommunistische*, in dem wir die Hauptgefahr sahen, sondern das *sowjetische* sentimentale Erbe würde sogar in Mussa, Dschalil und Danila weiterleben, in den nachsowjetischen Menschen.

Man hätte die Kommunisten die Wahl gewinnen lassen sollen, und sie hätten sich danach von selbst erledigt und erschöpft und wären für immer verschwunden. Die Bedrohung ging nicht von ihnen aus, sondern von der Kombination aus Stacheldraht und Brotduft, die sogar Mars Mitstreiter verhext hatte. Derartige Bilder haben eine lange Zerfallszeit, die ideologischen zerfallen schneller, diese nicht. Sie leben länger, weil sie keiner Idee, keiner Symbolik bedürfen; sie sind eher eine Stimmung als ein Gefühl; und sie werden wiederkommen, weil sie nie weg waren.

Die schwarze, durch ein paar Fenster schwachbeleuchtete und wegen der Silhouetten der schiefen Wachtürme abstoßende Kolonie lag vor mir, ich hätte Abscheu empfinden müssen, aber nein – ich roch den Duft des Brotes, und in mir entstand Sympathie.

»Wir machen es am Morgen«, sagte Mars, der offenbar auch die Benebelung abschüttelte. »Vom Sumpf zieht Nebel rüber. Er dämpft den Spürsinn der Hunde.«

Am Morgen ließen wir Kirill festgebunden am Baum zurück, um ihn später zu holen.

Das frühe Morgengrauen des Nordens färbte die Nebelschwaden vom See rosa, und durch diesen schimmernden Dunst gingen wir. Unter uns atmete der Sumpf, das Moos bebte; eisige Tropfen senkten sich auf unsere Haut und die Waffen, hinter uns ging über dem Wald die Sonne auf. Das

Morgengrauen zerschnitt alle nächtlichen Zweifel und Chimären, die Kälte des Taus forderte Taten. Und ich dachte noch, dass alle Kriege nicht zufällig im Morgengrauen begannen – der Angreifer fühlt sich jung und unsterblich, seiner Zeit voraus. Als wir beim Zaun waren, zerschnitt Mussa den Stacheldraht, und wir betraten fremde Erde.

Der Nebel lichtete sich langsam; von verschiedenen Seiten kamen vier Hunde, die uns gewittert hatten – Mussa und Dschalil schossen sie nieder; die Kugeln hinterließen eine milchige Spur, bildeten im Flug Nebeldunst. Ein weiterer Hund tauchte auf, auch ihn erreichte eine milchige Linie; dann ein weiterer Schatten – und noch eine milchige Punktlinie zu ihm; Mussa wechselte das Magazin, Dschalil entsicherte, Mars winkte – mir nach, mir nach! Die Hunde kamen auf uns zugeflogen, sieben auf einmal, Mars schoss wahllos auf sie ein, und dann – das also hat Dschalil im Rucksack mitgeschleppt – rollte aus einem leichten Flammenwerfer eine Feuerzunge von der Seite heran; sie biss sich durch den Nebel, vernichtete ihn, stob in bedrohlichen Wolken auseinander.

Das versengte Gras raucht, die Hunde winseln, Mars schreit mir zu – los! –, und wir rennen, der Flammenwerfer erreicht scheinbar widerwillig und ganz langsam die Türme, die Baracken; das trockene Holz knackt, Feuer fließt die Balken, die Dächer herab, Mussa hat Leuchtspurmunition geladen, die phosphoreszierenden Kugeln fliegen in auseinanderfließenden Bögen, das Feuer strotzt, und mit ihm zusammen strotzt auch in uns etwas Schreckliches, Archaisches. Wir sind nur fünf, aber wir kommen aus dem Sonnenaufgang, die Kraft des ansteigenden Morgens im Rücken, wir sind unverwundbar, solange die Sonne mit dem Nebel kämpft und ihn dabei mit goldenem Leuchten erfüllt; wir kamen, wir sahen und waren das reinigende Feuer.

Die Flammen über den Baracken vertreiben den Nebel, öffnen den Himmel, der Himmel ist rosafarben. Es ist das Feuer von Moskau, in dem die Hauptstadt mehr als einmal brannte, und wir sind seine Sendboten, wir verbrennen hier alles, was uns herauszufordern wagt, was klein und eng ist; eine Macht, eine Kraft, ein Ruhm; ein Staat, ein Land!

Das Feuer, jenes Feuer, über das die Türme von Moskau wachen – in Sokolniki und Sokol, auf der Aviamotornaja und dem Petrowski projesd – das ist es! Es schläft, muss aber beaufsichtigt werden, es kann entweichen, aufflammen von einem zufälligen Streichholz, einem wegrollenden Kohlestückchen.

Das Feuer – Moskau reinigt und erneuert sich in ihm wie Phönix, der Staat zerfällt in ihm und entsteht neu – der Stadt bringt dieses Feuer kein Unheil. Aber alles, was nicht Moskau ist, geht endgültig in ihm unter; nur das sumpfige, meernahe Sankt Petersburg kann das Moskauer Feuer nicht unterwerfen, es hat ein anderes Element – die Flut; sooft wie Moskau brannte, so oft war Petersburg überschwemmt. Feuer und Wasser – die beiden Elemente der zwei Hauptstädte, ihre alchemistischen Ursprünge; hier, bei den finnischen Seen ist das Wasser stark, aber das Festland ist größer, und Feuer schlägt Wasser!

Ich empfand mich ganz als Moskauer, in dieser Empfänglichkeit für das Ursprungselement meiner Stadt. Ich stellte mir sogar vor, dass sich im Keller des Kremls einst ein vergoldeter Käfig mit besonderen, roten Hähnen befand, die dem Moskauer Herrscher den Feuersalamander ersetzten. Der Zar schickte die roten Hähne als listige Gabe nach

Nowgorod, nach Kasan – und die Städte gingen in Flammen auf und fielen in Moskauer Hand.

Niemand schoss mehr zurück. Danila schlug die Tür der nahe gelegenen Baracke ein und winkte uns zu – hierher, hierher! Trotz des dichten Rauchs, der alle Gerüche überdeckte, roch es nach stickiger Schwüle, es gab kaum Licht, die Fenster waren mit dicken Platten vernagelt, und in dieser Dunkelheit wanden sich Menschen wie Würmer – es war nicht zu erkennen, wo einer begann und ein anderer aufhörte.

Es waren an die dreißig Menschen – die vom Hundezaren eingesammelten Tagelöhner, Landstreicher und Diebe. Sie wollten die Baracke nicht verlassen, vergruben sich in ihre Lumpen, krochen unter die Pritschen. Wir, die die Hunde erschlagen hatten und sie befreien wollten, kamen ihnen vor wie sinnlos grausame Wesen, wie böse Geister. Nur ein Greis, der offenbar nicht zu den Dieben gehörte – er wirkte hager und gedrechselt, als würde er tagtäglich wie ein Handtuch ausgewrungen werden –, kam furchtlos auf uns zu und bat um eine Zigarette. Entrückt zog er daran und sagte dann:

»Rührt die Köchin nicht an, sie hat damit nichts zu tun.« Dann nahm er einen weiteren Zug, als habe er seine Pflicht erfüllt und könne allem Weiteren tatenlos zusehen.

»Holt den Zaren«, schrie Mars, der die Worte über die Köchin abtat. »Holt den Zaren!«

Das klang völlig natürlich – holt den Zaren! Aber damit waren wir Verschwörer, Zarenmörder, und keine Sendboten aus der Hauptstadt, die einen Usurpator verfolgten; wir hatten unser Schutzschild verloren, die Aureole des roten Morgens. Gleich darauf ertönte ein Schuss, Dschalil wurde herumgerissen, als sei er mit einem Vorschlaghammer an der Schulter getroffen worden. Ohne anzulegen ratterte Mars eine Maschinengewehrsalve auf das zweistöckige Ziegelgebäude, das wir vorher nicht bemerkt hatten, und Mussa packte Dschalil im Lauf und zerrte ihn hinter einen Holzstapel, um ihn zu verbinden.

Die Ladung des Flammenwerfers war verschossen, Patronen waren nur wenige übrig, ein Magazin für vier. Und der Hundezar saß an einem günstigen Platz, durch die brettergeschützten oberen Fenster des Häuschens ließ sich nicht einschätzen, wo er sich genau befand. Er hätte auf jeden, der zu seinem Häuschens hinübergelaufen wäre, durch eine Ritze schießen können; offenbar hatte er einen Karabiner mit gezogenem Lauf und kein Jagdgewehr, wie Kirill behauptet hatte, und er wusste damit umzugehen, was Dschalils Verletzung bewies.

»Warten bis zur Dunkelheit«, befahl Mars. »Dschalil, geh zu Kirill! Eine Doppelflinte hat er gesagt, ja? Erklär ihm, was auf Betrug steht!«

Alles Weitere bedurfte keiner Befehle, Mussa und Danila nahmen verschiedene Positionen gegenüber der Deckung des Hundezaren ein. Wir konnten ihn nicht kriegen, aber er konnte nicht aus seiner Deckung. Selbstverständlich würde es hier nicht völlig dunkel werden, es waren gerade die weißen Nächte, aber der Hundezar musste den ganzen Tag in Bereitschaft bleiben, und zur Nacht würde seine Aufmerksamkeit abstumpfen, und das hieß, es gäbe eine Möglichkeit, in seinen Nahbereich vorzudringen.

»Wer hatte die Idee, den Flammenwerfer mitzunehmen?«, fragte ich Mars. »Hast du etwas gewusst?«

»In Afrika hat uns so ein Flammenwerfer eines Tages das

Leben gerettet«, sagte Mars. »Wir waren zu fünft, ein Verletzter. Man hatte uns einen Rückzug ermöglicht, die Route war gut. Aber wir hatten nicht gewusst, dass dort eine Antilopenseuche ausgebrochen war, irgendeine Epidemie. Millionen Tonnen Fleisch ziehen durch die Savanne. Und diese Millionen Tonnen waren tot. Es stank, überall verfaulte Kadaver. Die Aasfresser hatten sich aus der ganzen Umgebung zusammengerottet. Wir wurden eingekesselt, und das Vieh und die Vögel kreischten so laut, dass man keine Schüsse hören konnte. Die Hyänen merkten nicht einmal, dass man sie gerade tötete, eine ist umgefallen, und das war's. Von denen gab es Tausende in diesem Tal. Und da ging der Flammenwerfer los. Und die gesamte, verstehst du, die gesamte Meute rannte davon. Denn der größte Schrecken in der Savanne ist das Feuer, das mit dem Wind kommt, vor dem kann man nicht fliehen, man kann nur in einem Fluss abwarten. Und das habe ich mir gemerkt – du musst immer mit etwas Schrecklicherem drohen, als dein Feind zur Verfügung hat.«

»War Mussa der Schütze?«, fragte ich.

»Der Schütze wurde danach von einem Geschoss am Tankbehälter getroffen, als wir die Höhlen in Afghanistan säuberten«, sagte Mars.

Niedergeschlagen kehrte Dschalil zurück: Kirill war geflohen. Er hatte den Strick mit einer Rasierklinge durchschnitten – wir hatten ihn nicht durchsucht, wahrscheinlich war sie in der Einlegesohle versteckt gewesen. Mars schimpfte auf seine Leute:

»Die Meute müsste man auf euch loslassen, aber leider ist sie tot!«

Wir gingen los, die Baracken zu durchsuchen, die nicht im

Schussfeld des Hauses lagen, in dem der Hundezar festsaß. Die meisten waren vernagelt und leer, aber über drei Jahre war aus ihnen noch nicht der schwere Körpergeruch verflogen, der sich über Jahrzehnte ins Holz gefressen hatte. Jeder Millimeter Holz war von den Körpern blankgerieben, als habe man die Menschen durch die Baracken gezogen wie einen Faden durch ein Nadelöhr. Etwas abseits stand eine kleine Hütte, um die herum die Erde von Hundekrallen aufgepflügt und mit Knochen und Fellbüscheln übersät war.

In dieser Hütte hatte sich wahrscheinlich die Ausrüstungskammer der Kolonie befunden. Vor dem Abzug hatte man die alten, ausgedienten Uniformen der Wachmannschaft und die ebenso abgetragenen Lumpen der Häftlinge hineingeworfen. Über die Jahre war der Stoff geschimmelt, vermodert und zu einer einheitlichen Masse aus Wattehosen und -jacken, geflickten Handschuhen, löchrigen Stiefeln, Hemden, Schirm- und Ohrenmützen, Schafspelzen und Galoschen verklumpt; aus den Bruchstellen im Fußboden, die von den Hunden stammten, kroch die Feuchtigkeit.

In dieser Masse hatte sich das Rudel eine Höhle gebaut, in der die Hündinnen ihre Welpen aufzogen. Die Uniformen der Begleitsoldaten und die Kleidung der Häftlinge waren an den Knöpfen ineinander verhakt, über Schnüre miteinander verwirrt, im Moder miteinander vermengt. Und die Welpen waren in diesem Milieu der Zersetzung menschlicher Gegenstände zur Welt gekommen. Falls Kleidung wenigstens den Schatten einer Erinnerung an jene bewahren kann, die sie getragen haben, so war diese zweifache Erinnerung – an die Soldaten und an die Gefangenen – den Hunden vererbt worden; womit sie schon nicht mehr ganz Hunde gewesen waren.

Wir standen an der Tür, in der Nähe jaulte ein halbtoter Hund, und Welpen krochen durch die Lumpen. Viele waren noch blind, aber keineswegs rührend; als sie uns Fremde witterten, fletschten die Welpen ihre zahnlosen Schnauzen und krochen näher zusammen. Die wilde Rassenmischung, das Wolfsblut dazu; Stofffetzen, die an den feuchten Körpern klebten, die gerade erst aus der Gebärmutter geschlüpft schienen; Speichel, Schleim, der Gestank nach Knochen, Reste von Hundefell. Ich meinte, die Welpen würden gleich miteinander verwachsen wie ein Rattenkönig, ein einheitliches Wesen mit zehn Mäulern bilden; und dennoch mochte man nicht auf sie schießen.

»Gehen wir«, sagte Mars. »Dschalil brennt das nieder.«

Dschalil schleppte von irgendwo einen Kanister mit Benzin heran, lief um die Hundebaracke und bespritzte die Wände, dann warf er ein Streichholz, und die trockenen, harzigen Balken – man hatte mit Kiefern der Gegend gebaut – fingen Feuer, knisterten, und die Flamme drang ins Innere.

Es folgte ein langer, langer Tag. Abwechselnd bewachten wir das Haus, aus dem kein Laut drang, und behielten die Sklavenbaracke des Hundezaren im Blick. Keiner riskierte zu gehen, obwohl wir es angeboten und Lebensmittel für den Weg versprochen hatten; alle versteckten sich unter den Pritschen, unter dem Tisch, sie waren erstarrt, und nur der greise Dieb saß abwesend da und rauchte die Zigaretten, die ihm Dschalil gab.

Als die Dämmerung sich gerade zu verdichten begann, gab Mars Mussa und Danila mit zwei Fingern ein Zeichen.

»Jetzt wird er schwach«, sagte Mars. »Er denkt, wir warten auf die Dunkelheit, weil wir am Tag nichts unternommen haben.«

Mussa und Danila liefen gleichzeitig aus ihrer Deckung hervor, ihre Figuren schwankten wie lumpige Marionetten und »verschwammen« wie das Flimmern eines Fernsehbildschirms. Egal, welch guter Schütze der Hundezar sein mochte, er hatte auf jeden Fall einige Sekunden verloren, um seinen Blick auf dieses Flimmern einzustellen. Als sie die Hälfte der Strecke geschafft hatten, eröffnete Mars das Feuer auf die Spitze des Hauses, um den Hundezaren dazu zu zwingen, sich zu ducken und zu verstecken. Als Mussa und Danila angekommen waren, warfen sie einen Wurfhaken aufs Dach, Danila blieb unten, Mussa kletterte hinauf, schlug die Platte aus dem Fenster und verschwand im Inneren. Es folgten einige Pistolenschüsse, die nach den Maschinengewehrsalven stiller klangen, dann Lärm und Geschrei, und dann warf Mussa durch ebendieses Fenster – offenbar war die Tür fest verbarrikadiert – einen Menschen, der ungeschickt aufkam. Danach sprang er selbst hinterher und bedeutete uns, dass alles sauber war und keine Gefahr drohte.

Danila hatte den verprügelten Hundezaren bereits im Visier. Gekrümmt von einem Schlag in die Leber schien er sich auf alle viere stellen und uns wie ein Hund anfallen zu wollen – sehnig war er, mager, Laub und Nadeln hafteten an ihm, er war vom Feuer rußüberdeckt und fürchtete uns nicht. Er schaute uns an, wie ein verwilderter Straßenhund abgerichtete Schäfer- oder Wachhunde anschaut – er ernährt sich von Müllkippen, ist aber deswegen nicht heruntergekommen –, und sah die Ungleichheit der Kräfte, wusste aber auch, dass die vage Stärke eines Ausgestoßenen auf seiner Seite war.

Für einen Moment fühlte ich den Drang, Danila wegzustoßen, mit meinem Körper die Schusslinie von Mars zu durchbrechen, und dann hätte der Hundezar fliehen können, hätte erneut eine Meute zusammengesucht und Hündinnen werfen lassen; man hätte mich dafür getötet, aber der Hundezar ließe mich wiederauferstehen.

Ich war in Ordnung, mein Verstand nicht umnachtet; es war kein Wahnsinn. Ich sah einfach nur, dass der Hundezar nichts anderes hätte werden können als ein Hundezar; man konnte ihn erschießen, mit Kugeln auf die Brandstätte umwerfen, aber das änderte nichts. Alle hier Versammelten waren ebenso unfähig, sich zu verändern, und dadurch war unser Zusammenstoß so ausweglos und barbarisch.

»Geh«, sagte Mars auf einmal. »Wir werden nicht schießen. Geh.«

Verdattert wich der Hundezar zurück, er glaubte seinen Worten nicht. Mussa hatte ihm sicher einige Rippen gebrochen, seine Kraft war durch die Erschießung der Hunde verringert.

Vielleicht war er zum ersten Mal in seinem Leben auf sich gestellt, ohne seine Hunde, mit denen er in einer Verbindung gestanden hatte, die alles Vokabular der Psychologie überstieg. Selbst im Raum schien er verloren, als sei er daran gewöhnt, sich über die Hunde zu spüren, mit ihren Augen zu sehen, ihren Schnauzen zu riechen, ihren Ohren zu lauschen, als seien seine Sinne in die Meute gefahren, in ihr verwurzelt; und jetzt war er verblüfft, geblendet, *vereinzelt*.

Seine Entschlossenheit zu kämpfen, sich dem Gewehrlauf entgegenzustellen, war durch Mars Worte ins Stocken geraten; er war auf alles vorbereitet gewesen, nur nicht auf Gnade – und diese Gnade streckte ihn wie ein unerwarteter Schlag nieder und nahm ihm den Atem. Ich wollte Mars sogar warnen – er solle den Hundezaren besser fesseln und erst später freilassen, falls er entschlossen sei, ihn am Leben zu lassen, denn jetzt konnte er schon dadurch sterben, dass er allein geblieben und seine Kolonie vernichtet war. Aber Mars winkte noch einmal, und der Hundezar schwankte ein wenig zurück, als suche er Halt, als wolle er sich anlehnen. Dann drehte er sich um – und ging in die dunkle Taiga, wobei er mit jedem Schritt seine Sicherheit zurückgewann und Schwachheit und Schaudern abwarf; diese Verwandlung vollzog sich so deutlich, dass Dschalil den Gewehrlauf wieder hob.

Von irgendwo seitlich aus der Dunkelheit, aus dem Schatten, der sich in Kontrast zum Feuer verdichtet hatte, stürzte sich ein überlebendes Tier auf den Zaren, eine sehnige Hündin mit geschwollenen, schweren Zitzen, sie rammte ihn im Flug und drehte ihn mit dem Gesicht zu uns; Dschalil, der am nächsten stand und fast auf einen Schusswechsel vorbereitet war, schaffte es zu reagieren. Zwei oder drei Kugeln trafen ihren Bauch, und der Hundezar wurde mit Blut und Milch überströmt, aber die Hündin hatte mit ihren Reißzähnen bereits seinen Hals umschlossen, den Kehlkopf und die Luftröhre herausgerissen.

Der Hundezar starb auf der Stelle, er sank zu Boden, und auf ihn fiel die tote Hündin, die sich auf jeden von uns hätte stürzen können, aus ihrem Versteck der geronnenen Dunkelheit, unsichtbar für unsere vom Feuer »erhellten« Augen. Aber sie rächte sich an ihm, dem Zaren, der ihre Kinder nicht beschützt hatte, und ihre nackten Zitzen, ihre Milch auf der Joppe des Hundezaren, die sich mit dem Blut ins Zartrosa verdünnte, ihre blassen Reißzähne, gefletscht für den letzten Sprung – das alles war so widerwärtig und unverhohlen, dass wir uns abwandten und auf die Feuerstelle starrten, in ihr glutrotes Flackern. Über dem toten Mann und der toten Hündin hing ein aus alten Zeiten übriggebliebenes Spruchband, das die Häftlinge zur ehrlichen Arbeit aufrief.

»Wir können das hier nicht so lassen«, sagte ich zu Mars. »Sonst beginnt alles von vorn. Das muss alles niedergebrannt werden. Nicht nur die Brutstätte, sondern alles, bis aufs Letzte.«

Mars widersprach nicht und sagte nur:

»Das ganze Land müsste man niederbrennen«, woraufhin er Mussa und Dschalil befahl, noch mehr Benzin zu suchen, um damit alle Baracken zu besprengen.

Die Leiche des Hundezaren und die Leiche der toten Hündin schleppten wir in die Baracke, die als erste niederbrennen sollte; Danila ging mit dem Kanister herum und bespritzte die Wände, als umrisse er einen schützenden Kreis. Das Feuerzeug klickte, und schon lief eine Flamme in beide Richtungen, sprang von einem Benzinfleck zum nächsten, wobei sie jedes Mal mit einem Knall aufloderte, der dem Geräusch einer Fahne im Wind ähnelte.

Und da sprang aus einem Spalt, in dem sie erschrocken und betäubt den gesamten Kampf abgewartet hatte, die Köchin der Kolonie hervor – andere Frauen gab es hier nicht. Sie war es, um die sich der Greis, der ehemalige Dieb sorgte. Sie hatte alles gesehen, hatte mitangeschaut, wie die Hündin den Zaren getötet hatte, und ich erwartete, dass sie wie ein Hund anfangen würde zu heulen, auf die Erde fiele, sich hin und her rollen und toben würde. Aber ihr flossen die Tränen, sie schluchzte nicht, sondern Tränen flossen, nachdem sie von allem Gesehenen nur den kleinen Teil aufgenommen hatte, der diese willenlosen Tränen auslösen konnte. Durch die Tränen hindurch schaute sie sich um, und mir wurde klar, dass sie etwas sah, was uns unzugänglich war: Die Momente ihres Lebens mit dem Hundezaren, Bruchstücke ihres Gedächtnisses, an denen sich die Ganzheit ihrer Welt festmachte; sie hielt es dem entgegen, was sie umgab, und umgeben war sie von getöteten Hunden, brennenden Baracken, dem toten Hundezaren. Und ich hatte die seltsame Empfindung, dass wir etwas zerstört hatten, wovon wir nichts verstanden; eine unheimliche, unteilbare Existenz, in der sich alles vermengte: Hunde, Menschen, Mann, Frau, Fleisch und Nahrung, Körper und Ort, Traum und Wirklichkeit. Doch auch in diesem Gemenge war ein Gefühl möglich, das ebenso ungeformt und verklebt war, in dem sich Ergebenheit und Hass, Liebe und Angst vereinten; und jetzt war dieses Gefühl in seine Einzelteile getrennt – und zerfiel, starb endgültig ab, denn es konnte nicht außerhalb dieses ursprünglichen Zusammenschlusses existieren.

Die dicke und plumpe Frau wurde auf einmal sehr beweglich; sie befreite sich von Mussa, schubste Dschalil beiseite und rannte los; Mussa brachte das Maschinengewehr in Anschlag, Mars winkte ab – nicht nötig, er wusste schon, was jetzt kam. Die Frau rannte in die brennende Baracke, ließ die Tür offen stehen, aus der Türöffnung drang Qualm, dann schleuderte ein Luftzug eine purpurne, geballte Flammenzunge hinaus, und die Tür loderte auf; dort drinnen musste sie, falls sie es geschafft hatte, den Hundezaren gefunden haben. Hineinzustürmen und sie herauszuzerren, war bereits unmöglich, die Flammenwand toste und stieg bis über das Dach; der alte Schiefer begann zu platzen, rauchende Splitter flogen auseinander, und aus der Baracke drang kein Laut.

Genau so hatten sich die Altgläubigen verbrannt – für ihre Überzeugung; hier gab es keine Überzeugung, aber die Unmöglichkeit, anders weiterzuleben, eine Ergebenheit von solcher Stärke, dass sie durch nichts zu bezwingen war.

Das Feuer ließ nach, die Baracken waren niedergebrannt, es blieben nur Haufen von himbeerrot schimmernden Brandstellen; die Gefangenen des Hundezaren krochen endlich auseinander und verschwanden in der Nacht. Wir sagten, wir wollten sie am Morgen in die Siedlung führen, aber die Landstreicher, die sich wahrscheinlich daran erinnerten, wie die Einheimischen sie an den Hundezaren ausgeliefert hatten, wollten nicht in die Siedlung zurück. Wir hatten ihr Zuhause zerstört und konnten ihnen keinen Ersatz bieten. Mir schien, viele waren dem Hundezaren sogar dankbar, weil er ihnen eine Existenzform gegeben hatte – und uns hassten sie, weil wir sie wieder in ein gefährliches, unbestimmtes Leben entließen. Ich erinnerte mich an die Alten, die für die Kommunisten stimmen gegangen waren, ihre schlurfenden Schritte, ihre Gehstöcke und Krücken, meinen Hass auf sie; jetzt hätte ich anders empfunden.

Unser Trupp trank Wodka in Gedenken an den Hundezaren. Und auf einmal beugte sich der verwundete Dschalil zu seinen Schuhen hinunter, löste die Schnürsenkel, murmelte etwas Schwermütiges, Einlullendes, das Bewusstsein Verrückendes und rückte selbst beiseite und tanzte mit der Seite voran um die Brandstelle.

Leicht, geradezu schwebend trat er auf das Feuer, seine Hosen begannen zu rauchen, aber seine nackten, blassen Füße blieben unversehrt. Seine kehlige, vibrierende Stimme erhob sich über die knisternden, fauchenden, lispelnden Flammen; auch Mussa hatte die Schuhe ausgezogen, er brummte, heulte auf, ging ebenfalls im Kreis über die glühenden Kohlen.

Zu zweit sangen und tanzten sie, wirbelten Funken auf, ihre Figuren vervielfachten sich in der heißen Luft, und für einen Moment schien mir, sie seien zu dritt, der Hundezar sei auferstanden, habe sich verklärt und tanze mit ihnen. Der Tod hatte alles Dunkle, Finstere von ihm gewaschen, und nur das reine Leuchten seiner Kraft war übrig, und er freute sich mit seiner erleichterten Seele, und es gab keinen Hader, keine Hitzigkeit zwischen ihm, Dschalil und Mussa. Die drei waren voll und ganz in die vernunftwidrige, unbewusste Existenz der Feuerzungen eingetaucht, und das Feuer verschonte sie, die ein Teil von ihm waren und seine Natur verkörperten. Das Feuer in den Kohlen fühlte sich nur für uns, die weiter entfernt standen, heiß an, in sich selbst jedoch war es kühl, und kühl waren die Seelen von denen, die in ihm standen; die »Wildgänse« Mussa und Dschalil, Söldner aller Kriege, segneten den Hundezaren aus.

In der Siedlung sah man uns furchtsam an, scheinbar hatte einer der Jäger, der bis tief in die Taiga vorgedrungen war, ihnen vom entfernten Schimmer eines großen Feuers berichtet. Unterwegs hatten wir uns mehrmals gewaschen, in Seen gebadet, aber die Zeit war zu knapp gewesen, um unsere Kleidung zu reinigen, Mars wollte schnell zurück und Bericht erstatten. Erst in der Siedlung merkte ich, dass unsere Tarnanzüge voller Ascheflecken waren, die aussahen wie weiße Falter, dass unsere Kleidung nach Schweiß, Feuer und Kadavern roch.

Als wir die Straße entlanggingen, knurrten die Hofhunde und zogen sich tief in ihre Hundehütten zurück, versteckten sich hinter Holzstapeln, verschwanden in den Gärten, den

Gemüsebeeten – der Geruch der toten Meute des Hundezaren flößte ihnen Angst ein, aber die Bewohner der Siedlung ahnten nichts und meinten, die Hunde fürchteten uns.

»Such keine Lebenden, such Tote« – am Tod des Hundezaren und seiner Freundin traf mich keine Schuld, ich hatte sie nicht getötet, wir hatten überhaupt niemanden getötet, außer den Hunden, die man, ehrlich gesagt, auch hatte erschießen müssen. Aber ich fühlte, dass ich ein mir aufgegebenes Verbot übertreten hatte und der Hundezar von nun an Teil meines Lebens sein würde. Die anderen sahen mich ehrfurchtsvoll an, ich aber hätte am liebsten alles rückgängig gemacht.

Wir hatten ein Schlangennest zerstört, aber es kam einem nicht über die Lippen, es eine gute Tat zu nennen. Ich fühlte, dass uns der unbeabsichtigte Tod des Hundeherrschers band und unsere Zukunft dadurch vorbestimmt war, was wir hier getan und dabei gefühlt hatten.

TEIL IV

1

ALS WIR NACH MOSKAU ZURÜCKKAMEN, waren die Wahlen vorbei, Jelzin hatte gewonnen. Mars wollte mich bezahlen, aber ich nahm das Geld nicht, auch wenn mir klar war, dass dieser Verzicht kaum etwas zu bedeuten hatte; selbst wenn ich nie wieder mit Mars zusammenarbeiten würde, war ich jetzt kein Freischütz mehr, sondern an seine Mannschaft gebunden; unsere gemeinsame Tat hatte uns zusammengefügt.

Außerdem wurde mir klar, dass das, was mir, Mars und den »Wildgänsen« widerfahren war, nur ein kleiner Teil, eine nichtige Episode innerhalb der großen, aber unmerklichen Veränderungen im Land darstellte. Wir – und Tausende anderer Menschen, die ich nicht kannte – waren durch den unlauteren Sieg aneinander gebunden; wir lebten noch unser früheres Leben, aber es bildete sich bereits eine Gemeinschaft jener, denen dieser Sieg gewisse Dividenden in Aussicht stellte, die gleichzeitig belohnt wurden und für ihn zahlen mussten.

Wie kommt es zu so etwas, wie vollzieht es sich? Dazu fiel mit ein sehr genaues Bild ein.

Bereits im Frühling davor hatte mir Mars eine Videoaufzeichnung gezeigt. Sie war von einem Journalisten gemacht worden, der im Dezember 1994 zusammen mit den ersten

Militärkolonnen nach Tschetschenien gefahren war. Mal saß er auf der Panzerung eines MTW, mal auf einem Lastwagen, und nach Möglichkeit ließ er die Kamera angeschaltet und filmte alles, was ihnen unterwegs begegnete.

Man hätte meinen können, das sei langweilig – Straßen, Dörfer, Berge, die Gespräche der Soldaten, Stopps, Essensausgabe, Scharen von Frauen, die den Truppen den Weg versperren wollten; aber diese fünf oder sechs Stunden Videoaufzeichnung waren von anhaltender Spannung.

Zunächst dachte ich, der Grund sei einfach: Einige Tage danach würden die Truppen in Grosny einmarschieren, und viele, die man auf dem Video sehen konnte, wären tot. Faktisch ergab sich daraus ein Blick in die Vergangenheit, das Aufspüren von Todeszeichen: Einer raucht, der andere schweigt, ein Dritter redet im Gegenteil übermäßig viel und versucht, den Lärm der vielzähligen Motoren zu überschreien; wie schaut er, wie hält er seine Waffe, wie sitzt er auf der Panzerung – vielleicht war die bevorstehende Zukunft vorzeitig sichtbar?

Aber diese Aufzeichnungen hatten überdies eine ungute Anziehungskraft. Und nachdem ich das Video ein zweites Mal angesehen hatte, wusste ich, worin sie bestand.

Es war der Schmutz – in Wirklichkeit standen nicht die Menschen, Orte und Fahrzeuge im Mittelpunkt, sondern der Schmutz.

Zunächst war er kaum zu bemerken. Natürlich, die Kolonne näherte sich bereits der Grenze, und die Fahrzeuge waren voller frostgehärtetem Winterstaub, den der Wind von den noch schneelosen Feldern gefegt hatte. Aber es war, wenn man es so ausdrücken kann, ein dörflicher, gewöhnlicher, *neutraler* Schmutz; eigentlich nicht einmal Schmutz, sondern der Ausgangsstoff dafür; einen solchen Schmutz kann man unter der Dusche oder in einer Badestube abwaschen, mit Seife entfernen, mit einer Bürste abputzen.

Und dann wurde er Tag für Tag von Rädern und Ketten durchgerührt und mischte sich mit Abgasen von Tausenden von Motoren, die unverbrannten Sprit in den Auspuff spuckten, und mit dem Motoröl aus den Getrieben. Und so wurde der Schmutz immer dichter, schwerer, und war nun ein *militärischer* Schmutz, der auf den Fahrzeugen lag, sich in die Kleidung fraß, in alle Poren drang; die Gesichter der Soldaten waren schwarz von diesem Schmutz, der nicht mehr abzuwaschen war.

Die Soldaten führten noch keine Gefechte, sie schossen nur ein paar Mal auf Unbekannte, die eine ungezielte Salve auf die Kolonne abfeuerten. Der Krieg hatte noch nicht begonnen, und in den oberen Stäben hoffte man noch, er würde ausbleiben, die Rebellen gäben auf, wenn sie auf die reguläre Armee, auf Panzer, Artillerie und die Luftstreitkräfte träfen. Aber allein die Fortbewegung der Armeekolonne sorgte für diesen Schmutz, der für alle Kriegsjahre reichen und beide kämpfenden Seiten zeichnen würde; und jeder Kämpfende würde Teilchen dieses Schmutzes mit sich tragen, vermischt mit Schmieröl, Ruß und Blut.

Bereits am dritten Tag der Fahrt rieb der Kameramann ständig das Kameraobjektiv ab. Es schien, als hätten sich durch den Grenzübertritt der Kolonne die Verbindungen der Materie aufgelöst, die die Welt in geziemender Reinlichkeit hielt, als spürte die Erde den Übergang von Frieden zu Krieg und wisse, dass sie nun kein Pflug mehr berühren, kein Samenkorn mehr auf sie fallen würde.

Der verlässlichste Zweck der Erdoberfläche war verschwunden. Und bevor auch die Häuser aufhörten, Häuser zu sein, und sich der Hausrat in die Bündel nomadisierender Flüchtlinge verwandelte, bevor die einen Dinge verdarben, andere die Hände wechselten und die Menschen sich aufmachten, war es die Erde, die für all das den *Boden bereitete*, sich aus einer hervorbringenden in eine verschlingende Erde, eine dickflüssige Brühe verwandelte.

So war auch diese neue Gemeinschaft entstanden, die ich nun entdeckte: hervorgebracht durch den Gang der Ereignisse. Und auch wenn ich mich gedanklich von dieser Gemeinschaft distanzieren wollte, wusste ich doch, dass ich ein unsichtbares Zeichen trug; und dabei stellte sich noch die Frage, was das Zeichen bedeutete, welche Rolle mir zugedacht war.

Das Zeichen war durch die Jagd auf den Hundezaren gesetzt worden; ohne mich hätte Mars sicher nicht einmal geahnt, dass der Hundezar existierte. Nach und nach erwachte in mir ein unheimliches Interesse an unserem unfreiwilligen Opfer: Wer war er gewesen? Woher stammte seine Begabung? Warum war er zur Lagerwache gegangen? Ich fühlte, dass ich keine Nachforschungen anstellen sollte, dachte aber immer öfter an den Einsiedler im Wald, als könne ich mit dem Eindringen in seine Vergangenheit meine Mitschuld tilgen; den Hundezaren zu verstehen bedeutete – welches Paradox! – mich vor ihm zu rechtfertigen.

An die Geschichte vom Walddorf und dem Diensthund namens Fackel, die Kirill erzählt hatte, konnte ich nicht recht glauben. Wie Großmutters Geschichte über meinen Großvater Michail, den geheimen Funker, war sie im Zusammenhang einer Epoche erdichtet und offenbarte in einer anderen Epoche ihre Gewolltheit. Der Hundezar hatte also ein Geheimnis; für mich war das bereits bekanntes Terrain einer Familiengeschichte. Vielleicht hatte er auch nichts über seine Herkunft gewusst, sich einen Ersatz-Stammbaum zugelegt, und ich konnte ihm einen posthumen Dienst erweisen und sehr viel mehr über ihn enthüllen, als er selbst wusste.

Wie schon so oft zuvor begann ich, Erkundigungen einzuholen.

Wie sich herausstellte, waren die Unterlagen über die Kolonie entweder vernichtet worden oder im Zuge der Behördenreform abhandengekommen. Die ehemaligen Aufseher waren verschwunden, im ganzen Land verstreut; die einen waren jetzt Rentner, andere hatten neue Arbeit gefunden; zur Zentralkartei des Innenministeriums hatte ich keinen Zutritt. Ich machte nur den ehemaligen Arzt der Kolonie ausfindig – einen leidenschaftlichen Schachspieler, er stand mit dem Liebhaber von Fernturnieren im Briefwechsel, den wir in der Waldsiedlung getroffen hatten.

Dieser Arzt lebte mittlerweile in Rostow; ich fand seine Telefonnummer heraus und rief ihn an. Weil ich nicht wusste, was ich über den Gegenstand meines Interesses sagen sollte, fing ich an, ihm etwas vom Kynologen zu erzählen. »Der Hundezar?«, fragte die Stimme im Hörer nach. »Der Hundezar«, bestätigte ich. Ich hätte versuchen können, alle Erkundigungen am Telefon einzuholen, aber ich wusste, er wäre kaum offen zu mir gewesen, und verabredete einen Termin.

Am zweiten September, einem Montag, flog ich nach Rostow; ich erinnere mich deshalb daran, weil ich am Morgen auf den Straßen viele Kinder mit Blumen gesehen hatte.

Die Adresse, die mir diktiert worden war, erwies sich als

Kreismilitärkrankenhaus. Während ich mich im Hotel umzog, schaltete ich den Fernseher an; die Nachrichten liefen, man sah Schirmmützen und Fellkappen, General Lebed, Aslan Maschadow – in Chasawjurt* wurde der Friedensvertrag unterschrieben. Ich rechnete nach – der Abzug der Truppen sollte am 23. September beginnen und bis 31. Dezember abgeschlossen sein; das war schnell, viel zu schnell, als habe man rasch ein Schauspiel über die Bühne gebracht und baue eilig die Dekoration ab. Ich freute mich über den Friedensvertrag, aber er wirkte irgendwie unecht; anderthalb Jahre, sogar etwas länger wurde aufeinander geschossen, wurden Städte bombardiert und Gefangenen die Köpfe abgeschnitten, und auf einmal sollte sich das alles an einem einzigen Tag beenden lassen: War das Frieden?

Ein Taxi brachte mich zu einem der Kontrollpunkte des Krankenhauses; die Stadt wandte sich von ihm ab, drängte es an den Rand, umgab es mit Industrieparks, Garagen und Betonmauern. Wahrscheinlich gab es irgendwo einen Paradeeingang mit Wachposten, ein pompöses Tor mit einer Flagge; aber wir fuhren seitlich heran, zum Hintereingang, als wolle ich in eine illegale Firma.

Auf das Krankenhausterritorium führten Eisenbahnschienen; erst wunderte ich mich – wozu? –, aber dann stellte ich mir vor, für einen Krieg welchen Ausmaßes dieses Kreiskrankenhaus gedacht war, welche Zahl von Verletzten es aufnehmen sollte; wie sich die Generäle der sechziger und siebziger Jahre kommende Schlachten vorgestellt und welche Verluste sie in ihre Strategien und Doktrinen einberechnet hatten.

In jenem Sommer, im Juli, hatte mein Vater für zwei Wochen im Krankenhaus gelegen. Bei meinem Besuch hatte ich bemerkt, wie äffisch sich das Krankenhausmobiliar benahm, indem es die Gebrechen der Patienten nachahmte. Der Stuhl litt an Rheuma, der Tropfständer an Knochennekrose; die Art der Beschwerden formte die Gegenstände, aber das merkte niemand, weder die Patienten noch das Personal.

Und in diesem Hof, den wir betraten, türmte sich ein Haufen ausgedienten Mobiliars, das zerbrochen, verbogen, zerschlagen war – als habe der Krieg im Inneren der verwundeten Soldaten gehaust, habe mit vergipsten Stümpfen auf Lehnen und Armstützen eingeschlagen, das Metall der Betten verbogen, die Türen der Nachttischschränke mitsamt der Schrauben ausgerissen; das Mobiliar hatte den Nachhall, die letzten Zuckungen des Kriegs auf sich gezogen.

Schon am Kontrollpunkt sagte ich, zu wem ich will; der Wachschutz rief irgendwo an, schaute in seinen Listen nach, stellte mir dann einen Passierschein aus und gab mir einen Soldaten mit, einen Sanitäter. Mir fiel auf, dass ich scheinbar nicht der Erste oder der Zehnte war, der zu diesem Arzt wollte; ich wurde nicht gefragt, wer ich sei, warum ich käme und woher, der Name des Arztes hatte mir die Tür geöffnet, einen ausgetretenen Pfad gewiesen, über den vor mir Aberhunderte Besucher gegangen waren.

Wir passierten irgendwelche Durchgänge, enge Lücken in Zäunen, es wurden Dutzende von Türen entriegelt, als vertieften wir uns in ein Labyrinth, und schließlich betraten wir einen weiteren Hof.

Er schien älter als das Krankenhaus zu sein, war umgeben von Gebäuden aus rotem Ziegelstein, altem roten Ziegelstein, der bereits vor hundert Jahren durch den Lokomotivruß nachgedunkelt war. Die Schienen führten genau in diesen Hof, in einer Ecke stand ein Kühlwaggon – zu ihm führte mich der Sanitäter; ich dachte, darin befände sich ein Labor auf Rädern.

Der Sanitäter und ich stiegen über eine enge Treppe hinauf; ich spürte einen frostig-eisigen Windzug und das Rattern der ausgedienten Kühlaggregate. Zuerst erkannte ich nichts, begriff nicht, was ich sah.

Eigentlich waren in diesem Waggon keine Leichen oder Toten; eine Leiche ist immerhin etwas Ganzes, das von Kugeln durchschlagen wurde, die den Tod herbeigeführt haben: Aus einem kleinen, runden Loch ist das Leben entwichen.

Von einem Soldaten waren die Beine bis zum Knie geblieben, die Arme bis zum Ellbogen und der Kopf – alles andere war weg. Die Körper waren verschwunden – zur Hälfte, zu einem Drittel, zu zwei Dritteln, sie waren angekohlt und auf Kindermaße geschrumpft; aus drei Körpern hätte man kaum einen bilden können. Der Verstand stand still – wo war alles Übrige, wohin war es geraten, wo verstreut?

Im Fernsehen gab es zu jener Zeit Berichte über die Kriegsverluste; aber dort rechnete man mit ganzen Zahlen, als würden die Soldaten glatt und ordentlich sterben, so wie man sie eingezogen hatte. Aber im Kühlwaggon lagen menschliche Bruchteile, die sich durch verschiedene Nenner unterschieden – Hälften, Drittel, Viertel, Fünftel und Sechstel von Menschen.

In den offiziellen Verlustlisten entstand durch das Rechnen mit ganzen Zahlen der Eindruck, es gäbe eigentlich keine Verluste, nur den Übergang von den Lebenden zu den Toten, wobei auch die Toten mit positiven Zahlen angegeben wurden, und eine positive Zahl ist ihrer Natur nach ein Zeichen des Vorhandenseins, nicht des Verlusts.

Hier zeigten sich die tatsächlichen Verluste – die Leere, die an der Stelle von Menschen entstanden war, der erbarmungslose Schwund des Fleisches.

Um dem Wahnsinn zu entkommen, fügte der Verstand von selbst die Überreste zusammen – hier ein Bein, da ein Arm, dort ein Kopf, hier eine Schulter; würden sie einen Menschen ergeben oder hatte sich auf dem Schlachtfeld schon alles vermengt, war durch die Explosionswelle übereinandergeworfen worden?

Die Militärmediziner lösten diese grauenvolle Denksportaufgabe, fügten die Menschen aus den Fetzen zusammen, aber es kamen keine Menschen dabei heraus; es entstand etwas, das namenlos blieb – Körper, Leiche, Verstorbener; jedes Wort, mit dem man versuchen konnte, das Gesehene zu benennen, taugte nichts mehr, denn es war ganz. Genauer wären auseinandergerissene Silben gewesen – per, lei, storb, kör, ener und wieder lei, st, st, st, st, storb, en, kör, ch, o, o, o, tote, r, r, lei, lei …

Nun war mir klar, an welchem Ort ich mich befand. In den Zeitungen und im Fernsehen war nebenher, wie in einer Fußnote erwähnt worden, dass die unidentifizierbaren Soldatenleichen in ein gerichtsmedizinisches Labor nach Rostow gebracht wurden. Als ich mich auf den Weg machte, hatte ich den Arzt, der jetzt für die Inneren Truppen arbeitete und den man hierher abkommandiert hatte, nicht mit dem Krankenhaus und dem Labor in Verbindung gebracht. Dabei hatte ich gewusst, dass sich das alles in Rostow befand, aber es schienen zwei Rostows zu sein, und ich hatte in ein Rostow gewollt, wo es kein Labor und keinen Kühlwaggon gab.

»Schauen Sie, wo Ihrer ist«, sagte der Sanitäter ruhig.

»Der Arzt ist gerade unterwegs, ich hole ihn gleich.« Der Sanitäter dachte, ich gehörte zu denen, die ihre Verwandten suchten, und hatte mich hierhergeführt …

Der Feuerwehrhof – es war der Feuerwehrhof aus Großmutters Erzählung, in den der Waggon mit den Toten von der Station gerollt war, wo man die Leichen auf die Erde gelegt hatte – das war es, was ich hier sah. Als gäbe es nur diesen einen Hof für alle Zeiten, als sähe ich jetzt im Kühlwaggon die niedergemetzelten Rotarmisten, die Toten des Jahres 1921.

Die alte Angst meiner Großmutter – in einem Totenwaggon, der für immer an den Zug der russischen Geschichte gekoppelt war, nach seinen Verwandten suchen zu müssen, unter den blutüberströmten Gesichtern ein bekanntes zu sehen.

Ich dachte, diese Angst würde sich nie wiederholen; doch jetzt würden andere, mir unbekannte Frauen auf diesen Hof, zu diesem Waggon kommen, so wie meine Großmutter siebzig Jahre zuvor in den Feuerwehrhof der von Antonow-Leuten umzingelten kleinen Stadt gekommen war. Und auch den anderen Frauen würde bevorstehen, ihr ganzes Leben unter dem Zeichen dieser Angst zu leben und Opfer zu bringen, damit sie nicht wiederkam; ich fühlte, welche Macht von dieser Angst ausging, welchen Wunsch nach Sicherheit sie hervorbringen kann – und welche Bereitschaft, ihretwegen alles andere aufzugeben.

Der Zug der Toten, seine brüchige Spiegelung … Für meine Großmutter war er eine Wunde, für mich bereits ein Zeichen, ein Bild, eine Mahnung, denn er tauchte zum zweiten Mal auf. Auf einmal wurde mir klar, warum Großmutter Tanja keine missbilligenden Worte über die dreißiger Jahre verloren hatte: Ihr wird bewusst gewesen sein, welche Zukunft sie sich im Bürgerkrieg selbst bereitet hatten, als sie die Ordnung zurücksehnten und flehentlich versprachen, jeden Preis dafür zu zahlen.

Wie vergeblich und nutzlos der Sieg von Mars und mir doch war; warum hatten wir ihn errungen? Wozu?

Ganz deutlich standen mir die Frauen vor Augen, die so jung waren wie damals Großmutter Tanja, die nun im Kühlwaggon ihre Männer, Väter, Brüder suchten; ihnen stand noch bevor, erwachsen zu werden, zu leben, zu altern, Kinder zur Welt zu bringen – und unfreiwillig den Schicksalsfaden vergangener Schrecken fortzuspinnen, der die Zukunft vorherbestimmte …

Ich trat hinaus, ging über die knarrenden Stufen hinab. In einer entfernten Ecke des Hofes sprach der Arzt in einem Kittel mit einer jungen Frau. Der Sanitäter ging zu ihm und zeigte auf mich; der Arzt sprach noch ein paar Worte und kam dann auf mich zu. Die junge Frau folgte ihm, rief ihm etwas nach; er blieb stehen und redete auf sie ein.

Ihr Kopf war in ein schwarzes Tuch gehüllt; ein langes schwarzes Kleid, das einem Chiton ähnelte, umspielte ihre Figur, ohne aufreizend zu sein; ihr Busen zeichnete sich ab, die Hüften, aber sie bewegte sich so beherrscht, als habe ihr Körper die Verbindung zu Wünschen und Leidenschaften verloren. Gefäß des Leids – sprach ich hochtrabend zu mir selbst, ohne zu wissen, woher diese Worte kamen. Ihre hellen Locken, die unter dem Kopftuch hervordrangen, hingen leblos herab, als sei sogar ihrem Haar die Kraft der weiblichen Leidenschaft verlorengegangen, als sei sie eine untröstliche Tochter, eine Vestalin, eine Unzugehörige.

Ich betrachtete sie aus der Ferne. Wäre ich fünfzehn Minuten früher oder später gekommen, hätten wir uns verpasst; jetzt waren wir zu zweit in diesem Totenhof – der Arzt zählte nicht, er war wie Charon. Beide waren wir im Waggon gewesen, nahmen beide das von dort mit, was wir gesehen hatten; an jedem neuen Ort, an dem wir uns wiederträfen, wären wir *zwei*.

Der Arzt beendete erneut das Gespräch, drehte sich um und kam auf mich zu; wieder folgte ihm die Frau, als wolle, als könne sie ihre Hoffnung nicht gehen lassen; wen suchte sie hier? Ihren Verlobten, ihren Vater?

Dieses Mal waren sie bereits nah, ich hörte, was sie sagten.

»Viele bringen sie einfach gar nicht erst her, das ist ein Tropfen im Ozean«, sagte er und wies dabei auf den Kühlwaggon. »Das sind die, die Glück hatten«, lächelte er schief. »Sie sollten anders suchen. Die Mütter fahren bis nach Tschetschenien.«

Die junge Frau schwieg. Der Arzt kam auf mich zu und sagte flüchtig und leicht gereizt:

»Gleich, warten Sie einen Moment.«

Die junge Frau folgte ihm wie hypnotisiert.

»Hier, dieser Mann sucht auch«, sagte der Arzt mit gespielter Anteilnahme zu ihr. »Fragen Sie ihn.«

Die junge Frau richtete ihren Blick auf mich und bemerkte erst jetzt, dass sie mit dem Arzt nicht allein war. Ich sah, dass sie der Trance, der Ohnmacht nahe war und nicht gehen würde, man ihre Aufmerksamkeit auf etwas anderes lenken musste. Ich gab ihr meine Visitenkarte und sagte:

»Ich bin in Moskau. Rufen Sie mich an. Vielleicht kann ich Ihnen irgendwie helfen.«

Ich wusste, wie ihr zumute war, und dachte, wenn sie

trotz allem anriefe, würde ich Mars um Rat fragen – der wusste sicher etwas; aus irgendeinem Grund meinte ich, sie suche ihren Vater, einen Offizier.

»Danke«, sie hielt die Visitenkarte an einer Ecke fest, ihre Finger zitterten leicht.

Der Arzt verabschiedete sich schnell und nickte mir zu: Wir gehen. Ich wandte mich noch einmal um. Langsam verließ die junge Frau den Hof. Sie erinnerte mich an jemanden, keine konkrete Frau, sondern eher eine Frauengestalt, von der ich gelesen hatte, die mir in Gedichten begegnet war – ich wusste nur nicht, welche. Da war etwas Vergessenes, Archaisches, Mystisches; eine seltene Gestalt, fern von den Empfindungen des alltäglichen Lebens.

Der Arzt war offenbar verärgert, dass der Sanitäter mich irrtümlich zum Kühlwaggon geführt hatte. Er ging schnell, trieb mich zur Eile:

»Gehen wir, gehen wir, sonst bringt uns der Teufel noch jemanden an.« Auf einmal fühlte ich Abneigung gegen ihn, weil er der jungen Frau, die für ihn unter all den anderen täglichen Besuchern untergegangen war, vielleicht nicht so geholfen hatte, wie er eigentlich konnte.

In seinem Sprechzimmer bemerkte ich die geöffnete Schachtel eines Taschenschachspiels: Offenbar hatte sich der Arzt zur Erholung eine Partie gegönnt. In einer anderen Situation hätte ich ihm vielleicht frech eine schnelle Partie angeboten – aber nach dem Totenwaggon konnte ich keine Bauernopfer mehr sehen.

Am Vortag hatte ich dem Arzt am Telefon gesagt, ich suche den Hundezaren, er sei mir als hervorragender Kynologe empfohlen worden und ich freue mich über jeden Anknüpfungspunkt zu seiner Biographie – vielleicht war er in seine Heimat zurückgekehrt. Dass der Hundezar längst tot war, sagte ich ihm selbstverständlich nicht.

Der Arzt schien froh zu sein, sich ein wenig ablenken und an frühere Zeiten denken zu können, als er sich noch nicht mit unidentifizierten Leichen befassen musste. Er erzählte, in der Kolonie habe es keinen Tierarzt gegeben, er hatte dem Hundezaren geholfen, die Hunde zu behandeln, und wusste daher mehr als andere über ihn; sie freundeten sich zwar nicht gerade an, aber der Arzt sprach wohlwollend über seinen ehemaligen Bekannten.

Ich fragte nach dem Walddorf in Belarus oder der Ukraine, aus dem der Hundezar angeblich stammte. Der Arzt grinste wissend und sagte:

»Ja, er hat so etwas erzählt. Aber eigentlich war er aus Kasachstan. Ist ohne Vater aufgewachsen.«

»Und wo wurde er geboren, wissen Sie das noch?«, fragte ich.

»Nein«, antwortete der Arzt, »vielleicht hat er das auch nie erwähnt. Obwohl ... Etwas hat er mir aus seiner Kindheit erzählt. Die kleine Stadt lag in der Steppe. Da war nichts los. Nur Raketentests. Sie wurden nachts vom Testgelände gestartet, das war wie ein Feuerwerk ...«

»Vom Testgelände aus?«, fragte ich nach.

»Ja, ja«, bestätigte der Arzt. »Gleich fällt es mir wieder ein, ich habe ein gutes Gedächtnis, ich löse jedes Kreuzworträtsel. Gleich hab ich's, das war so ein bezeichnender Name. Abakan. Schaman. Safran ...«

»Saryschagan?«, fragte ich.

»Genau, Saryschagan«, antwortete der Arzt. »Waren Sie mal dort?«

»War ich. Und wie ist sein Nachname?«

»Wessen Nachname?«, verstand der Arzt nicht.

»Des Hundezaren.«

»Und ich dachte, das wüssten Sie«, sagte er gedehnt und irgendwie enttäuscht. »Er ist einer von *denen*«, der Arzt richtete seinen Blick in unbestimmte Richtung aus dem Fenster. »Gorojew. Kaukasisches Blut. Deswegen gehorchten ihm wohl auch die Hunde so.«

Ich bedankte mich bei dem Arzt und gab ihm ein Geschenk, eine Flasche guten Cognacs. Dann verließ ich sein Sprechzimmer.

Auf dem Flur überkam es mich. Vor meinen Augen standen Zeilen aus den Dokumenten des Archivs von Karaganda; die Strafsache Kastalski, die Namen seiner Komplizen. Gorojew – unter ihnen war ein Gorojew gewesen. Deportierter eines Bergvolks, Offizier, Kastalskis Komplize, getötet im Schusswechsel und begraben in Betpak-Dala. Der zweite Sekretär hatte gesagt, einer aus der Bande habe einen Sohn in Priosersk gehabt, mit einer Frau aus der Gegend. Priosersk lag nahe am Testgelände, von dort waren aufsteigende Raketen bestens zu sehen gewesen.

Gorojew, Gorojews Sohn. Seine Mutter hatte ihm durchaus den Namen des getöteten Vaters geben können – an solchen Orten nahm man daran keinen Anstoß. Er war innerhalb des Lagersystems groß geworden, und um nicht wie sein Vater zu enden, hatte er sich im Inneren dieses Systems versteckt. Er war aus der Steppe, aus der Wüste in den Wald geflohen und dort untergetaucht. Der Sohn eines Verbannten, den die Kugeln der Aufseher getötet hatten – er war selbst Aufseher geworden.

Und der Vater hatte sich gerächt, mit meinen Händen gerächt, ihn aus dem Jenseits gepackt!

Im Weiteren erinnere ich mich nur an tanzende Deckenlampen, tollwütige Wände, das pulsierende Muster des Linoleums; eine gute, süße Kühle aus einer Spritze, eine weit entfernte Stimme – ruhig, junger Mann, ganz ruhig.

Wahrscheinlich war ich nicht der Erste, den man nach einer Identifizierung wieder zu Bewusstsein bringen musste, und alle dachten, ich habe einen Nervenzusammenbruch, schuld sei der Totenwaggon.

Und ich sah die verstümmelten Körper der Soldaten vor mir. Ob sich Gorojew der Ältere in Betpak-Dala in seinem steinernen Grab jetzt freute? Immerhin war es sein Tod, seine Deportation, für die sich Tschetschenen jetzt an Russen tödlich rächten, auch wenn es Sowjets gewesen waren, die ihn verbannt hatten.

Die blinde Vergangenheit herrschte über eine blinde Gegenwart. Ich hatte gedacht, wir seien Kinder von Blinden; dabei waren wir blinde Kinder von Blinden.

Die Kain-Menschen hatten die Abel-Menschen getötet. Wir alle waren Kains Nachkommen ... Alle trugen das Kainsmal. Die Spur von Kains Kindern verlor sich in der Geschichte, die Bibel sagt kein weiteres Wort über sie.

Das alles redete, flüsterte ich mir ein, während ich im Hotelzimmer auf und ab lief.

Was sollte ich jetzt tun, wohin sollte ich beichten gehen, wie meine Schuld verstehen? Falls es sie gab, diese Schuld. Oder war alles vorherbestimmt gewesen und ich in diesem Sinne schuldlos, nur ein Teil der Schicksalskette mit der Bestimmung, dieses Glied zu sein.

2

ALS ICH NACH MOSKAU FLOG, schwor ich mir, keine Nachforschungen mehr anzustellen, egal, wer mich darum bat. Ich musste die Vermittler deswegen benachrichtigen, meine Telefonnummer ändern, die wahrscheinlich schon Tausende von Menschen kannten, sonst hätte man mich noch lange mit Anfragen belästigt.

Ich redete mir das ganz munter ein – und wusste, ich würde weder heute noch morgen irgendwen anrufen, sondern eine endgültige Entscheidung hinauszögern.

Wie der Hundezar war ich ohne meine Gabe ein Niemand. Zum ersten Mal fühlte ich, wie tiefgreifend mich meine Tätigkeit verändert hatte. Wie ein Magier zauberte ich ganze Lebenslinien aus dem Nichts, knüpfte zerrissene Fäden, holte Personen zurück – und nun hatte ich mich daran gewöhnt, wie ein Arzt, ein Geistlicher über dem Leben zu stehen, ungehindert hinter den Vorhang des Seins zu lugen.

Die Angst, ein »gewöhnlicher Sterblicher« zu werden, kämpfte mit der Angst, die Geschichte des Hundezaren könnte sich wiederholen, ich könnte erneut ein unfreiwilliger Mörder werden. Und langsam, ganz langsam stimmte ich mich darauf ein, den Tod des Hundezaren als dummen, unnötigen Zufall zu nehmen, als Fehlleistung höherer Kräfte, und nicht mehr als Schicksalslinie zu sehen, die zwei Leben durch mich miteinander verband.

Natürlich wollte ich damit nur mich selbst beruhigen, in meinem tiefsten Inneren war mir klar, dass ich nun kein unbeteiligter Fahnder mehr war, ich war selbst dem Schicksal ins Netz gegangen. Ich hatte jetzt ein Geheimnis, und ich würde lügen, um es nicht zu verraten, die Lüge würde anhalten und das Leben unmerklich in seine Bahn lenken, ein falsches Bild schaffen, und eines Tages konnte mir das Leben einen Schlag auf diesen wunden Punkt versetzen, den Punkt des Betrugs.

Wer weiß, was aus den Gefangenen des Hundezaren wurde, wohin sie danach gingen, was sie wem erzählten? Mars garantierte, man würde keine Ermittlung einleiten, aber ich stellte mir vor, es könne einen Menschen wie mich geben, der diese seltsame Geschichte hört, Zeugen findet, die Tatsachen aneinanderreiht – und dann ans Licht zerrt, was ich entgegen meiner eigenen Natur im Dunkeln lassen wollte.

»Hallo, wir haben uns im Krankenhaus kennengelernt. Sie gaben mir Ihre Telefonnummer« – der Anruf kam zwei Wochen nach meiner Rückkehr aus Rostow. Ich erinnerte mich an die Begegnung, ich hatte an die Frau gedacht, war mir aber absolut sicher gewesen, sie würde nicht anrufen und habe meine Visitenkarte längst weggeworfen.

Die Stimme klang leise, aber fest; die Verbindung war gut, kein Ferngespräch; sie rief aus Moskau an! Gedanklich hatte ich sie weit weg von Moskau verortet, hatte gedacht, sie lebe irgendwo im Süden, dabei war sie hier, in der Nähe. War sie angereist? Sollte das ein Zufall sein? Ein Zeichen?

»Ich erinnere mich an Sie«, sagte ich. In mir rangen zwei Gefühle: Ich wusste, dass man mich erneut zwingen würde, Pfadfinder fremder Leben zu werden, und davor hatte ich Angst; aber es reizte mich, noch einmal eine Beichte über die Vergangenheit zu hören, eine fremde Hoffnung zu fühlen, zu sehen, wie im Dunkel des Gedächtnisses ein Licht aufging … Ich wollte sie anhören – und dann ablehnen, nur ein wenig den Geschmack meiner liebgewonnenen Emotionen probieren; vielleicht konnte ich mit einem Ratschlag helfen, und das würde reichen, ja, ja, ich würde ihr einen Rat geben …

»Ich würde Sie gern treffen«, die Stimme klang monoton, aber hinter dieser Monotonie spürte man geballten Willen. »Sie sagten, Sie könnten helfen.«

»Gut. Passt es Ihnen morgen?« Ich wollte einen Tag gewinnen und überlegen, wie ich mich verhalten sollte, wollte entscheiden, wie weit ich mich auf diese neue Sache einlassen würde – und ob überhaupt.

»Wenn es geht, dann lieber heute«, sagte sie.

»Dann heute.«

Ich merkte, dass sie meinen inneren Widerstand fühlte. Und da gestand ich mir ein: Ich fühlte mich von ihr angezogen, von der Unbekannten vom Totenhof, es zog mich zu ihr, weil wir uns bereits nahestanden, wir waren uns an einem Ort begegnet, an dem sich Menschen nicht begegnen, und das bedeutete etwas in meinem und in ihrem Leben.

Wir vereinbarten ein Treffen im Eremitage-Garten auf der Petrowka, neben dem Gebäude der Moskauer Fahndungsbehörde, gewöhnlich beeindruckte meine Klienten diese Nachbarschaft, als habe ich irgendwie mit dem Fahndungsdienst zu tun, das sorgte für anfängliches Vertrauen.

An jenem Tag fand im Garten ein Karnevalsfest statt, eine ausländische Zirkustruppe war angereist, Zwerge auf Stelzen gingen umher, Fakire spuckten Feuer, Turner tanzten auf den Händen und Clowns führten Pantomime vor; Trommeln schlugen, Flöten pfiffen, Kinder lachten, die Menge lärmte, es roch nach verbranntem Schwefel; dieser Geruch holte mich aus der sonnigen Stadt und warf mich zurück in jene Julinacht, als die Kolonie niederbrannte, der tote Hundezar in Umarmung mit seinem Hund dalag und es sauer nach dem Pulver aus Dschalils Maschinenpistole roch. Weg, nur weg von hier, ich konnte diese Clownsgesichter nicht anschauen, alle schienen um mich herumzutanzen, und es waren unheimliche Clowns, ihre Gesichter weiß, aber nicht von Schminke.

Auf einmal entdeckte ich die junge Frau; genau wie ich schien sie in diesem zähflüssigen Strudel unheilverkündender Heiterkeit festzustecken. Ein dunkles Kleid, ihre leblosen Locken … Ich ging nicht gleich auf sie zu, sondern betrachtete sie und überlegte, welche Gestalt in ihr durchschien.

Ich hätte nicht gesagt, dass sie schön war; ihr Gesicht ähnelte denen von Nonnen, Krankenschwestern, Pflegerinnen – es war erfüllt von äußerlich gelassener und innerlich mitleidender Langmut; es war das Gesicht eines Menschen, der weiß, was Zeit sowohl in einem höheren wie alltäglichen Sinn bedeutet, denn beides ist für ihn miteinander verwoben. Sie war hier, und gleichzeitig war sie nicht hier, weil sie jemanden trösten musste.

Ihr helles Haar, ihre Locken, die Neigung des Kopfes – wie von einem Bild, einer Ikone der traurigen Weisheit; ihre Augen, Lippen, ihre Nase – androgyn, ein zarter Engel.

Sie wird mir gehören. Nein, das war keine Vision, keine Empfindung, es schien so »beschlossen«. Keine Liebe, kein plötzliches Gefühl, sondern die Ahnung, dass im anderen Kräfte wohnen, die völlig unabhängig sind, und diese besonderen Kräfte konnte ich heranziehen, auf mich lenken, wenn wir zusammen wären.

Ein Augenblick – und ich war bei ihr, blieb hinter ihr stehen. Sie drehte sich um, als sie meinen Schatten sah; ein Blick, ich nannte meinen Namen, sie ihren – Anna.

Wir verließen den Garten und gingen in den Park an der Samotjotschnaja, setzten uns an das Fliegerdenkmal; der Park war leer und still, eine Alte fütterte Tauben, irgendwo in der Ferne scharrte ein Straßenfeger mit einem Rechen; eine Mutter ging mit ihrer Tochter spazieren, die versuchte, aus dem Schatten einer Baumkrone ins Licht zu springen – und wieder zurück; Anna schwieg.

Oft hatte ich so abgewartet, dass jemand seine Erzählung begann; viele waren verschlossen, erzählten weitschweifig, mancher verlor seine Entschlossenheit und verstummte, wenn es darum ging, alle sorgfältig gehüteten Familiengeheimnisse einem unbekannten Menschen anzuvertrauen. Gegen meinen Willen war ich zum Psychologen geworden, ich wusste, wie man jemanden für sich einnahm und ihm half, sich zu öffnen; aber all das half nicht bei Anna. Mit einem Mal hatte sie sich verändert, als sei es eine andere Frau gewesen, die mich am Telefon eindringlich um Hilfe gebeten hatte.

So schafften wir es an diesem Tag nicht, ins Gespräch zu kommen, und auch nicht am nächsten. Als ich begriff, dass sie sich selbst für die Unfähigkeit, eine Entscheidung zu treffen und vom Ufer abzustoßen, hasste, fing ich am dritten Tag selbst an zu sprechen. Ich erzählte die Geschichte eines Mannes, den ich gesucht hatte, die Geschichte der Nachforschungen, zeigte, in welche Weiten des Gedächtnisses man vordringen, welche Geheimnisse man in Erfahrung bringen musste, zeigte, dass nur eine absolute und schonungslose Offenheit dem Suchenden einen Faden in die Hand gibt, denn das Geheimnis des Verschwindens eines Menschen hat meist damit zu tun, dass die Verwandten nichts erzählen wollten, damit kein Schatten auf ihn fiel.

Ihre erste Erzählung war sehr kurz, punktuell, aber sie gab uns eine Basis; dann kam die zweite, dritte, vierte, fünfte Erzählung, die sich nach und nach zum Stoff der Vergangenheit verwoben.

Anna kam in dem damals nicht existierenden Tschetscheno-Inguschetien zur Welt.

Ihr Vater war Rechtsanwalt. Er hatte sich auf Wirtschaftsfragen und Goldschmuggelfälle spezialisiert; die illegale Förderung in den Lagerstätten an der Kolyma lag in der Hand der Kaukasier. Selbstverständlich verteidigte er keine gewöhnlichen Kuriere, die Goldkrümel im Gepäck hatten, sondern bedeutendere Personen.

Die meisten Fälle wurden bei Gericht durch Schmiergelder entschieden, die er überbrachte, mit denen er Miliz und Staatsanwalt bezahlte. Dabei war er ein überaus erfahrener Jurist, erfand Alibis, die, falls nötig, absolut wasserdicht waren.

Über zwanzig Jahre hatte er sich tief in die dunklen Angelegenheiten seiner Mandanten verstrickt, die Tochter eines Komsomol-Bosses geheiratet, sich an der Schattenwirtschaft beteiligt, und war so etwas wie ein Berater, ein Consigliere der sizilianischen Mafia geworden. Da er als Jurist die sowjetische Untergrundwirtschaft gut kannte, gab er wahrscheinlich Ratschläge, wo man das »Goldgeld« anlegen sollte, wie man es über die Grenze bringen konnte.

Er wusste jetzt, wie man große Partien Gold verschiebt, wem man wie viel für sein Schweigen zahlte, wo sich die geheimen Verstecke befanden. Dabei war er Russe, zumindest dem Pass nach, konnte in diesem Kreis jedoch nie völlig heimisch werden.

Es waren die achtziger Jahre, der Untergrund belebte sich, teilweise durch Mittel der Goldmafia; in seiner Rolle als Berater befand er sich zunehmend in Gefahr.

Der Anwalt schien einen Ruhepunkt zu suchen. Er war in den Bezirkszentren, den Gerichten der niederen Instanzen gewesen; dort lernte er Annas Mutter kennen, eine Gerichtssekretärin, alleinstehend, geschieden, ohne Kinder. Ihr Mann, ein Raketeningenieur, hatte sie hierhergebracht, dann trennten sie sich, die Raketeneinheit wurde aufgelöst, ihr ehemaliger Mann an einen anderen Ort versetzt.

Annas Mutter jedoch blieb bei ihrem Gericht; sie wollte wegziehen, schien aber jemanden zu brauchen, der alles für sie entschied, sie selbst konnte sich nur unterordnen – einem fremden Willen oder dem Gang der Ereignisse.

Und Annas Vater wählte sie, die allen fremd war. Wahrscheinlich hätte man ihm eine geheime Geliebte verziehen, auch wenn er mit der Tochter eines angesehenen Mannes verheiratet war. Aber er wollte das Geheimnis bewahren, sich die Insel eines »normalen« Lebens schaffen. Offenbar akzeptierte sie seine Entscheidung als eine Notwendigkeit. Und er – man wusste nicht, ob er sie wirklich geliebt hatte, davon wollte Anna nicht sprechen – fasste Zuneigung zu ihr. Sie war sein Hort der Ruhe, sein Schlupfwinkel, wie es Kinder in den Tiefen eines abgelegenen, verlassenen Gartens haben.

Als sich herausstellte, dass sie schwanger war, wäre sie wahrscheinlich mit einer Abtreibung einverstanden gewesen, und ich denke, er hätte seine heimliche Frau irgendwohin in eine entfernte, illegale Abtreibungsklinik bringen können, damit niemand am Ort es erfuhr und kein Gerede entstand.

Aber Annas Vater entschied anders; sie trug das Kind aus. Der Anwalt erfand die Legende eines durchreisenden Verführers; Annas Mutter akzeptierte auch das gehorsam.

Ihr Vater war die Verschwiegenheit in Person, es gab nichts über ihn zu erzählen. Er kam selten, meistens nachts, heimlich wie ein Dieb oder Bösewicht; die seltenen Momente ihrer Zusammenkünfte wechselten mit wochenlangem Getrenntsein.

Als Anna größer war, fing er an, sie auf ein anderes Leben vorzubereiten, und versprach, sie und ihre Mutter in einigen Jahren nach Moskau zu bringen – als wolle er sein Leben umschreiben, in seiner Tochter wiedergeboren werden. Wahrscheinlich belog er sich nicht im Moment des Versprechens, schob aber dessen Einlösung immer wieder auf – er fürchtete, jene zu verlieren, die sein Ruhepunkt waren.

So verschob er es immer weiter, bis 1991: Tschetschenien war in Aufruhr. Als die Rebellen den Obersten Sowjet der Republik stürmten, holten seine Vertrauensmänner, seine Schuldner, die er kostenlos verteidigt hatte, Anna und ihre Mutter mit einem Auto und setzten sie in einen Zug. Der Vater gab ihnen eine hohe Summe, aber in sowjetischer Währung – er hatte sich nicht vorstellen können, wie nichtig diese Summe zwei Jahre später sein würde.

Sie wohnten in einem Ferienheim bei Moskau, dort waren Flüchtlinge aus der ganzen Sowjetunion untergebracht. Anna erwähnte den Namen des Ferienheims, und ich zuckte zusammen: Als Kind hatte ich dort meine Winterferien verbracht.

Ich erinnerte mich gut an den Blick aus dem Fenster meines Zimmers: ein Kiefernwald, eine beleuchtete Allee, ein kleines Haus mit einem Skiverleih; von diesem Haus zog ein fröhlicher und munterer Geruch nach Teer, nach Skiwachs. Es war durchaus möglich, dass Anna im selben Zimmer gewohnt hatte: Auf der Etage befanden sich die einfachsten Zimmer, sie hatte dasselbe gesehen wie ich: die Allee, die Kiefern …

Jetzt wurde mir erst richtig klar, was es bedeutete, ein Flüchtling zu sein.

Die Welt meiner Kindheit hatte nicht unter dem Zerfall der Sowjetunion zu leiden gehabt. Mein Haus der Vergangenheit war sicher. Die Welt von Annas Kindheit hingegen war zusammen mit der UdSSR untergegangen. Derjenige, dem gesagt wurde – diese Häuser, Straßen, Bäume, Hügel, Flüsse, diese Wohnung, diese Treppe, dieser Tisch, dieser Stuhl und das Bett, diese Lampe, dieser Schrank und der Kühlschrank, dieser Spiegel und die Reproduktion an der Wand sowie die alten Tapeten gehören dir nicht, geh weg von hier – war zudem ein Vertriebener aus den eigenen Erinnerungen.

Warum hatte sich Annas Vater nicht gleich im Herbst 1991 zusammen mit ihr und ihrer Mutter aus dem Staub gemacht? Anna vermutete, er habe sich irgendein schlaues Manöver überlegt; wäre er unüberlegt geflohen, hätte man ihn in Moskau gefunden – er wusste zu viel.

Anfang 1992 erhielten Anna und ihre Mutter eine Überweisung, dann einige weitere. Aber der Anwalt selbst konnte sich nicht loseisen. Es wurden bereits die Militärbasen geplündert, man raubte Waffen, und er war in diesem Wirrwarr verschwunden, das Telefon in seiner Wohnung in Grosny blieb tot.

Beim Abschied hatte ihr Vater ihnen strikt verboten, ihn zu suchen, falls er vorübergehend abtauchen sollte – wahrscheinlich war das sein Plan. Panisch hatte er befürchtet, ein Neider könne von seiner zweiten Familie erfahren und seinen wunden Punkt finden. Anna versuchte es dennoch, tat alles, was man aus der Entfernung tun konnte, nur hinzufahren riskierte sie nicht – sie wusste, das wäre ihr Untergang.

Anna vermutete, ihr Vater könne umgebracht worden sein – einige seiner ehemaligen Mandanten waren mittlerweile Spitzenpolitiker, und er konnte ihre Vergangenheit, ihr Schattendasein bezeugen. Vielleicht war er entführt worden, wurde gewaltsam festgehalten: Wer hätte einen solchen Juristensklaven, Anwaltssklaven nicht gebrauchen können? Jedes Mal, wenn in den Nachrichten von falschen tschetschenischen Bankavis über astronomische Summen berichtet wurde, über Gelder, die aus der Staatsbank gestohlen worden waren, las Anna sich alles aufmerksam durch: War hinter diesen Machenschaften die Hand ihres Vaters zu spüren?

Demnach zu urteilen, wie sie erzählte, wurde mir klar, dass sie ihren Vater nicht mochte. Aber aus Angst, sich diese einfache Tatsache einzugestehen, tauschte sie Liebe gegen Pflicht; hätte sie sich das eingestanden, wäre jede Hoffnung auf die Rettung ihres Vaters zunichtegemacht worden, meinte sie.

Als im Herbst 1994 gegnerische Panzer in Grosny einfuhren – mit russischen Offizieren, die der FSK angeworben hatte –, kam mit ihnen das erste Mal nach vielen Jahren eine Menge Journalisten mit Kameras in die Stadt, und auf allen Kanälen zeigte man Bilder aus den Straßen von Grosny.

Für Anna war das kein Krieg: als seien Höhlenforscher mit Taschenlampen in eine riesige Höhle hinabgestiegen. Sie zeichnete diese Reportagen auf, sah sie sich immer wieder an und hoffte, ihren Vater zu entdecken. Damals war ihre Mutter schon tot und Anna allein zurückgeblieben.

In den letzten Augusttagen, als die Unterzeichnung eines Friedensvertrags bevorstand, ergriff Anna ihre Chance; aber weiter als bis nach Rostow, wohin man die unidentifizierten Leichen gebrachte hatte, kam sie nicht: Sie fürchtete sich, ihre Nase dort hineinzustecken, wo vor kurzem noch gekämpft worden war.

Sie bat mich, ihren Vater zu finden, solange es noch möglich sei, und nannte mir die Summe, die sie zahlen konnte – es war lächerlich wenig im Vergleich zu dem, was ich sonst an Honorar bekam, und deckte nicht einmal meine Ausgaben.

Während ich ihr zuhörte, dachte ich darüber nach, wie sich die Geschichte wiederholte; mein Urgroßvater war ein »Profi« gewesen, unentbehrlich für die roten Sieger – Annas Vater war ebenfalls ein »Profi«, der den neuen Machthabern nützlich sein konnte. Großmutter Tanja war mit Großvater Michail zusammen gewesen und hatte insgeheim auf Schutz für ihren Vater gehofft, und Anna hatte sich mit mir getroffen, damit ich ihren Vater rettete; wie beim Wahrsagen standen die Spiegel so zueinander, dass einer den anderen reflektierte.

Würde ich mich auf die Suche machen, könnte ich sie gewinnen – als Bezahlung für meine Mühen? Woher jedoch kam die Ahnung, dass ich sie brauchte, wie Großvater Michail meine Großmutter Tanja dringend gebraucht hatte?

Ich erinnerte mich an das Tagebuch meiner Großmutter

im Schutzumschlag eines Buches von Konstantin Simonow. Halblaut sprach ich, für mich selbst überraschend, die Zeilen aus, die ich schon in der Schule für den Morgenappell auswendig gelernt hatte:

Nicht verstehen können sie,
Dass im Feuerbrand
Nur dein Warten unbeirrt
Mich ans Leben band.

»Wart auf mich« – Simonows berühmtes Gedicht, jetzt wusste ich, wovon es erzählte. Simonow hatte sowjetische, lyrische Verse geschrieben, die sich auf betrübliche Weise auf eigene Erfahrungen beschränkten, aber hier ging es um Penelope, die Jungfer am Ende des Wegs, der ewige Leuchtturm des Wanderers.

Für sie, die Jungfer, war das Warten zeitlos, es konnte einen Tag dauern oder zwanzig Jahre, sie würde weder zweifeln noch zaudern. Und dadurch konnte der Held tatsächlich jeden Augenblick zurückkommen, denn der Zeit fehlt die gewohnte Ausdehnung. Mein ungebildeter Großvater Michail, der Homer nicht kannte, hatte genau das bei einer Frau gesucht, mit dem Instinkt eines Menschen, der die Kunst des Überlebens an Orten kannte, an denen einem soldatische Geschicklichkeit allein nicht hilft.

Aber wenn Penelope nicht wartete, würde Ithaka verschwinden, sich in magische Nebel hüllen, und der Held wäre zu ewigem Umherirren verurteilt. Und so war Michail verschwunden, als Penelope nicht warten wollte.

Anna verstand mein Schweigen als Ablehnung, wollte ein paar höfliche Worte sagen und gehen; sie schien sich sicher zu sein, dass ich für die Summe, die sie mir angeboten hatte, nicht arbeiten würde. Ich hielt sie an der Hand fest, vielleicht sogar ein wenig zu vertraut, und sagte, ich wolle versuchen, ihren Vater zu finden; dabei bemerkte ich, dass sie ihre Hand nicht wegzog, als fürchte sie, ich könne es mir anders überlegen.

Am selben Tag rief ich Mars an und fragte ihn um Rat, wie ich Annas Vater suchen sollte. Zu meinem Erstaunen bat er mich, ihre Erzählung in allen Einzelheiten wiederzugeben.

»Ein Anwalt?«, fragte Mars, nachdem er mich angehört hatte. »Bist du sicher? Eine undurchsichtige Geschichte. Keinerlei Fakten, nur die Angaben dieser Frau. Der Verteidiger künftiger Rebellen, den man dann in einen Zindan geworfen hat? Verschwunden? Eigentlich müsste er halb Tschetschenien zum Freund haben. Solche wie er haben das alles angezettelt. Nicht der kleine Dudajew, sondern solche Klugscheißer wie er, die Intelligenz der Nation. Lebt vor sich hin und pfeift sich eins, hat fünf Frauen, das darf man jetzt dort. Macht groß Kohle. Und hat diese Anna vergessen, was soll er auch mit ihr?«

Ich erinnerte Mars nicht daran, dass Annas Vater kein Tschetschene war; Mars, der ehemalige Oberstleutnant, hielt den Frieden von Chasawjurt für Verrat, und das brach in allen seinen Worten durch; scheinbar hatte er Anfang Juni vor den Wahlen einen anderen Ausgang des Kriegs erwartet.

»Wo also soll ich ihn suchen, Mars?«, fragte ich nachgiebig.

»Flieg nach Chankala*, ich sag da Bescheid. Du fragst dich durch. Ruf Mussa an, der bringt dich an Bord und sagt dir, an wen du dich wenden musst«, antwortete Mars unzufrieden und legte auf.

3

NACH CHANKALA FLOG ICH ÜBER MOSDOK, Ossetien, mit einem Militärtransporter.

Die Stadt war überfüllt von Soldaten, man sah Verwundete mit Verbänden; hier war kein Krieg, sondern der Rand des Kriegs, Milizpatrouillen starrten einen aufmerksam an. Das staubige und ungemütliche Mosdok mit seinen Hügeln und Anhöhen, das so wirkte, als blähe sich die Erde unter den Häusern auf (wobei der Boden im Tal des Terek tatsächlich »wandern« konnte), dieses Mosdok war zum militärischen Transit geworden; der »Zugang« für jene, die in den Krieg gingen, und erste friedliche Stadt für jene, die aus dem Krieg kamen.

Am Morgen, noch vor Sonnenaufgang, als sich vom Terek ein feiner gelber Nebel mit blassblauer Aderung und perlmutternem Leuchten ausbreitete, kam unsere lange Karawane von KAMAZ, Ural- und UAZ-Lastwagen auf Chankala zu.

Einige Kilometer von Mosdok entfernt stieß man auf ein Schild. Auf einer weißen, an einen Pfosten genagelten Furnierplatte stand dort mit schwarzer Farbe »Schlachthaus«. Es sah aus wie eine Warnung, und erst später wurde mir klar, dass es ein selbstgemachter Wegweiser war, der den Abzweig zum Schlachthof markierte, wohin man Vieh brachte – auf dem Feld waren hinter Pappeln riesige Hallen zu sehen.

Auf der Zufahrtsstraße nach Chankala, auf tschetschenischem Gebiet, erwischte uns ein Regenguss aus Wolken, die sich in der Nacht vom Kaukasus genähert hatten. Die Offiziere verfinsterten sich – der Himmel hatte sich mit tiefen Wolken bedeckt, die rasch nach Süden zogen; eine niedrige Wolkendecke schränkte die Luftstreitkräfte ein, nicht jeder Pilot hatte den Schneid, durch solche Wolken zu fliegen.

Regentropfen peitschten auf die Frontscheibe, das Wasser rann durch die löchrige Plane des aufklappbaren Verdecks. Ich stellte mir vor, dass der Regen für alle gleich war; ein und dieselbe Flüssigkeit rann über die Zeltdächer des Militärstützpunkts von Chankala, über die Betonbarrieren der Straßenkontrollsperren; sie durchdrang die Uniformen der Erkundungstrupps irgendwo im Wald – und floss als dünnes Rinnsal in das Versteck der Rebellen.

Regen bedeutete, dass die Bergflüsse anschwollen, Furten unpassierbar wurden, die eilig von Pionieren errichteten Brücken weggespült und Truppenteile voneinander getrennt wurden.

Beim Militärstützpunkt ging es hektisch zu, Soldaten rannten hin und her – in einem Zelt tropfte es durch, in einem Wagenaufbau auch, jemand forderte sofort, Kunststofffolie heranzuschaffen, »wie für ein Gewächshaus, verflucht, kapiert ihr das oder nicht«. Es gab keine Wegweiser, keine Hinweise auf die Truppenteile, es war unklar, wer sich wo aufhielt, aber an den Gesichtern und dem Gemurmel wurde deutlich, dass ganz Russland hier versammelt war, von Karelien bis in den tiefsten Osten.

Die Offiziere hatten mir unterwegs erklärt, dass sich niemand um die Suche nach vermissten Zivilisten kümmere, es sei denn, die Verwandten. Eine Miliz gab es nicht. Dann riet mir einer, ich solle mich an die Mütter wenden; er sagte es genau so – geh zu den Müttern.

Was waren das für Mütter, wie konnten sie helfen? Allein

das Wort wirkte wie eine Parole, die mir den Weg in die hintersten Winkel des Militärstützpunkts ebnete, wohin das Auge der militärischen Leitung und Kontrolle nicht reichte.

Dort stand ein altes Armeezelt mit einem Ofen, in dem die Frauen wohnten, die ihre vermissten Soldatensöhne suchten. Im Gewirr der Militäreinheiten, die über ganz Tschetschenien verstreut waren, bei den ständigen Truppenverlegungen und Umformierungen war der Militärstützpunkt der einzige Ort, an dem alle aufeinandertrafen, an dem früher oder später alle Informationen zusammenliefen.

Niemand hatte ihnen erlaubt, sich hier anzusiedeln, offiziell gab es sie nicht, aber sie hatten dieses Zelt aufgetrieben, dazu Bretter für Pritschen, einen Ofen, Wäsche und jede Menge anderer Dinge, die man für das Leben im Feld brauchte; sie waren männlich geworden, hatten allmählich Joppen angezogen und verdienten sich etwas Geld mit Wäschewaschen, Reparaturen und Kochen.

Verloren zwischen kilometerlangem Stacheldraht, Zelten, und Wagenkästen, klammerten sie sich an Gerüchte. Einiges erfuhren sie vom Chauffeur der Kolonie, wenn er von Süden kam, anderes wurde über die Funkverbindung der Aufklärer weitergegeben und manches war von den Kampfhubschrauberpiloten am Ort der Frühjahrsgefechte beobachtet worden – die Gerüchte reihten sich aneinander, verbanden sich wie Moleküle zu Ketten – und diese Ketten zerfielen sofort wieder, denn jedes Gerücht wurde durch ein anderes widerlegt; die Militärstaatsanwaltschaft erzählte das eine, die Kommandeure etwas anderes, die Tschetscheninnen auf dem Markt etwas Drittes.

Die Mütter bekamen Fotos und Videoaufzeichnungen – von Soldaten, die Kassetten und Bänder bei toten Rebellen fanden. Diese filmten oft Überfälle und den Beschuss von Armeekolonnen aus ihrer Deckung. Auf den Kassetten war wirklich nichts zu erkennen, nur Schüsse, Flammen, Ziegelsteine unter Füßen – der Kameramann rennt –, schwarzer Rauch und wieder Schüsse.

Aber die Mütter sahen sich, wie damals Anna, diese Bänder viele Male an, jemand hatte ihnen einen Videoplayer gebracht; sie schauten auf die Bilder, als versuchten sie, dahin zu lugen, wohin das Kameraauge nicht gereicht hatte; hinter die Ecke eines halbzerfallenen Hauses, in die Dunkelheit eines Hauseingangs mit einem eingestürzten Vordach, hinter einen ausgebrannten Panzer, hinter die von einer Granate durchschlagene Einzäunung.

Denn kaum jemand verschwand ungesehen, sondern meist bei einem Positionswechsel, im nächtlichen Kampf. Die anderen besannen sich dann Minuten später, konnten den anderen aber – unter Beschuss – nicht mehr finden. Verwundet, traumatisiert, getötet – er war irgendwo in der Nähe, nicht weiter als hundert Meter oder fünf Minuten entfernt. Aber diese letzten fünf Minuten blieben ein Geheimnis der zerstörten Stadt, in der alles zusammenbrach und brannte, wo sich keine Spuren mehr fanden. Deswegen waren die Aufnahmen der Rebellen so wertvoll, sie zeigten den Kampf *von der anderen Seite* – auf wen sie gezielt hatten, wo sie hingeraten waren, wie die Splitter auseinanderflogen, wo ein verwundeter Soldat umfiel; man erzählte sich, dank der verwackelten Videoaufzeichnungen habe man einige Leichen in den Ruinen gefunden.

Deswegen wussten also die Mütter über die Ereignisse von vor ein oder zwei Jahren häufig mehr als irgendjemand sonst. Sie waren zu einer inoffiziellen Suchzentrale geworden, zu ihnen kamen Tschetschenen und boten ihre Hilfe an, um sie bemühten sich verschiedene Vermittler, ein wildes Völkchen, das ihnen Geld mit unerfüllbaren Versprechungen abnehmen wollte; und auch Journalisten und Experten aus humanitären Organisationen kamen. Die Mütter waren es, die mir sagen würden, wie ich Annas Vater finden konnte.

Als ich näher kam, hörte ich erboste Frauenstimmen in diesem Zelt; jemand schrie: Sollen sie doch an ihrem Frieden ersticken! Ich dachte noch – seltsam, die Mütter müssten sich doch freuen, dass der Krieg beendet ist, dann gibt es keine Toten mehr … Und – mein Gott! – dann wurde mir klar, dass die Nachricht von Chasawjurt ihnen die Zukunft raubte. Der Truppenabzug hatte schon begonnen, bis Ende Dezember sollte der letzte Soldat weg sein. Die Mütter der Überlebenden, jener, die jetzt vielleicht in einem Militärstützpunkt dienten, die Hubschrauber tankten oder auf Posten standen – diese Mütter freuten sich über Chasawjurt. Die Mütter der Vermissten hingegen … Für sie würde Tschetschenien in vier Monaten in undurchdringlicher Finsternis versinken.

Als ich das Zelt betrat, fiel mir sofort eine Frau auf, sie stand reglos da, wirkte jedoch energischer als die anderen. Sie war klein, beleibt, hatte starres, kurzes Haar – wie eine Fährfrau, eine Wärterin an einem entlegenen Bahnübergang. Auf sie ging ich zu, an den anderen Müttern vorbei – sie kam mir tonangebend vor; die übrigen Frauen stritten, ohne mich zu beachten.

Sie hörte sich meine Geschichte an, stellte dabei kurze, präzise Fragen und trieb mich an: Verlier dich nicht, sag das Wichtigste. Jetzt kam sie mir nicht mehr wie eine Fährfrau, sondern wie eine Offizierin aus dem Kinder- und Jugendzimmer der Miliz vor, eine Ermittlerin der Staatsanwaltschaft – hart, sehr hart nahm sie mich ins Verhör, wollte genau wissen, wo Annas Vater gewohnt, wo er gearbeitet, mit wem er in Verbindung gestanden hatte.

Nachdem ich fertig war, dachte Antonina – so hieß sie – eine Weile nach und sagte dann:

»Gehen wir, fragen wir Wassja.«

Ich dachte, Wassja sei Offizier der Aufklärung, irgendein diensthoher Leutnant, mit dem Antonina aufgrund ihres Alters wie mit einem Sohn umgehen konnte, oder er sei Vermittler, ein Händler mit Informationen.

Wir gingen in eine entfernte Ecke des Zelts; dort befand sich ein mit Planen verhängter Verschlag. Antonina schlug vorsichtig die Plane beiseite, schaute hinein und flüsterte:

»Geh hinein, erzähl es ihm. Schau, was er dir rät.«

Ich betrat den Verschlag und sagte dabei:

»Guten Tag.«

Im Verschlag war niemand.

Ich drehte mich um – und blickte in Antoninas wilde, wahnsinnige Augen; wieder schaute ich in den Verschlag; und da bewegte sich ein Stück Stoff auf dem Boden und ein Katzenkopf tauchte von dort auf: versengt, mit einem abgerissenen Ohr.

»Sag es ihm, Wassja, sag es ihm«, flüsterte Antonina hitzig von hinten. »Sag es, Wassja!«

Meine Augen hatten sich an die Dämmerung gewöhnt, ich konnte erkennen, dass sich der Kater gegen die Planenwand des Zeltes drückte. Er fletschte die Zähne, sein grünes Auge funkelte, aber er konnte sich nicht bewegen, etwas in seinem Körper war beschädigt; anstelle des fehlenden zweiten Auges klebte Grind geronnenen Bluts, der Schwanz war zu zwei Dritteln abgeschlagen, sein Fell voller Schmutz, eine Pfote verbunden. Vor dem Kater stand eine Untertasse mit Milch.

»Wassja, kleiner Wassja, nun sag schon«, flüsterte Antonina, als würde sie mit einem Menschen reden.

»Antonina, wo bist du denn, Antonina!«, war von hinten eine laute Frauenstimme zu hören. »Wieder beim Kater?«

Antonina krümmte sich auf einmal, hatte ihre herrische Körperhaltung verloren; gehorsam folgte sie ihrer Freundin, die sie zu den Pritschen führte.

Ich seufzte mit geschlossenen Augen, Antoninas Wahnsinn hatte ich nicht erkannt, sie war mir als die geschäftigste aller dieser Frauen vorgekommen. Es war eine verkehrte Welt, in der Wahnsinn normal war – und hier würde ich nichts finden, meine Intuition versagte, stellte alles umgekehrt dar. Der verfluchte Kater – er schaute so, als könne er wirklich etwas sagen; was denn, glaubte ich etwa schon an diesen Unsinn?

Später erfuhr ich, dass der Kater von Soldaten aus Grosny mitgebracht worden war. Dort gab es fast keine Tiere mehr, auch keine Vögel, aber der Kater konnte irgendwie überleben. An den ersten Gefechtstagen waren in den Höfen sogar Papageien umhergeflogen, ein halbes Jahr später gab es nur noch Hunde und Krähen. Die Frauen hatten einen Namen für den Kater gesucht, zuerst dachten sie, es sei ein tschetschenischer Kater, der keine russischen Wörter verstand, aber der Kater reagierte auf den Namen Wassja, hob den Kopf. Antoninas Sohn hieß Wassja, er hatte als Koch gedient; seither meinte Antonina, der Kater sei nicht zufällig hier aufgetaucht, die Seele ihres Sohns sei in ihn übergegangen, und er ein Mensch, kein Tier.

Einige Mütter versuchten, mir zu helfen, andere lehnten

es ab, als fürchteten sie sich, mir ein Bruchstück ihres eingebildeten Erfolgs überlassen zu müssen; einige wünschten mir Glück, andere fragten, ob ich gedient, ob ich gekämpft habe; damit spielten sie darauf an, dass ich am Leben war und ihr Sohn weder lebendig noch tot und nicht einmal sein Körper auffindbar war; wieder andere schauten so, dass ich mich wie der verwundete Kater fühlte – sie sprachen sanft und wollten wissen, ob es meinen Eltern gutginge, ob ich verheiratet sei, wie meine Freundin hieße, wie viele Kinder wir haben wollten – und zogen mich dadurch in den Strudel ihres Leidens, denn insgeheim wünschten sie, ich könnte ihnen Ersatz sein für ihre Kinder, so sagten sie es auch – du bist jetzt unser Sohn – und ahnten dabei scheinbar nicht, welche Angst ihre Worte bei mir auslösten.

Meine Ratgeberinnen kamen darin überein, dass ich nach Grosny fahren und die Wohnung von Annas Vater ausfindig machen müsse, und ich sollte die Nachbarn befragen, falls jemand überlebt hatte. Ich wusste, ich würde um nichts auf der Welt nach Grosny fahren, meine Grenze war Chankala, das Kriegsgebiet würde ich nicht betreten, den Mut hatte ich nicht.

Schließlich wandte ich mich an die Vermittler, an die Händler mit Informationen. Eigentlich wollte ich das nicht – sie würden das Gerücht in Umlauf bringen, jemand suche Annas Vater, sie würden sich überschlagen, mir »völlig genaue« Auskünfte über seinen Aufenthaltsort anzubieten, würden versprechen, mich mit den nötigen Personen zusammenzubringen, würden erzählen, erst gestern habe man ihn in einem bestimmten Dorf gesehen, aber am Morgen sei er weggebracht worden – kurz, sie würden mir das Geld aus der Tasche ziehen oder mich gar zu einem »Treffen« überreden wollen und dann als Geisel nehmen. Ich versuchte, mich Mars Hilfe zu versichern, aber sein Vertrauensmann sagte mir, Mars sei weit weg und über die gewohnte Verbindung nicht erreichbar; vielleicht war er irgendwo in der Nähe, in Tschetschenien, dachte ich, vielleicht suchte er auch jemanden oder führte Verhandlungen.

Ich traf mich mit drei Vermittlern; sie nickten, fragten mich aus, zeigten Mitleid, versuchten zu verstehen, wer mir Rückendeckung gab – ich berief mich auf Mars und meinte, er würde wohl kaum davon erfahren. Als sie den Namen des Oberstleutnants hörten, nickten sie erneut, dieses Mal ehrfurchtsvoll, obwohl dem nicht zu entnehmen war, ob sie Mars kannten oder den Namen zum ersten Mal hörten. Sie baten um Geld, versprachen, alles Mögliche zu tun, erinnerten sich auf einmal daran, dass ein Jahr zuvor die Leute von einem Juristen gesprochen hatten, baten erneut um Geld und waren beleidigt, dass ich ihnen keinen Vorschuss geben wollte; dann beendeten sie das Spektakel, schauten undurchdringlich, sagten, sie kämen in ein, zwei Tagen wieder, um zu berichten, was sie herausfinden konnten – und nannten den Preis, den wirklichen Preis: mehrere zehntausend Dollar.

Ich hatte das Geld, war bereit zu zahlen; Mars würde bald zurückkommen, hatte mir sein Adjutant gesagt, und ich wollte ihn doch noch um Hilfe bitten, dass er mir Mussa, Dschalil und Danila mitgab zu diesem Treffen, damit sie mich schützten; langsam wuchs in mir die Gewissheit, dass ich es schaffen konnte.

Drei Tage später waren die Vermittler wieder da. Wie aus einem Munde sagten alle, dass der, den ich suche, tot sei. Getötet vor zwei Jahren, 1994. Sie nannten Zeit und Ort, die passten, waren aber über acht Ecken weitergegeben worden; auf die Frage, wo er beerdigt sei, grinsten sie nur bitter – seien Sie froh, dass wenigstens sein Verbleib geklärt ist, den Ort des Grabs zu kennen, ist heutzutage ein großer Luxus, und selbst wenn man ihn kennt, wie soll man ihn in einer zerstörten Stadt finden?

Mit dieser Nachricht flog ich nach Moskau; ich sagte mir, dass die Vermittler ganz sicher versucht hätten, mir Geld abzuknöpfen, wenn es nur die geringste Chance gab, dass Annas Vater lebte; auch einen Toten hätten sie gern gesucht, ohne mich vorher darüber aufzuklären, dass er schon tot war, aber ich hatte Mars erwähnt – auf Mars zu treffen, wäre sie teuer zu stehen gekommen. Und worauf hatte ich überhaupt gehofft? In den Straflagern hatte es eine Dokumentation, eine Statistik, Bescheinigungen und Archive gegeben. Aber hier war Krieg, Menschen konnten tatsächlich spurlos verschwinden, es musste nur eine Granate einschlagen, und schon gab es keinen Körper mehr, nichts, wonach man suchen konnte.

Aber in Wirklichkeit war ich mir bewusst, auf halbem Weg umgekehrt zu sein. Und das konnte ich Anna nicht sagen: Sie hätte eine erneute Suche gefordert.

Dort, in Chankala, war mir etwas klargeworden, was ich früher nicht gewusst hatte – es gibt Dimensionen, die für mich verboten sind, in die ich nicht vordringen sollte. Ich hatte mich für unverwundbar gehalten, war aber nur unbemerkbar gewesen: Meine privaten Recherchen hatten niemanden gekümmert, niemandes Interessen berührt, ich hatte in Archiven gewühlt, hatte die Orte der Straflager besucht – ein papierner Konquistador, ein stiller Späher. Ja, ich konnte schwierigen Situationen entkommen, aber um nach Grosny zu fahren, musste man ein Mussa oder Dschalil sein, ich aber war nur ich selbst, ein Glückspilz, eine Spürnase, und diese Vorzüge zerschellten an der Realität des Kriegs.

Hätte ich Anna davon erzählt, hätte sie mich vielleicht sogar verstanden. Sie hätte die Ehrlichkeit meines Eingeständnisses geschätzt und mich wohl kaum für einen Feigling gehalten. Aber nie wäre sie eine Beziehung mit mir eingegangen. Und ich hatte ihr bereits einen Platz in meinem Inneren zugedacht, stellte mir eine gemeinsame Zukunft vor; und ich wollte diese Zukunft, auch um den Preis des Verschweigens.

Es steht hundert zu hundert, dass die Vermittler nicht gelogen haben, du bist nur zu gewissenhaft, willst alles überprüfen, sagte ich mir. Anna wusste ohnehin, dass ihr Vater wahrscheinlich tot war, sie wollte nur, dass jemand anderer es ihr sagte. Und die Details – Chankala, der Militärstützpunkt, die Verhandlungen, drei Tage Warten – würden die Glaubwürdigkeit der Auskünfte, die Endgültigkeit verstärken: So war es und nicht anders.

Schließlich streifte ich die Zweifel ab; die Toten waren tot, die Lebenden am Leben – das musste Anna jetzt begreifen; meine Anna.

4

DIE NACHRICHT VOM TOD IHRES VATERS schien Anna überhaupt nicht zu berühren. Aber ich wusste, dass sie mir gegenüber ihre Gefühle nicht zeigen wollte, für sie wäre es dasselbe gewesen, wie sich in der Öffentlichkeit auszuziehen. Sie würde in ihr gemietetes Zimmer fahren, dort einige Zeit schweigend verbringen, sich ein letztes Mal ihren Vater als Lebenden vorstellen – und aus ihrem Gedächtnis die Erinnerungen an ihn hervorholen, die nicht mehr durch Lebensfäden mit der Gegenwart verbunden waren.

Sie reichte mir einen Umschlag mit Geld. Ich wollte ablehnen – sowohl deshalb, weil diese Summe für mich lächerlich, aber für Anna bedeutend war, als auch deshalb, weil ich insgeheim hoffte, Anna mit meinem vermeintlichen Edelsinn binden zu können. Doch ich nahm den Umschlag, ich wusste, dass ich mit Anna ehrlich umgehen musste, mir keine Pläne mit doppeltem Boden ausdenken durfte. Wenn uns etwas verbinden würde, dann meine direkten Absichten, die einen einfachen und klaren Ausdruck finden sollten; Anna musste einfach sehen, wie sehr wir zueinander passten, musste ihre höhere Aufgabe mir gegenüber erkennen.

Nachdem ich das Geld genommen hatte, seufzte Anna erleichtert; und ich fühlte, dass nun die Tür zur Zukunft geöffnet war, sich ein unscheinbarer Pfad neuer Zusammenkünfte andeutete.

Anna, Anna, die Flüchtige, die Vogelfreie! Wir alle hatten noch unsere sowjetischen Ausweise, aber bei ihr stand als Meldeadresse auch noch die Tschetscheno-Inguschische Autonome Sozialistische Sowjetrepublik; sie konnte sich nicht ab- und in Moskau anmelden, ständig belästigte sie der Revierinspektor, wollte Schmiergeld erpressen. Das Geld, das ihr Vater ihr geschickt hatte, ging zu Ende, und es gab keine Perspektive.

Ich wandte mich an Mussa, und zusammen fuhren wir zu diesem Revierinspektor; der aufgedunsene Milizionär witterte die von Mussa ausgehende Gefahr und versprach, Anna in Ruhe zu lassen.

Ich hatte von Anna keine Dankbarkeit erwartet, auch wenn ich wusste, dass sie sie mir erweisen würde; ich fühlte mich wie ein Zauberer, der seine Kräfte lange aufgespart hatte, um sie einem würdigen Menschen zu schenken und dessen Leben in eine bessere Richtung zu lenken.

So hatte es Großvater Michail wahrscheinlich auch mit Großmutter Tanja gemacht, dachte ich und verdrängte diesen Gedanken sofort wieder: Ich war nicht Großvater Michail, von mir ging keine Gefahr aus, und Anna würde mich nicht verlassen; nichts wiederholte sich auf dieselbe Weise, eins zu eins.

Ich sah, wie müde Anna war, wie abgekämpft; so sehr belastete sie ihre Vergangenheit wegen ihrer Abstammung, die ihr den Stempel der Unzuverlässigkeit aufdrückte, sie von den Menschen ausschloss, denen allgemein Vertrauen entgegengebracht wurde. Aber sie beklagte sich nicht, war ernsthaft böse, wenn man ihr half. Sogar Mussa, ein Mensch mit abgestumpften Emotionen, der sich nun teilweise Annas Angelegenheiten angenommen hatte, sagte eines Tages zu mir:

»Ein starkes Mädchen. Mit der geht man nicht unter. Ich beneide dich.«

Ich fühlte, dass Anna immer mehr Zuneigung zu mir fasste; einfach nur deshalb, weil ich da war, weil man sich auf mich verlassen konnte.

Es geschah im Frühjahr 1997, ein halbes Jahr nachdem wir uns kennengelernt hatten.

Wir fuhren in mein Wochenendhaus. Es war ein frostiger, heller Tag, der Schnee taute bereits auf den Feldern, die in den Qualen des herbstlichen Pflügens erstarrt waren, und die aufgeworfene Erde raute die Gefühle auf, mischte dem Wunsch nach einem Kuss die Leidenschaft gegenseitiger

Folter bei. Wir gingen an den Teichen spazieren, deren Wasseroberfläche schon aufgetaut gewesen war und sich dann erneut mit einer frischen, festen Eisschicht überzogen hatte; offenbar war es sehr schnell gegangen, man sah erstarrte Schaumwellen, verschüttete zuckerweiße Tropfen, gefrorene Überschüsse.

Das Eis war durchsichtig, es bog sich unter unserem Gewicht und wurde von der inneren Anspannung etwas trübe. In den Tiefen steckten schläfrige Fische im Schlamm, und wir gingen über die dünne Eiskruste, die die Sonne beleckte, ohne sie auftauen zu können. Mir schien, wir seien schon so fest durch unsere Gefühle verbunden, dass wir dort gehen konnten, wo gestern aufzutreten noch unmöglich gewesen war.

Das wie ein neues Offiziersportepee hellknarrende Eis, unser gemeinsames Vordringen über das Wasser von gestern – all das ließ eine klare, kühl sprudelnde Leidenschaft in unseren Adern aufschäumen; der Geschmack gefrorener Äpfel, die den ganzen Winter im Garten gehangen hatten, die vereisten Fasern eines Brunnenstricks, das Rascheln des Schilfs, der Pelzkragen, der Annas Gesicht einfasste; ihr helles Haar, das wieder an Kraft gewonnen hatte und sich dem Wind nicht beugte.

Die Sonne stand im Zenit, die Sonne unseres Morgens, und wir gingen immer im Kreis, prüften wagemutig das Eis auf seine Festigkeit – und wenn dort unten nun eine Quelle, ein Strudel war und wir einbrächen?

Unterbewusst erwartete ich ein Krachen, erwartete Eiswasser, das den Körper betäubt. Aber nein, bald ließen wir die Teiche hinter uns und kamen auf ein Feld, an dessen Rändern Trauerbirken standen, wie ein wirbelartiger Abdruck der Winterstürme. Hier hatte die Sonne bereits die Frostkälte aufgebrochen, und die Erde atmete Wärme, es türmten sich ihre von den Ausdünstungen feuchten Klumpen auf.

Und am Horizont in der Ferne fuhr eine Wagenkolonne die Straße entlang, schwere Militärfahrzeuge mit ausgeblichenen Planen über den Wagenkästen. Für einen Moment schien mir, ich schaue durch ein Fernglas oder ein Visier, das sei nicht das Umland von Moskau, sondern der Kaukasus, ein lebendig gewordenes Gespenst der Vergangenheit, die Truppen verließen Tschetschenien, wichen vor der Finsternis zurück.

Das in dem Pelzkokon verhüllte Gesicht von Anna schien zu explodieren, in frostige Funken zu zerfallen, die über die Felder auseinanderstoben; die alte Hysterie stieg in ihr hoch, ein hexenhaftes, abgehacktes Kichern aus ihrem Bauch, als gebäre sie durch ihren Mund kleine, glucksende Teufelchen.

Ich hob sie hoch, wir kreisten über die hartgefrorenen Erdhügel, versuchten, das Gleichgewicht zu halten, ihr Gesicht verschmolz mit meinem Gesicht, und die Lippen des einen waren von den Lippen des anderen nicht mehr zu unterscheiden.

Liebte ich sie? Nein, eher glaubte ich an sie. Und auch sie liebte mich nicht, fühlte aber, dass ich über dunkle Pfade ging und ihrer Gabe des Wartens bedurfte. Die Notwendigkeit, das Bedürfnis nach dieser Gabe ist eine ernste Sache, sie bindet vielleicht sogar tiefer als die Liebe. Früher hatte ich die Schlüssel zum Schicksal mit mir getragen, jetzt ließ ich sie bei Anna.

Nur eines verwirrte mich: Annas Verschlossenheit. Als Geisel des Schicksals ihres Vaters sehnte sie sich nach vollkommener Unabhängigkeit; und wer über einen anderen etwas auch noch so Alltägliches weiß, wird zu einem potentiellen Manipulator. Sie bemühte sich, mir so wenig wie möglich davon zu erzählen, wo sie gewesen war, was sie getan, mit wem sie sich getroffen hatte; ein einfältiger Mann hätte angenommen, sie führe ein Doppelleben und wäre eifersüchtig geworden.

Wenn ich gewusst hätte, welche Rolle Annas Eigenheit später in unserer Beziehung spielen würde, hätte ich sie zu einem Gespräch herausgefordert. Aber ich fürchtete, mein Scharfblick könne sie unangenehm berühren. Es war ja kein Betrug, keine Lüge, sie schützte nur ihre Freiheit, meinte ich. Schließlich hatte ich ihr auch die Geschichte vom Hundezaren verschwiegen; konnte ich ihr Vorwürfe machen?

Wir zogen zusammen; genauer, wir lebten zum Teil zusammen, zum Teil getrennt – zwei Sommer verbrachte ich auf entfernten Expeditionen. Mars machte mich damals mit einem weiteren Klienten bekannt. Als ich hörte, was er von mir wollte, lachte ich zunächst und wollte ihm raten, sein Geld nicht sinnlos zu verschwenden. Dann aber willigte ich ein, denn ich fühlte, dass sich dieser Auftrag erstaunlich auf den Geist jener Zeit reimte.

Es war eine seltsame Zwischenzeit; eine Zeit, in der Russland sich selbst im Traum erschien. Das langsame Sterben von Jelzin, seine trügerischen Nachfolger reihten sich wie Figuren aus einer Matrjoschka, wie Hasen aus einem Zauberhut; es schien die Zeit selbst zu sein, die weltfremde Projekte und hitzige Trugbilder hervorbrachte. Der Markt wuchs, und wieder fühlte sich alles wie ein großes »Glücksrad« an, ein Gefühl, das mit dem Krieg, den Wahlen und der möglichen Revanche der Kommunisten in Vergessenheit geraten war.

Mars gewann damals an Macht und flog oft nach Afghanistan zu geheimen Unterredungen mit Ahmad Schah Massoud, seinem früheren Feind: Man sprach über Waffenlieferungen an die Nordallianz, die gegen die Taliban kämpfte – im Tausch gegen Edelsteine aus dem Pandschschir-Tal. Mars leitete die Delegation von Armeeoffizieren und Vertretern der Auslandsspionage; seine Mannschaft war auf dem Weg nach oben, gewann an Wichtigkeit.

Mars brachte mich auch mit den Repräsentanten eines japanischen Geschäftsmannes zusammen, der Verbindungen zu unserer Regierung unterhielt. Der wohlhabende Geschäftsmann und Technokrat war in einer rationalen Weise dem Wahnsinn verfallen. Die Engländer hatten gerade das Schaf Dolly geklont, und er begeisterte sich für die Idee, ein Mammut zu klonen.

Er brauchte Biomaterial, es sollte frisch aus dem Permafrostboden kommen. Das schien im Prinzip nicht unmöglich: Manchmal fand man Mammuts in Flussläufen, am Nordpolarmeer, bei Abraumarbeiten in Steinbrüchen – nur verdarben die Körper schneller, als die Wissenschaftler vor Ort ankamen, und zerflossen förmlich. Und nun gab man einem Suchtrupp einen Hubschrauber mit Dieselgenerator und Kühleinrichtungen, sprach sich mit den Grenzposten ab, in die verbotene Zone fliegen zu dürfen, und charterte ein Schiff – falls der Körper über den Wasserweg abtransportiert werden sollte; die ganze Aktion galt als Expedition der Akademie der Wissenschaften, war aber in Wirklichkeit für den Japaner gedacht. Natürlich betrog man den Auftraggeber unnötigerweise, erfand »tote Seelen«, denen ein Honorar zu zahlen sei, dachte sich nicht existierende Schmiergeldzahlungen aus, mogelte bei der Buchhaltung, schrieb brauchbare Geräte ab. Aber der Japaner zahlte und zahlte – für seinen Traum, den er nur mit Hilfe des russischen »Glücksrads« verwirklichen konnte, denn keine andere Regierung auf der Welt hätte ihm ein Mammut überlassen, schließlich wollte er kein Stück, sondern das ganze fossile Tier.

Ein unsinniger Auftrag, aber er hatte ein überschaubares Ausmaß, das ich nach dem Schrecken in Rostow und Chankala einzugehen bereit war. Ja, und Anna, der ich von meinen früheren Reisen erzählt hatte, vom Grab in Betpak-Dala, von der Wut der Toten, die alles mit einem sechsten Sinn zu wittern schienen, flehte mich an, ich solle keine Menschen mehr suchen; sie befürchtete, ich könne eine Spur der Dunkelheit in unser Haus ziehen, wie in dem alten Märchen das Unglück einschleppen, das sich im Ranzen versteckte.

Zwei Saisons war ich im hohen Norden unterwegs. Wie sich herausstellte, ist die Suche nach einem Mammut der Suche nach einem Menschen ähnlich: Man muss wissen, unter welchen Umständen es umgekommen sein konnte. An den Torf- und Erdschichten in den Flusshängen las ich vergangene Überschwemmungen ab, die ein kleines Mammut davongerissen und im Schlamm begraben haben konnten. An den Querschnitten des Bodens bestimmte ich Sumpflöcher, wo es vielleicht eingebrochen war, Einsturzstellen, die es verschüttet haben konnten. Es kamen nur diese Todesarten in Frage, nur sie bewahrten den Körper unverwest im Kühlraum des Permafrostbodens; davor hatten wir nur Knochen und Stoßzähne gefunden, eine ganze Sammlung zusammengestellt.

Die Jakuten glauben, dass Mammuts sich unter der Erde

fortbewegen und sterben, wenn sie zufällig mit ihrer Stirn die Wand eines Abhangs durchbrechen und ans Licht geraten; und ich hatte schon die Vision, es sei tatsächlich ein Mammut in der Nähe, das uns unterirdisch von einer Riesenhöhle zur nächsten entwischte; ich suchte es bereits wie einen Menschen, wie das Opfer einer globalen Katastrophe.

Zwei Jahre lebte ich im Permafrost; zum ersten Mal fühlte und sah ich seine Ausdehnungen. Wir fanden einen prähistorischen Elch, den Körper eines Topographen, der offenbar in eine Felsspalte gestürzt war, einen Traktor mit Schlittenzug, und im Fahrerhäuschen die Leiche des Fahrers – und alles hatte der Permafrost so bewahrt, als sei der Tod erst gestern eingetreten.

Überhaupt hat sich in diesen Gegenden das ewige »Gestern« herausgebildet, und alle Ereignisse der Vergangenheit waren gleich weit entfernt. Kaum etwas zersetzte sich und ging den natürlichen Weg des Todes, die Toten sahen den Lebenden gefährlich ähnlich: Als der Traktorfahrer anfing zu tauen, drehte sich sein Kopf, die gekrümmten Finger lösten sich, der Mund zog sich zu einem Lächeln auseinander.

Anna war es, die mich in diesen Gegenden leitete. Dort wurde mir klar, worin das weibliche Warten, die weibliche Rettung bestand. Wir gerieten in einen Sturm, auf dem Boot setzte der Motor aus. Alles in mir schrie: zum Ufer, zum Ufer. Aber dort war eine Felsspitze, man musste sie umschiffen und dahinter anlegen; für ein solches Manöver musste man – unter Berücksichtigung des Abdriftens durch den Wind – Kurs aufs offene Meer halten.

Das erforderte Mut – aufs offene Meer zuzusteuern und zu wissen, dass jede Hoffnung auf schnelle Rettung trügerisch war, der Weg durch die Angst führte; auch ich hätte wie alle anderen »zum Ufer« geschrien, als wir die Ruder in die Ruderdollen schoben – aber ich fühlte, das die Winzigkeit der von Anna geliehenen Ruhe in mir reichte, um nicht in Panik zu verfallen.

Vier hörten mein Kommando und begriffen, warum wir aufs Meer, den Sturmwellen entgegen mussten; zwei wollten sich prügeln, sie mussten betäubt werden. Als wir uns freigeschwommen hatten und an einem Feuer trockneten, dachte ich, dass Großvater Michail sich wahrscheinlich ebenso gerettet hatte – ihm war eine Kleinigkeit genug gewesen, ein Hauch, ein Streichholzfunken, ein Augenschlag –, um dem Tod zu entkommen.

Anna war bei mir, als Räuber unser Nachtlager überfielen, die meinten, wir seien illegale Edelsteinsucher und würden im Taigafluss Diamanten waschen; Anna bewahrte mich, als Wasser in die Brennstoffleitung unseres Hubschraubers geriet und wir im Krachen der sich in Autorotation drehenden Propeller sanken. Sie war da, als nach dem Getöse der Turbinen schreckliche Stille aufkam und die Piloten riefen, wir sollten an unseren Plätzen bleiben, weil die Maschine sonst ihren Schwerpunkt verlöre; ich blieb an meinem Platz, die anderen auch; ich hatte mich sogar daran gewöhnt, mich unter ihrem eingebildeten und gleichzeitig realen Schutz zu befinden, war gewöhnt, dass ich durch alle Gefahren hindurchflog wie auf einer Achterbahn.

Als im Herbst in der Tundra schon der erste Schnee gefallen war und die Saison endete, ging ich ein letztes Mal den Uferweg an einem kleinen Fluss entlang, bis zu seiner Mündung. Vom Oberlauf wälzte sich angefrorener Schlamm herab, die alten Flussarme waren mit Eis überzogen, das Geröll knirschte unter einer Eiskruste; unser Hubschrauber stand am Boden, wir hatten alle Flugstunden für diesen Monat aufgebraucht, warteten auf den Monatsersten und darauf, dass die Piloten uns abholten.

Meine Expeditionsgefährten schossen auf Fluggänse, sie waren der Sucherei überdrüssig, und ich wollte ein letztes Mal den Ozean sehen; ich schritt über seichte Stellen, kam an weißem, vom Wasser ausgeblichenem Knorrholz vorbei, an Vogel- und Bärenspuren; und auf einmal sah ich, dass sich am Hang eines Hügels Möwen sammelten, sie schrien, riefen andere herbei und hackten auf etwas ein.

Ein Rüssel – es war ein moosüberwachsener Rüssel; er ragte aus einem Eisblock, war nach den starken Augustregenfällen zum Vorschein gekommen. Nachdem ich die Möwen verjagt hatte, entzündete ich ein Feuer und versuchte, die anderen über mein Walkie-Talkie zu rufen – sinnlos, ich war zu weit weg.

Napf für Napf spülte ich den Eisblock mit heißem Wasser; Schmutz rann herab, das Eis schmolz, die undeutlichen Umrisse eines riesigen Kopfes traten hervor. Offenbar war ein Mammut – vielleicht alt und krank oder, im Gegenteil, jung und unerfahren – in eine Wassergrube gefallen und hatte nicht herauskriechen können; es musste in einem Herbst passiert sein, und so war es in diesem Block erstarrten Wassers eingefroren, und im Frühling hatten Flussablagerungen diese Grube fortgetragen, das Flussbett hatte seinen Lauf verändert und war mittlerweile hierher zurückgekehrt und durchschnitt die alten Schichten, wodurch sich das Mammut nun zeigte.

Eine seltsame Verbindung stellte sich zwischen mir und dem Mammut her. Ich stellte mir vor, wie es in der Grube gekämpft, die Erde mit seinen Stoßzähnen aufgewühlt hatte, sich retten wollte, wie es dann entkräftet verstummt war, wie lange es gedauert hatte, bis das Leben aus seinem mächtigen, starken Körper gewichen war. Hatte es in seiner Verzweiflung geschrien oder den Kampf schweigend ausgetragen? Waren andere Mammuts in der Nähe gewesen oder war es allein gestorben?

Ich konnte es nun nicht mehr verkaufen als sei es nur ein Stück prähistorisches Fleisch; ich streute Erde und Eisschlamm über seinen Rüssel, damit die Möwen nicht kämen, und ich wusste, dass im Frühling das Tauwasser den Eisblock zum Schmelzen bringen und das tote Mammut in den Ozean schwemmen würde.

Anna verstand mich, und sonst erzählte ich niemandem von meinem Fund. Es war die Zeit nach der Finanzkrise, von der wir auf der Expedition nur aus dem Radio erfahren hatten, und Anna und ich scherzten, ich habe eine Million Dollar vergraben – der besessene Japaner versprach für ein Mammut exakt eine Million.

In jenem Herbst und Winter fing unsere Beziehung gleichsam zu atmen an. Vorher war sie wie ein *Ringwechsel*, eine folgenlose Verlobung gewesen: Wir hatten zusammengelebt, Erinnerungen und Erzählungen aus dem Leben des anderen angehäuft – waren uns dadurch aber nicht nähergekommen, hatten uns während des Getrenntseins einander näher gefühlt als beim Zusammensein.

Und jetzt – vielleicht auch, weil zwei Jahre vergangen waren, sich das Gespenst ihres Vater verflüchtigt hatte, ich weniger zweifelte und die Zeit selbst zu bestätigen schien, dass er nicht mehr lebte – entstand zwischen uns Nähe und Vertrautheit; Anna hatte Arbeit gefunden, sich in Moskau eingelebt, die Vergangenheit schien sie nicht mehr zu verfolgen; und ich dachte, wir würden eines Tages unser Leben ändern, irgendwohin weit weg ziehen, wo es kein Grosny und keinen Permafrostboden gab.

Ich merkte, ich könnte sie nie gehen lassen; sollte etwas geschehen und sie die Trennung fordern – ich würde sie um jeden Preis halten wollen und immer wieder zu ihr kommen, wie Großvater Michail nach seiner Einkesselung: Unmerklich hatte sie mich verwandelt, mir mehr innere Vorzüge zugeschrieben, als ich tatsächlich besaß. In ihren Augen war ich besser als in Wirklichkeit – und ich konnte mich von dem, den sie in mir sah, nicht mehr loslösen – dem mutigen, in allem aufrichtigen Mann, der bis zum Äußersten ging.

TEIL V

1

ENDE FEBRUAR STANDEN ANNA UND ICH auf einer Brücke am Kulturpark. Die Sonne rollte hinter die Sperlingsberge, und im zugeschneiten Eis auf dem Fluss – das fest zu sein schien – war bereits eine Spannung zu spüren.

Das Eis hatte ich bei meiner Suche nach dem Mammut oft studiert, und jetzt erzählte ich Anna davon, wie die Sonne in der Eismasse nach Unebenheiten tastet, wie Teile des Eisfeldes sich zueinander verschieben – um ganze, um halbe Millimeter; das ist die Zukunft, sagte ich, sie reift in diesen Rissen und spaltet das Eis. Mir schien, dieses Bild entsprach uns und unseren Gefühlen; ich war glücklich.

Aber das größte Glück ist manchmal nur eine falsche Deutung von Zukunftsoffenbarungen, die der Mensch in der direkten Ansprache des Schicksals fühlt, dabei aber Vorherbestimmtheit mit Sentimentalität verwechselt; das Zeichen war da, aber ich verfügte darüber selbstvergessen und blind, ich sah nicht, dass sich unter dem goldenen Eis schwarze Löcher auftaten.

Einige Tage später rief unerwartet Mussa an und bat mich um ein rasches Treffen – wir müssten reden, es gäbe zu tun, sagte er. Ich wollte ablehnen, aber Mussa half mir großzügig in Annas Angelegenheiten, und ich fühlte mich ihm verpflichtet.

Wir trafen uns an der Metrostation »Oktjabrskaja«. Mussa führte mich in die nahe gelegenen Gassen und erklärte mir auf dem Weg, eine staatliche Dienststelle habe sich an ihn gewandt, sie brauchen eine Mannschaft für eine Angelegenheit in Zentralasien … Genaueres sagte er nicht, wirkte aber fröhlich und stieß mit seiner Schuhspitze gegen einen abgefallenen Eiszapfen. Ich griff seine Heiterkeit auf und kickte den Eiszapfen weiter. Eine Gruppe von Schülern kam uns entgegen, Sieben- oder Achtklässler, sie schubsten sich, schlugen sich gegenseitig mit ihren Schuhbeuteln, und ich hatte das Gefühl, Mussa und ich seien ebensolche Drückeberger, die eine langweilige Unterrichtsstunde schwänzten, um durch die frühlingshaften Straßen zu spazieren.

Wir betraten einen unscheinbaren Hauseingang ohne Aushängeschild – ich konnte nicht erkennen, ob es ein Wohnhaus oder der Eingang zu einer Firma war. Dann stiegen wir eine staubige Treppe in den dritten Stock hinauf – der Fahrstuhl funktionierte nicht –, vorbei an alten, mit Kunstleder beschlagenen Türen, an Fensterbrettern, auf denen Konservendosen voller Zigarettenkippen standen. Ich ahnte schon, wo wir waren: In der ehemaligen Bezirksverwaltung des KGB, ihren konspirativen Räumen; mein Vater hatte mir einmal erzählt, wie man ihn vorgeladen und ihm angeboten hatte, seine Kollegen zu bespitzeln – genau so hatte er es beschrieben, den Hauseingang, das ungepflegte Treppenhaus, die Konservendosen mit Zigarettenstummeln. Mein Vater hatte erzählt, ganz oben habe es eine Tür mit einem Zahlenschloss gegeben, sein Begleiter habe geklingelt, damit man ihnen öffnete. Ja – im dritten Stock gab es eine Metalltür und ein Zahlenschloss; Mussa klingelte.

Das alles war so erbärmlich, ohne Biss, wie der zahnlos

mümmelnde Mund eines alten Mannes, dass ich mich fühlte wie auf Exkursion in die Vergangenheit. Mich interessierte sogar, was die Nachfolger des KGB von mir und Mussa wollten, welchen Job sie uns anboten. Um Mussa meine Scharfsinnigkeit zu demonstrieren, sang ich halblaut:

Schnappten sich die Roten einen Jungen
Führten flugs ihn ab zum KGB,
»Illegale Kampfbroschüren –
Wer gab dir die Büchlein, he?«*

Mussa warf mir einen schreckenerregenden Blick zu, das Schloss klickte und die Tür öffnete sich. Ein kleines Männchen in Zivil, das einem Hausmeister, dem Bewohner einer Dienstbotenkammer ähnelte, führte uns einen langen Flur entlang. Abgewetztes, aus den Fugen geratenes Parkett, eine geweißte Decke, durch halbgeöffnete Zimmertüren der Blick auf billige Möbel, schiefe Schränke, für den Winter mit Papier verklebte Fenster – alles so, wie aus der Erzählung meines Vaters.

Staub und Verwesung; ich erinnerte mich daran, wie der Flammenwerfer die Baracken des Hundezaren in Brand gesetzt hatte und dachte, man sollte mit ebenso einem Flammenwerfer hierherkommen und die Düse auf diesen Flur richten, den Abzug drücken und dieses Schlangennest anzünden, das seine Zeit um acht Jahre überlebt hatte. Aber dann musste ich über meinen Gedanken lächeln: Was konnten diese Verblichenen schon tun, was war von ihnen zu befürchten?

Wir betraten das letzte Zimmer. Am Tisch saß ein Mann mittleren Alters; er sah irgendwie verschwommen aus, schien dem Blick zu entweichen, als habe man ihn fotografiert, ohne das Objektiv scharf zu stellen, und das Foto hatte sich auf einmal belebt und sein Gesicht ersetzt.

Ich setzte mich an den Tisch und wartete, was er mir sagen würde. Und dann bemerkte ich auf einmal, dass Mussa sich so hingestellt hatte, dass er mir den Ausgang versperrte. Das Foto-Gesicht schaute mich an und sagte ruhig:

»Wir würden uns gern mit Ihnen über Mars Faishanow unterhalten.«

Über Mars?

Ich drehte mich zu Mussa um, verstand immer noch nichts, konnte es nicht glauben.

Mussa lächelte ein wenig, nickte zweimal und zeigte mir damit: Ja, ja, genau um den geht es.

Ich meinte zusammenzubrechen, ich war wie gelähmt. Mein Körper fühlte sich ungeheuer schwer an, der Stuhl wuchs in den Boden hinein, die Wände drifteten auseinander, und die ganze übrige Welt war gänzlich verschwunden.

Der Mann schob mir Papiere zu, die auf dem Tisch lagen.

»Hier ist die Aussage von Bürger Kirill Gratschewski. Fahrlässige Tötung, unerlaubter Waffenbesitz, man könnte es auch als Banditentum auslegen, das geht ganz fix. Sozusagen Verabredung zu einem Verbrechen innerhalb einer Bande … Aber wir brauchen nicht Sie. Wir brauchen Faishanow.«

Kirill, es war der Kirill, der vor uns geflohen war! Ein Denunziant! Woher kannten sie ihn überhaupt?

Das Foto-Gesicht schwieg, faltete die Hände und schaute mit geheuchelt teilnahmsvollem Interesse.

Kirill! Ich erinnerte mich daran, wie Mars mit ihm gesprochen hatte: Ein Denunziant war er also … hatte sich ganz oben angedient … angeblich war er ja zurückgekommen, um aus der Kolonie ein Sägewerk zu machen … Nein, Mars hatte sich geirrt. Kirill war nicht von sich aus zurückgekehrt. Ein ehemaliger Miliztutor hatte ihn geschickt, ihn gedeckt und grünes Licht gegeben. Und wir waren dazwischengekommen und hatten das Geschäft platzen lassen. Kirill wird daraufhin seinem Bullen erzählt haben, was passiert war, ohne erklären zu können, wer wir eigentlich waren. Aber das Innenministerium hatte es gekonnt. Dann hatten sie den Fall auf Eis gelegt, für den Fall der Fälle. Und nun war der FSB* im Spiel. Mussa war hier, also hatte er die Aussagen gemacht! Danila? Dschalil? Sie würden sie alle in die Mangel nehmen. Mars, was ist bloß geschehen? Hat man dir den Krieg erklärt?

Ich konnte meine Panik trotz allem zügeln, das Zimmer schrumpfte wieder auf Normalgröße zurück. Ich war einmal wegen Schmuggels verhört worden und wusste, wie man sich in solchen Situationen verhalten musste; aber Kirill – sich so zu verstricken, sich so zu rächen, so klar zu verstehen, was ein Papier bedeutete, das nachträglich in eine Akte eingeheftet wird! War Mussa von Anfang an einer von *ihnen* gewesen? Nein, dann hätten sie Kirill nicht gebraucht …

»Ich kenne keinen Gratschewski«, antwortete ich. »Das ist ein Missverständnis.«

»Das findet Ihr Freund Mussa nicht«, sagte das Foto-Gesicht. »Er bestätigt alles. Sie waren dort.«

»Das ist eine Lüge. Sie haben nichts vorzuweisen. Was haben Sie für Beweise, außer diesen Papierchen?«, sagte ich und versuchte, meine Stimme ruhig zu halten.

»Beweise?«, fragte der Mann hinter dem Tisch nach. »Beweise?«

Auf einmal war er völlig verändert, sein Jackett drückte ihn, die Krawatte schnürte den Hals ab; er legte die Fingerspitzen zusammen und begann, etwas Imaginäres zwischen ihnen zu zerreiben.

»Wir finden immer etwas, was wir vorweisen können«, sagte er vergnügt und offenbar erstaunt über meine Dummheit. »Immer.«

... Das Archiv von Karaganda und eine Menge anderer Archive, in denen ich die Akten der dreißiger Jahre studiert hatte, Millionen von Seiten mit gefälschten Anschuldigungen, Selbstanklagen, Falschaussagen, durch Folter erzwungenen Geständnissen ... Wieder brauchten sie keine Beweise. Das, was ich in den Ermittlungsakten gelesen hatte, war Realität geworden. Die Staatssicherheit, die alte Metze, sie war nicht verreckt.

Aber Mars – Mars würde nicht einfach so aufgeben! Er war nicht allein, hinter ihm stand eine ganze Gruppe, dazu noch der Staat! Ich wollte nur weg von hier und Mars anrufen.

»Dann suchen Sie mal«, sagte ich und freute mich, dass mein Ton immer noch überzeugt klang. »Suchen Sie.«

»Gut«, sagte das Foto-Gesicht unerwartet sanft. »Dann sollten wir jetzt auf Ihre Lebensgefährtin zu sprechen kommen. Sie heißt Anna, nicht wahr?«

Annas Name war wie ein Schuss ertönt; ich zuckte zusammen. Sie musste außerhalb dieses Zimmers bleiben, außerhalb dieser Mauern, weit weg, in Sicherheit.

»Wissen Sie, wer ihr Vater ist?«

»Er war Rechtsanwalt«, antwortete ich, »er ist tot.«

»Rechtsanwalt?«, vergewisserte sich das Foto-Gesicht. »Tot? Er lebt.«

Er lebte? Alles in mir zog sich zusammen.

»Die sogenannte Republik Itschkerija ... Finanzielle Unterstützung des Terrorismus ... Verbrechen gegen ... Untergrabung des Staatswesens der Russischen Föderation«, mein Gehirn schnappte nur Fragmente dieser amtlichen Phrasen auf.

»Ich sehe, der Groschen ist gefallen«, sagte das Foto-Gesicht ruhig.

Mussa – er hatte Anna verraten, er war der Einzige, der von ihr wusste! Ich drehte mich um; Mussa schaute gleichgültig, zeigte allenfalls leichtes Bedauern: Was hast du denn gedacht, Dummkopf ...

»Er ist tot«, wiederholte ich mechanisch.

»Wer hat Ihnen das gesagt?«

Wer hatte mir das gesagt?

Meine letzte Bastion war zusammengebrochen. Ich war nicht aufs Äußerste gegangen, hatte den Vermittlern geglaubt – die sich seltsamerweise alle einig gewesen waren.

»Wir können Ihre Lebensgefährtin wegen Verdacht auf Terroristenkontakte verhaften. Oder Sie unterschreiben die Aussage gegen Faishanow«, sagte das Foto-Gesicht.

»Ich muss darüber nachdenken«, antwortete ich, wobei ich innerlich schon aufgegeben hatte. Ich wusste, sie würden Anna nötigenfalls Beihilfe, Mitbeteiligung und alles Mögliche andere andichten.

»Denken Sie ruhig nach«, gestattete mir das Foto-Gesicht.

Anna oder Mars.

Da war noch etwas Schreckliches – wenn sie Anna holten, würde sie erfahren, dass ihr Vater am Leben war. Immerhin hatte sie ihn gedanklich begraben – auf meine Worte hin.

Würde sie darauf kommen, dass ich vor drei Jahren kleinmütig gewesen war? Dass ich mir und ihr den Tod ihres Vaters eingeredet hatte? Würde sie mir verzeihen, wenn sie es erfährt? Woran dachte ich eigentlich, wenn sie in Gefahr war? An mein Gewissen? Wie ich ihn hasste, diesen Vater! Warum hatte er nicht wirklich sterben können! Er war Annas Vater, sie hatte ihn gesucht, aber für mich war er ein wiederauferstandener Toter, ein Gespenst meines schlechten Gewissens, und am liebsten hätte ich ihn ins Grab zurückgestoßen.

Meine Aussage war schon vorbereitet, getippt. Mechanisch verbesserte ich einige Fehler – das Foto-Gesicht grinste und zeigte damit, dass ihm mein kleiner Aufruhr gefiel. Dann unterschrieb ich, verscheuchte dabei den Gedanken, dass ich es auch deshalb tat, um vor Anna nicht entlarvt zu werden.

»Haben Sie keine Angst vor Faishanow«, sagte mein Gegenüber. »Sie sind jetzt einer von uns. Und seine Zeit ist vorbei.«

Ich war ihm für diese Ermutigung sogar dankbar.

Gott sei Dank war Anna nicht zu Hause, sie wollte spät abends zurück sein. Sollte ich ihr von dieser Anwerbung erzählen, ohne ihren Vater zu erwähnen? Aber mit welcher Erklärung? Sollte ich Mars anrufen? Wenn sie von meinem Anruf erfahren würden, konnte das Anna schaden.

Wahrscheinlich hätte ich Anna warnen sollen, selbst wenn ich dabei eine Trennung, einen Gesichtsverlust riskierte. Ich hatte mich so lange am Rand der Häftlingswelt bewegt und gemeint, das habe nichts mit mir zu tun; und jene Welt hatte zugesehen, wie ich anmaßend die Archive betrat, in alten Akten blätterte und verfallene Baracken suchte. Jetzt kam sie mich holen, und Anna war mein Anker, mein lichter Weg zur Rettung; ohne sie würde ich für immer in diesem Sumpf steckenbleiben; nur sie glaubte an mich und mein besseres Ich.

Fliehen – wir mussten weg von hier; das war der einzige Ausweg. Geld zusammensuchen, gefälschte Pässe kaufen – ich wusste, wo man die bekam – und fliehen. Dahin, wo einen der lange Arm des FSB nicht erreichte, nach Neuseeland oder Argentinien; fliehen, es war keine Zeit zu verlieren. Meinetwegen konnte der FSB gegen Mars kämpfen und Mars gegen den FSB, nichts davon würde ich Anna erzählen, die »Wiederauferstehung« ihres Vaters verschweigen, ein weiteres Vergehen auf mich nehmen – und mit ihr fliehen!

Auf einmal wurde mir klar, dass ich Mars früher einfach anrufen und fragen konnte, was im Lande vor sich ging, woher der Wind wehte; jetzt war Mars eine Quelle der Gefahr für mich. Und wenn er nun selbst anrufen und fragen würde: Hast du etwa gegen mich ausgesagt? Was würde ich antworten?

Ich zog das Telefonkabel aus der Buchse; bevor Anna käme, würde ich das Telefon zerschlagen und ihr erklären, es sei mir heruntergefallen. Und wenn Mars herkäme? Wenn nun Dschalil und Danila nach wie vor zu ihm hielten, und nur Mussa ihn verraten hatte? Wir mussten sofort fliehen! Aber was sollte ich Anna sagen? Und das Mobiltelefon? Sollte ich es etwa wegwerfen?

Mechanisch schaltete ich den Fernseher ein – er sollte vor sich hinmurmeln, Waschpulver und Schokolade anpreisen, mich ablenken. Es kamen Nachrichten, der Sprecher meldete, das Oberhaupt des Föderalen Sicherheitsdienstes sei zum Sekretär des Sicherheitsrates ernannt worden. Ich musste lächeln, meine Selbstbeherrschung kehrte langsam zu mir zurück: Da war sie, unsere staatliche Skribomanie, man erzeugte doppelte Strukturen.

Aber dann wurde mir klar, dass ich diese Nachricht mit meinem Gehör von *gestern* aufgenommen hatte, und stellte den Ton lauter.

Noch zwei Jahre zuvor war das Oberhaupt des Sicherheitsrates und Leiter des FSB gar nicht in der Politik gewesen. Dieser Mann mit dem kurzen, telegraphischen Namen, der wie ein operatives Pseudonym klang und wie Lenin und Stalin auf »in« endete, war als Abkömmling des KGB nur Stellvertreter des Petersburger Bürgermeisters gewesen, eine Nullposition. Und nun stieg er auf, wurde entgegen der Gesetze der Karriereleiter zum *gemachten Mann*. Oder fingen die früheren Mühlsteine wieder an zu knarren, waren die alten Mechanismen wieder in Gang gesetzt worden?

Die Mitteilung hörte sich an wie ein Requiem für Mars. Und ich dachte: Was ist am FSB eigentlich schlechter als an der Armee, für deren »Auswahlmannschaft« sich Mars eingesetzt hatte? Welchen Unterschied machte das für mich? War Mars etwa wie mein Bruder? Was wusste ich schon über seine Angelegenheiten? Vielleicht war er zum Störfaktor für große staatliche Pläne geworden, hatte in der großen Politik mitmischen wollen?

Stopp, das alles hatte ich schon einmal in den alten Akten gelesen – wie Menschen zerbrachen, ihre Freunde plötzlich als Feinde sahen und rückwirkend Missgunst in ihre Worte legten … Von all dem hatte ich gelesen. Nur meinte ich damals: Nichts wiederholt sich haargenau so, wie es gewesen war. Das tat es. Wann war der Moment erreicht, nachdem eine Rückkehr unmöglich wurde?

Diesen Moment gab es nicht. Das Denkmal war vom Sockel gerissen worden, aber der Eiserne Feliks hatte die Lubjanka nicht verlassen, unsichtbar war er noch anwesend. Und jetzt waren wir wie die Bewohner der Siedlung, in der sich der Hundezar niedergelassen hatte: Die Vergangenheit war zurück, und wir mussten in ihr leben.

2

EIN ANRUF VON MARS blieb aus. Auch Mussa rief nicht an: Scheinbar hatte ich nur die Aussage gegen Mars unterschreiben müssen und wurde nun nicht mehr gebraucht. Auf einmal stellte ich fest, dass ich mir seltsamerweise kaum noch Sorgen machte. Dabei hätte man meinen können, das alles sei Verrat, Zustimmung zur Denunziation, also etwas, das sie von meinem Vater in vergangenen, viel grausameren Jahren nicht bekommen hatten … Aber mein Verstand sortierte alles ordentlich aus: Erstens waren die Vorhaltungen nicht falsch, wir hatten tatsächlich teilweise Schuld am Tod des Hundezaren; zweitens hatte ich niemanden denunziert, sondern nur einmalig etwas unterschrieben; drittens waren wir alle schuldig, sogar Anna, denn sie hatte geglaubt, ihr Vater sei tot, und mich nicht gebeten, die Suche noch einmal aufzunehmen … Und viertens war jetzt nicht die Zeit zum Nachdenken oder für Gewissensqualen: Wir mussten uns retten. Ich fühlte mich sogar seltsam frei, wie nach einem Zahnarztbesuch: Eine langanhaltende Qual, dann harrt man eine halbe Stunde im Zahnarztstuhl aus, und alles ist vorbei.

Aber trotzdem hatten sie einen Keil zwischen mich und Anna geschlagen. Zeitweise fing ich an, sie zu verdächtigen. Wenn sie gewusst hätte, dass ihr Vater lebte, dachte ich, wäre sie nicht in das Rostower Krankenhaus gefahren, hätte mich nicht mit der Suche nach ihm beauftragt. Aber vielleicht war er danach zu ihr gekommen? Ihre Verschlossenheit, ihre ewige Verschlossenheit … Wer war er überhaupt? Ein Anwalt? Hatte Anna die Wahrheit gesagt? Woher hatte der FSB Informationen über ihn? Oder wussten sie, dass er tot war, und hatten mir etwas vorgemacht, damit ich die Aussage gegen Mars unterschrieb? Ja, das kam der Wahrheit am nächsten! Sie hatten mich einfach eingeschüchtert, und ich war schwach geworden. Aber die Drohung, Anna zu verhaften, mit der sie mich zur Aussage gegen Mars gezwungen hatten, war real gewesen …

Anna merkte, dass mit mir etwas nicht stimmte, einmal fragte sie – was ist los? Ich hätte mir eine plausible Erklärung ausdenken und die Frage vergessen können. Aber Anna hatte die Neigung zu schwindelerregenden Vermutungen, zu gedanklichen Querschlägern, bei denen sie die Zielscheibe traf, was bei direktem Anpeilen unmöglich schien. Daher log ich lieber nicht, sondern sagte die halbe Wahrheit: Mars sei in Schwierigkeiten, man habe eine Ermittlung wegen einer alten Operation gegen ihn eingeleitet, an der ich beteiligt gewesen sei; Gefahr gäbe es keine, aber es könne Unannehmlichkeiten geben.

Anna glaubte mir. Und ich fing ganz vorsichtig an, sie über ihren Vater auszuhorchen – indirekt, mit Fragen nach ihrer Kindheit. Ich musste genau wissen, wer er war und was aus ihm wurde: Nur das konnte mir den Boden unter den Füßen zurückgeben, mir helfen zu verstehen, wie ich mich verhalten, welche Strategie ich für mein Handeln wählen sollte. Ich bemühte mich, mein Interesse zu verbergen, meine Fragen wie von ungefähr zu stellen, in einer vermeintlichen Anwandlung von Kindheitsnostalgie.

Unverhofft gab mir Anna einen Fingerzeig; sie erwähnte einen Anwaltskollegen, mit dem ihr Vater befreundet gewesen war. Ich stellte mir die Landkarte seiner Beziehungen vor: Immerhin hatte er Verhandlungen im ganzen Kaukasus geführt! Man musste alte Richter, Staats- und Rechtsanwälte finden, mit denen er in seinem vorigen Leben verkehrt haben konnte und vielleicht noch in Kontakt stand, falls er lebte; diese Möglichkeit war mir beim letzten Mal entgangen, als ich mich auf Tschetschenien, auf den Krieg konzentrierte, der ihn angeblich verschlungen hatte.

Und hier unterlief mir ein Fehler. Ich sagte Anna, ich würde in den Kaukasus fahren. Die Ermittlungen gegen Mars zögen sich in die Länge, ich müsse mich mit verschiedenen Leuten treffen, mich ihrer Hilfe versichern.

Anna wusste kaum, wer dieser Mars war, hier konnte kein Verdacht aufkommen. Aber wie sich jetzt herausstellte, erinnerte sie sich daran, dass ich nie im Kaukasus gearbeitet hatte, wenn man von der Suche nach ihrem Vater absah; ich hatte es ihr selbst gesagt. Und jetzt sah es so aus, als habe jene Operation von Mars im Kaukasus mit meiner Beteiligung stattgefunden …

Ich hätte flachsen, scherzen und zugeben können, dass die Sache geheim war, hätte sie loben und Sherlock Holmes nennen können; aber ihr Scharfsinn erschreckte mich, zu stark war meine innere Anspannung. Und so begann ich zu erklären, es sei eine langwierige Operation gewesen, an der ich nur beteiligt gewesen sei, als es nicht um den Kaukasus ging …

Anna schwieg, schaute scheinbar an mir vorbei. Vor Schreck geriet ich außer mir und sagte grob, es gäbe Geheimnisse, die mir nicht gehörten, in die keiner seine Nase stecken dürfe. Anna erstarrte, sie ertrug keine Grobheiten. Eilig bat ich sie um Verzeihung. Sie stieß mich nicht weg, aber ich hatte das Gefühl, als sei ein Glas gesprungen – Anna war etwas über mich klargeworden, was sie vorher nicht gewusst hatte.

Am Morgen flog ich ab und hoffte, Anna würde alles auf meine Müdigkeit und auf die Sorgen schieben, die ich mir machte. Wie immer verabschiedete sie sich von mir, küsste mich vor meiner Abfahrt, und ich versuchte, nicht daran zu denken, mit welchen Gedanken Anna nun allein blieb.

Ich fuhr durch sechs kaukasische Republiken – Dagestan, Inguschetien, Ossetien, Kabardino-Balkarien, Karatschai-Tscherkessien, Adygeja. Wäre ich nur an einem oder zweien dieser Orte gewesen, hätte ich nicht das gesehen, was ich sah. Ich überquerte Grenzen verborgenen Hasses; die Menschen lebten Seite an Seite, und in einem Haus sagte man mir, Stalin habe die Inguschen zu Recht deportiert, das seien ein für alle Mal Verbrecher, aber bedauerlicherweise habe ihnen Chruschtschow die Rückkehr ermöglicht; in einem andern Haus sagte man, die Osseten seien Diebe und Feiglinge und hätten sich den Prigorodny-Bezirk einverleibt; in einem dritten Haus hieß es, von den Dagestanern sei nur Unheil zu erwarten, dort habe sich bereits ein wahhabitischer Untergrund gebildet; im vierten Haus sagten sie, die Balkaren töteten in den Bergen Touristen, und im fünften Haus, die Tscherkessen würden sich noch für ihre Aussiedlung unter der Zarenregierung rächen …

Ich wollte nichts über Geschichte wissen, ich suchte

Annas Vater, aber das Gespräch kam von selbst auf die Nachbarn, darauf, wer recht hat und wer schuld ist; das Fleisch des Lebens war schmerzvoll gereizt; an die alten Kränkungen waren bereits Zündschnüre gelegt.

Aber dennoch gehörten meine Gesprächspartner zur sowjetischen Elite, der ehemaligen besonderen Kaste; und ihr Kastendenken brachte sie dazu, die Dinge des heutigen Lebens mit Hochmut und Verachtung zu sehen; genussvoll belehrten sie mich, öffneten dem Grünschnabel die Augen.

»Dudajew?«, sagte ein ehemaliger Staatsanwalt zu mir. »Dudajew? Ein unabhängiger Präsident? Divisionskommandant strategischer Bombenflugzeuge? Meinst du, in der Sowjetunion hätte man jedem Erstbesten Atomwaffen in die Hand gegeben? So einer wurde hundermal überprüft, er war einer von *ihnen*! Und dieser Mufti? Weißt du, wie viele Madāris es in der Sowjetunion gegeben hat?«

»Nein«, antwortete ich.

»Einen«, sagte der ehemalige Staatsanwalt triumphierend. »Woher kommen alle diese Muftis? Aus der Madrasa von Taschkent. Warum, meinst du, hat der KGB die Öffnung dieser Madrasa erlaubt? Bassajew – ein Terrorist?«, fuhr er fort. »Der hat in Abchasien für Russland gekämpft und soll ein Terrorist sein?«

Auf einmal sah ich, dass auf dieser Bühne ausschließlich alte Figuren in neuen Masken agierten. Konnte Annas Vater, ein Anwalt, Informant des KGB gewesen sein? Ja. Anwälte wie er bekamen ihre Zulassung von der Staatssicherheit, hatten das Sieb ihrer Überprüfungen durchlaufen. Hat man ihn eigens in die Goldmafia einschleusen, ihm die Rolle des »Consigliere« zuteilen können? Ja. Hat er, als Tschetschenien unabhängig wurde, versuchen können, mit den alten

Herren zu brechen? Ja. Es waren chaotische Jahre gewesen, wie hinter einem Dunstschleier … Aber immerhin gab es eine Akte über ihn, eine Leine, mit der man ihn band. Eine Leine? Der KGB dieser Republik war 1991 gestürmt und zerschlagen worden. Dort hatte man alles aufbewahrt, was ihn kompromittieren konnte. Und so war er Berater der Mafia geblieben, und diese hatte sich mit der neuen Macht zusammengeschlossen … Und was hatten die Vermittler gesagt? Was war mit seinem Tod? Natürlich war er sozusagen gestorben, er konnte jetzt unter anderem Namen leben, sogar zum Islam konvertiert sein.

Ich gab die Idee auf, Annas Vater finden zu können; hier, bei diesen trügerischen Gestalten, wo jeder – einschließlich jener, mit denen ich gesprochen hatte – sich als Werwolf, als Agent entpuppen konnte; längst waren alle Spuren für eine Suche verwischt.

Ich flog von Wladikawkas ab. Vor meinem Abflug wollte ich auf den Stadtmarkt gehen, um für Anna ein Souvenir zu kaufen, immerhin war ich im Kaukasus, ihre Heimat; Bergwiesenhonig oder Tschurtschchela mit Walnüssen, etwas, in dem der Geschmack der von ihr verlassenen Orte lebte.

Die Gasse vor dem Haupteingang zum Markt war menschenleer, beide Zugänge wurden von Milizpatrouillen mit Lastwagen und Pkws versperrt, sie ließen niemanden außer Fußgänger durch; wahrscheinlich war es wieder ein Sondereinsatz, sie suchten jemanden, dachte ich.

Ich betrat den Markt. Am Eingang befanden sich die Blumenstände; der Morgen war noch frisch, und die Rosen standen in Glaskästen, deren Scheiben von innen durch die Wärme brennender Kerzen beschlagen waren; die Kerzenflammen hatten sich in regenbogenfarbene, pulsierende Kugeln verwandelt. Es sah so aus, als böten die Verkäufer keine Blumen feil, sondern stellten seltsame Gewächse der Nebelnacht zur Schau, irrlichternde Sternenleuchtkäfer, eingefangen am Vortag in den Bergen.

Der Markt – ein Reich des fröhlichen Geplappers, der schwankenden Waagschalen, der Zurufe und des scherzhaften Wortwechsels über die Stände hinweg. Ein Ort, an dem Diebe einem in die Taschen greifen, sich das Geld in Luft auflöst, wo die Geldscheine fünfmal von Hand zu Hand gehen, große in kleine getauscht werden, kleine sich zu Münzen verklimpern, Münzen wieder zu einem Geldschein gefügt werden – doch dieser Markt war wie tot, hatte sich selbst kastriert, sich in einen Eunuchen verwandelt, voller Gleichgültigkeit gegenüber den Freuden des Fleisches.

Was war geschehen?

Ich bemerkte einen Mann, einen hochgewachsenen Mann in einem langen, absurden Mantel, der viel zu dick war. Er hatte ihn scheinbar angezogen, als das beginnende Frühjahr noch frostig gewesen war, und seitdem nicht ausgezogen. So wie Markttölpel dümmlich starren, bis etwas von der Freigiebigkeit des Handels für sie abfällt, stand auch er unbeweglich da und starrte auf einen Sack Kartoffeln, einen gewöhnlichen, an einen Stand gelehnten Kartoffelsack. Er war schmutzig, und durch Löcher schienen schrumpelige »Schwarzblaue« vom Vorjahr durch: Offenbar hatte ein Packer ihn hergeschleppt, war weggegangen, um den nächsten zu holen, und der Verkäufer hatte ihn noch nicht hineingetragen; es war ein großer, mindestens fünfzig Kilo schwerer Sack.

Und dann – war der Sack explodiert, die ganze Welt war

explodiert; ich wusste es doch, hatte davon gehört, es aber vergessen, verdrängt.

Der Kartoffelsack – genau so einen Sack hatte man vor zwei Monaten hier stehen lassen und eine Verkäuferin gebeten, auf ihn zu achten – und in seinem Inneren hatte der Zeitzünder getickt. Da war sie, die frische Farbe an den Pavillons, und gegenüber bauten Bauarbeiter eine Ziegelwand wieder auf, da waren die Löcher im Asphalt, das Haus in der Nähe hatte neue Rahmen und Fensterglas, Äste waren von den Bäumen geschnitten; da war die Marktkatze, die so starr in die Gegend schaute wie der Mann im Mantel und die Gerüche der Fischstände nicht wahrnahm.

Ich fühlte seinen Verlust als wäre es meiner, mit derselben Klarheit, als sei ich in einen fremden Körper gefahren; ich erinnerte mich an Dinge, die ich nicht erlebt hatte, an die ich mich unmöglich erinnern konnte – alles stand mir klar vor Augen.

Wir hatten gestritten, und sie war weggelaufen und hatte gesagt, sie wolle zum Markt, Gewürze kaufen; sie mochte Scharfes, sogar Kaffee kochte sie mit Chili; und jetzt schien ihr wohl, unserem Streit fehle es an Schärfe, ihre Wut habe nicht die Kraft, die sie haben sollte.

Ich wusste, sie würde in einer halben Stunde zurückkommen, würde umkehren, ohne beim Markt angekommen zu sein, würde eine Prise Garstigkeit aus den Sticheleien kehliger Stimmen auf der Straße nehmen, aus dem scharfen Morgenwind der Berge, aus dem Hupen der Autos – oh, wie melodisch das Hupen der Autos am Bahnhof war, wo die Taxifahrer sich gegenseitig Passagiere abjagten. Und auf dem Weg zurück würde sich alles verlieren, wohlig entleert beträte sie das Haus, käme in die Küche, würde das Gas entzünden und an der blauen Flammenkrone eine Zigarette anmachen – nicht mit einem Streichholz, ein Streichholz gibt der Zigarette nicht den richtigen Geschmack –, und sie würde den Rauch auf den Kaktus blasen; und das bedeutete – Frieden, Frieden, Frieden!

Aber an jenem Tag ging ich ihr nach zehn Minuten hinterher – mir schien, sie war zu sehr gekränkt und vielleicht nicht zum Markt gegangen, sondern rechts abgebogen, Richtung Terek, dorthin, wo seine trüben Gewässer vom Staudamm gebrochen wurden, der Strom seine geschmeidige Kraft zeigte; dort saß sie gern stundenlang, beobachtete, wie der Fluss die Steine rieb, und lud sich an der sinnlosen Beharrlichkeit des Fließens auf – dann konnte der Zwist sich hinziehen.

Und als über den Häusern der Kirow-Straße eine schwarze Wolke hochschlug, das schwere Dröhnen einer Explosion in dem gequälten Klirren der gebogenen Straßenbahnschienen an der Kreuzung widerklang und dann die aufgeschreckten Vögel verzögert über den Dächern aufflogen, wollte ich mir gar nichts anderes mehr vorstellen, als dass sie am Staudamm saß.

Aber aus der Ferne drang ein Schrei, ein Schrei, der zwei Viertel durchlaufen hatte, der Klageruf verletzter Menschen, deren Körper von Glas zerschnitten, von Metall zerfetzt, von innen nach außen gewendet und zu Boden geworfen worden waren; in diesem Schrei erkannte ich ihre Stimme; keine Stimme, sondern Lautpartikel nur, in die eine Stimme im Ersterben zerfällt: schmerzvolles Stöhnen, Geflüster, Schluchzen.

Herrgott – man konnte sie nicht finden, durch die Explosion hatte sie sich in blutiges Gemenge verwandelt; *sie* war es, die ein Besen weggefegte, *sie* war es, die der Frühlingsregen vom verbogenen Blech spülte, *sie* war es, die immer noch in den Nähten der heil gebliebenen Verkaufsstände steckte, in denen sich der Dreck sammelte.

Die Kerzen in den Blumenkästen – sie brannten *für sie*; sie war alles – und in allem.

Nein, ich durfte nicht nach links zum Fischpavillon, wo in riesigen Metallkübeln Karpfen und kaspische Störe erstickten; dort war das Leiden alles Lebendigen, ein langsamer Tod, sich trübende Schuppen, aufgeblasene Kiemendeckel und scharlachrote Kiemen darunter.

Nein, ich durfte nicht geradeaus zu den Hühnerfrauen aus den umliegenden Dörfern, den weißen, kaffeebraunen Pyramiden aus Eiern mit süßem, dickem Dotter, zu den Hühnern, die so gelb waren wie Wachs – unmöglich schien es, diese Wachsfärbung anzusehen.

Nach rechts musste ich, nach rechts, zu Tomaten und Datteln, zu Weintrauben und Zwiebeln. Hier, der hausgemachte Wein, nicht rot, sondern rubinrot – und jetzt *ihr* Blut; hier, die Kornelkirschkonfitüre, etwas sauer und bitter – der Geschmack *ihrer* Küsse; hier, die Äpfel *ihrer* runden Knie, hier, ein Pfirsich – der sanfte Flaum *ihres* Nackens; hier, die Auberginen – mit der Rundung *ihrer* Waden; hier, die gelben, purpurroten, himbeerfarbenen Tschurtschchela-Flöten – die Süße ihrer Wirbelsäule; hier, der schneeweiße, knirschende Kohl, entzweigeschnitten zeigt er seine Reinheit im Inneren – und die im Kern fest ineinandergedrehten Kohlblätter haben die Form *ihrer* Ohrmuscheln angenommen; hier, die zarten Möhren mit mattem Grün, zu zweien, zu dreien verwachsen, als erinnerten sie sich daran, Finger gewesen zu sein; hier, Petersilie und Dill, Koriander und Basilikum – in den Adern des Basilikumblattes sind *ihre* zarten Venen zu erkennen; hier, die Kastanien – die flachen Schalen zeigen die Eleganz, den Glanz, die Monde *ihrer* Nägel.

Weiter – der Quark, Quark in riesigen Schüsseln, er hat sich das Weiß *ihrer* ungebräunten Frühlingshaut genommen; kleine Zöpfe eng verflochtener Käsefäden, geräuchert bis zum Kupferton, bis zu einem bronzenen Leuchten – es ist das Kupfer, die Bronze *ihrer* Haare, wenn sie ihnen im Zorn ihre Freiheit nahm und zu einem straffen Zopf band; der feuchte, quieksende Frischkäse in Lake – Stoff *ihres* Schluchzens, *ihrer* Tränen, die Innenhäute *ihres* Körpers; ein anderer Käse, kräftig, bröselig, voll kleiner Öffnungen – wie ihre Nasenlöcher, Tränenkanäle, Gehörgänge.

Zurück, zurück, nicht nach rechts zu den Fleischständen – dort hängen Tierkörper an Haken, dort gibt es hundert Jahre alte Holzklötze aus trotzigen Gebirgsbäumen, Fleischaltäre. Vorbei an den Fässern mit eingelegten Tomaten, marinierten Weinblättern, violettem Kohl, festen, höckrig-warzigen Salzgurken, hinaus, vorbei an Gebäck und Lebkuchen, Brot und Mehl, Bonbons, Torten und Kuchen, ich weiß, hier ist sie nicht, alles nur Betrug, ich weiß, ich komme morgen wieder hierher und versuche, mir alles einzuprägen, jedes winzige Detail, solange der Markt nicht zu seinem Überschwang zurückgefunden hat, solange die Wände nicht ausgebessert, der Asphalt nicht erneuert wurde; bevor jede Frucht, jeder Stoff nur wieder das sind, was sie waren.

Vielleicht hieß auch *sie* Anna; kann sein.

Weg, nur weg vom Markt! Überall Phantombilder, ich hatte sie vorher nicht bemerkt – an Ladentüren, Pfählen, Taxifensterscheiben; gesucht wurden die Mörder, aber es sind zu viele der schwarzweißen Gesichter, auch sie schauen in die Menge, suchen jemanden. Mich? Dort, der Bärtige an dem Pfahl hat den Kopf gedreht und den Schnurrbärtigen an der Frisiersalontür etwas gefragt.

Die ganze Stadt war zu einem Netz der Observation, von Blick und Gegenblick geworden, man verfing sich darin und kam nicht mehr los. Wohin sollte man fliehen, wenn man überall auf Phantombilder, auf Schwarzweißgesichter traf – im Schaukasten des Milizreviers, an der Bahnhofstür, am Eingang zum Flughafen, hinter dem Rücken des Hotelempfangschefs, in den Händen der Milizionäre auf den Straßen? Sie sahen alles, bemerkten alles, unterschieden in der Menge ihre Leute vom Fremden; sie waren viel mehr als die anderen, die sie jagten.

Und dieser Milizionär dort – er ähnelte dem Phantombild im Schaukasten, konnte sein Doppelgänger sein; wer war er in Wirklichkeit?

Und auf einmal erfasste ich die Energetik der Doppel- und Dreifachexistenzen, das totale Spiel der Masken; weil ich jetzt Zutritt zu ihrer Dimension hatte, konnte ich das Spinnennetz von Verhören, konspirativen Zusammenkünften, verdeckten Absichten durchschauen, diese ganze Gesellschaft von Marionetten, die ohne einen Puppenspieler agierten, in der jeder dem anderen verpflichtet war – ein griechischer Tanz sich verflechtender Figuren auf einer Amphore.

Es existierte keine Vereinzelung von Staat und Terroristen, alle hingen im Verborgenen miteinander zusammen, die Agenten beider Seiten hatten sich untereinander zu sehr gemischt, als dass man hätte sagen können, wer zu wem gehört.

Der Verrat der einen, die Korrumpiertheit der anderen,

das Interesse der Dritten, der Vorteil der Vierten, die Verantwortungslosigkeit der Fünften, die Inkompetenz der Sechsten – dieses faule Milieu wurde zum Zündstoff; wie beim Mord an Stolypin, bei dem im Nachhinein erkennbar wurde, dass jemand vorweg die Schusslinie freigeräumt hatte.

Herrgott!

Der Informant der Ochrana Bogrow, den man bewaffnet ins Kiewer Theater gelassen hatte und der dort Premierminister Stolypin erschoss.

Der Gendarmerieoberst Sudejkin, der mit Hilfe eines vertrauten Agenten ein Attentat auf seinen eigenen Chef, Innenminister Graf Tolstoj, plante …

Jewno Asef: Er leitete die Kampforganisation der Sozialrevolutionäre und war Geheimagent der Polizei, beförderte Innenminister Plehwe und ein Dutzend weiterer Prominenter ins Jenseits, außerdem verriet er eine Unmenge führender Revolutionäre an die Ochrana – ohne dadurch das Vertrauen der einen oder der anderen Seite zu verlieren …

Gapon, der Pope Gapon, geheimer Mitarbeiter der Polizei, Prophet der Arbeiterklasse, er führte den Marsch auf das Winterpalais an, der mit einer Erschießung endete, dem Blutsonntag.

Das alles hatte es schon gegeben, und zwar vor der Sowjetunion; in welche Tiefe waren wir gestürzt?

Fliehen, nur weg von hier, solange ich auch nur teilweise in diese Dinge verstrickt war; fliehen, Anna retten, damit ich ihrer nicht auf dem Markt der trauernden Seelen gedenken musste, wo einen der Tod aus einem Kartoffelsack treffen konnte – und die Kartoffeln mit gegenseitigem Hass vergiftet waren, und alle anderen Früchte der Erde auch.

3

ALS ICH WIEDER IN MOSKAU WAR, erfuhr ich bereits am Flughafen aus den Zeitungen, dass der Ministerpräsident zurückgetreten und durch den ehemaligen Chef von FSK, FSB und Innenministerium, einem Mann aus Jelzins alter Mannschaft, ersetzt worden war.

Am nächsten Tag rief Mussa an, er sagte:

»Mars wurde verhaftet. Du musst herkommen. Morgen um zehn.«

Ich fühlte keine Schuld, sondern Erleichterung; Mars gehörte bereits der Vergangenheit an, er konnte mir und Anna überhaupt nicht helfen, nur Schaden anrichten.

Am Morgen brachte mich Mussa wie ein Begleitsoldat zu jenem unscheinbaren Hauseingang. Wieder saß dasselbe Foto-Gesicht hinter dem Tisch – auch sein Hemd schien dasselbe zu sein –, nur Mussa stand diesmal nicht im Türrahmen, sondern ging hinaus.

»Danke«, sagte das Foto-Gesicht. »Du hast uns geholfen. Faishanow wird hinter Gitter gebracht. Nicht, weil ihr irgendeinen Hundezaren getötet habt«, er zog die Stirn in Falten, als müsse er über Dinge sprechen, die unter seiner Würde lagen. »Derartige Zaren sind uns egal«, brummte er. »Faishanow ist ein Feind des Landes. Ein Feind unserer Heimat.«

Ich spielte den Verständigen, und innerlich sagte ich mir: Was redet er? Wem sagt er das? Weiß er etwa nicht, dass ich in zahllosen Verhörakten gelesen habe, wie Ermittler Vernommenen erklären, dass der Beschuldigte, gegen den sie aussagen sollen, ein Volksfeind ist?

»Mach weiter so wie bisher«, sagte das Foto-Gesicht. »Wir

helfen dir sogar. Falls du was aus den Archiven brauchst. Wir haben ja unsere eigenen Archive. Die sind geheim. Willst du da hin?«

»Will ich«, antwortete ich und wusste, dass ich meine Seele verkaufe, dass ich sie bereits verkauft habe, dass sich die Schlinge um meinen Hals fester zuzog.

»Gut«, sagte er zufrieden. »Gut. Schließlich hast du in unserem Revier gewildert, ohne um Erlaubnis zu fragen.«

Und als er bemerkte, wie ich mich anspannte, fügte er hinzu:

»Halb so schlimm. Das darfst du jetzt. Falls es Klienten geben sollte, ruf an. Wir finden alles schneller. Kostet aber einen Eilzuschlag. Das wird dir klar sein.«

Leichenhändler waren sie, verfügten über Archive, in die man mich nur als Bittsteller ließ, verfügten über jene, die von ihren Vorgängern liquidiert worden waren – und wollten daraus auch noch ein Geschäft machen! Widerliche Kreaturen! Und darüber hinaus gab es noch Geheimarchive mit Angaben über Informanten und Agentenringe, die nie zugänglich gewesen waren.

Mit plötzlicher Leichtigkeit sagte ich:

»Ich habe schon einen Klienten. Er sucht seinen Großvater. Er zahlt viel. Aber der Name ist nicht bekannt.«

»Viel – das heißt wie viel?«, fragte das Foto-Gesicht.

»Siebentausend Dollar«, antwortete ich.

»Sieben …«, er wägte ab. »Zehn.«

»Ich denke, der Mann wird einverstanden sein«, antwortete ich.

»Und wie sieht die Situation aus?«, fragte das Foto-Gesicht interessiert. »Das Geld wird man aufteilen müssen, alle haben ihre Tarife.«

»Der Name ist unbekannt. Aber es gibt ungefähre Angaben, wo er gedient hat.«

»Welches Jahr?«, fragte er.

»1939 bis 1944«, antwortete ich. »Der Klient hat den Verdacht, sein Großvater könne für das NKWD gearbeitet haben.«

»Wieso denn gleich Verdacht«, antwortete das Foto-Gesicht. »Wenn dieser Großvater einer von *uns* war, dann finden wir ihn.«

Mein Gegenüber wirkte mittlerweile ganz anders als am Anfang unserer Unterredung; ich kam mir vor wie in einer kommunalen Wohnungsverwaltung, wo der Schlosser mir verspricht, den Wasserhahn zu reparieren: Wir haben ihn eingesetzt, wir werden ihn auch auswechseln, machen Sie sich keine Sorgen. Ach, wie schön hatte ich mir das alles ausgedacht, war dem Teufel den Buckel heruntergerutscht, brachte den FSB dazu, meinen Großvater Michail zu suchen.

»Komm gelegentlich bei mir vorbei«, sagte das Foto-Gesicht und riss ein Blatt aus dem Tischkalender. »Hierher, zu uns. Du rufst an und sagst, du willst zu Klimow. Bring die Papiere mit, die da sind, und das Geld.«

Ich merkte, dass das Gespräch beendet war und stand auf. Innerlich jubilierte ich: Ich hatte sie geleimt, sie dazu gebracht, für mich zu arbeiten!

»Und noch was«, sagte das Foto-Gesicht auf einmal schroff, zurückverwandelt. »Erstens läuft bis Ende August der Faishanow-Prozess, bleib in der Nähe, vielleicht wirst du gebraucht. Zweitens: Du suchst den Vater deiner Freundin, ja?«

Ich konnte mich kaum auf den Beinen halten.

»Gaukle mir nichts vor«, sagte »Klimow«. »Wir haben

Aussagen von drei Leuten. Aber du stellst dich ganz gut an bei deiner Suche.«

Ich setzte mich doch.

»Nun werd nicht so nervös«, sagte er. »Wir wollen ihn auch finden. Ein alter Kader, abgetaucht. Dabei könnten wir ihn jetzt gut gebrauchen.«

Ich dachte an den Markt der trauernden Seelen, an die Eiterbeule des Hasses, die im Kaukasus schwärte; wofür brauchten sie Annas Vater? Die Aussage gegen Mars war also kein einmaliger Spielzug gewesen – es waren viele, und vielleicht war mit Mars nur die Partie eröffnet worden … Es war mir so vorgekommen, als hatten sie Annas Vater als Druckmittel gegen mich benutzen wollen, doch nein. Annas Vater war ganz sicher einer von ihnen, und nun suchten sie ihren ehemaligen Agenten, der vor sehr langer Zeit in der nicht anerkannten Republik verschwunden und ihnen vom Haken gegangen war.

»Da braut sich was zusammen. Es wird heiß, sehr heiß«, sagte »Klimow«. »Pass auf deine Freundin auf. Sollte dir etwas Ungewöhnliches auffallen, sag Bescheid. Die werden von dort angelaufen kommen wie die Kakerlaken. Es gibt natürlich einige Schlupflöcher … Aber pass auf.«

Die Moskauer Straßen – sie haben sie mir gestohlen; ich ging durch die Stadt wie ein Vagabund, der nicht weiß, wo er übernachten soll. Anna – ich musste verschwinden, musste ihr fernbleiben, aber zum ersten Mal begriff ich mit grausamer Klarheit, warum Großvater Michail, *der Aussätzige*, im Winter 1941/1942 zu Großmutter Tanja gekommen war: Auch ein Aussätziger braucht einen Winkel, braucht jene, die vielleicht nicht die ganze Wahrheit kennt und in ihm einen Menschen sieht.

Anna – sie meinten, ihr Vater habe sie absichtlich nach Moskau geschickt, um sich einen »Unterschlupf« zu verschaffen für den Fall, dass alles verloren wäre und er nur bei einem Verwandten Sicherheit fände; er würde ihr blind vertrauen, weil er wusste, dass sie ihn nicht abwies. Und ich sollte sie jetzt beobachten …

Ende August – man hatte mich förmlich an den Kalender gespießt wie einen Schmetterling auf eine Nadel; ich musste nur diesen verfluchten Sommer überstehen und durchhalten, bis Mars verurteilt war, und dann konnten wir fliehen.

Obwohl ich mich schon an die neuen Umstände gewöhnt hatte, fühlte ich auch eine gewisse Courage: Sie wussten nicht alles über mich, ich hatte noch einige Spielzüge in Reserve, und wir würden uns herauswinden; je riskanter ich spielte, umso höher waren die Chancen auf einen glücklichen Ausgang.

Deswegen händigte ich »Klimow« die Angaben über Großvater Michail und einen Umschlag mit Geld aus; die verwandtschaftliche Linie zu meinem Großvater war nicht erkennbar, meine Großmutter hatte ihrem Sohn nicht den Namen seines Vaters gegeben. Das Foto-Gesicht zählte das Geld und sagte, er brauche Zeit: zwei bis drei Monate. Das wäre wiederum der August, zu ihm führten alle Wege.

Wie lang dieser Sommer war! Im Hof jagten Kinder, die in den Ferien nicht weggefahren waren, einem Fußball hinterher, ihr sinnloses, erbittertes Fluchen warfen die aufgeheizten Wände als Echo zurück; sie stritten lange, ob es »Hand« gewesen war oder nicht, wer im Tor stehen und wer den Elfmeter schießen sollte, wer den Ball nicht gehalten hatte; keine schöne Ballabgabe, kein guter Schuss, und mir kam es so vor, als sei ich an einem ebenso missratenen, unbegabten Spiel beteiligt.

Anna war still, zurückhaltend, als ließe sie mir in der Wohnung mehr Raum. Ich erzählte ihr nichts mehr von meinen Angelegenheiten, erklärte nur, ich sei damit beschäftigt, eine Sache von Mars und mir zu Ende zu bringen. Wieder fehlte mir die Kraft für eine vollwertige Lüge, und Anna schien mir Zeit zu geben, damit ich mich sammle, wieder der Alte wurde – und ihr aufrichtig erzählte, was wirklich vor sich ging.

Ihre stumme Anteilnahme und Unterstützung machten mich sogar wütend; ich wusste, dass sie mich nicht löchern, nach der Wahrheit fragen würde, das entsprach nicht ihrer Natur – und ich wollte, dass sie ganz töricht weiblich aus der Haut fuhr: mich verdächtigte, Krach schlug, Aufrichtigkeit forderte – und ich hätte ihr atemlos alles offenbart. Aber wie immer leistete sie keinen Widerstand und war nachgiebig.

Ich fühlte, wie ich wahnsinnig wurde. Wenn sie Annas Vater brauchten, warum gingen sie dann nicht direkt auf sie zu? Und wenn man sie auch vorgeladen hatte? Sie angeworben worden war? Man glaubte ihr vielleicht nicht und hatte mich eingeschaltet? Noch vor einem Jahr hätte ich mir nicht vorstellen können, meinen Fuß in das »Klimow«-Büro zu setzen. Was hinderte mich jetzt daran, mir Anna dort vorzustellen? Nichts …

Mich peinigten dämonische Eingebungen; mit der Begründung, Anna führe ein vermeintliches Doppelleben, wühlte ich in ihren Sachen, belauschte ihre Telefongespräche, schämte mich dann und merkte, dass sie völlig unschuldig war, begegnete ihr danach mit doppelter Zärtlichkeit, mit dankbarer Bewunderung.

Ich suchte in jenen Sommermonaten nach einem Fluchtweg, traf Vereinbarungen, handelte mit Kleinigkeiten, setzte alle meine Verbindungen ein, um durch eine Vielzahl von Verabredungen die zwei oder drei wirklich wichtigen zu tarnen. Ich kannte Leute, die mir bei einer illegalen Ausreise helfen konnten, die echte Dokumente auf einen anderen Namen fälschten – doch überall sah ich die dümmlichen Augen von »Klimow«, die mich zu verfolgen schienen.

Ich schrieb einen Brief an Kastalski – keine Telefongespräche – und bat ihn, mir die Antwort postlagernd zu schicken; ich fragte ihn, ob er meine Dienste in Anspruch nehmen wolle, ob er helfen könne. Kastalski antwortete, dass sein Geschäft – der Antiquitätenhandel – floriere, gern hätte er mich als Partner; er brauche verlässliche Leute, sein Tätigkeitsfeld dehne sich aus, man müsse zu Ausgrabungen an nicht ungefährliche Orte reisen.

Er lud mich nach Istanbul zu Gesprächen ein – zu diesem Zeitpunkt suchte er gerade etwas in der Türkei, irgendwelche byzantinischen Altertümer; was für ein Glück war das, Anna offen und ehrlich sagen zu können, dass ein alter Bekannter mir Arbeit anbot, dass ich ihn treffen würde und wir, falls alles gut liefe, in den Westen gingen. Denn immer noch liefen die Ermittlungen gegen Mars, man könne nichts dagegen tun, es gäbe eine gewisse Gefahr …

Anna freute sich, schien aber nicht wirklich froh zu sein. Oder bildete ich mir das ein, und Anna war einfach noch nicht bereit, ihr Leben leichthin zu ändern?

Als blinder Passagier fuhr ich per Fähre von Noworossijsk nach Trabson, meine alten Verbindungen halfen mir. Von dort ging es nach Istanbul; mit Kastalski hatte ich mich in einem Teegarten am Topkapı-Palast verabredet.

Wenn am Morgen über dem Bosporus das schale Sonnenrot über der Mitte der Welt aufgeht und der weißgelbe, poröse Kalkstein sich mit dieser Farbe vollsaugt, die Stadt auf dem Hügel sich in eine rote Steinmasse verwandelt, wie aus einem Ofen gezogen, fällt das kühle, entfernte, vom Himmel gespiegelte Licht in die Gassen hinter der Blauen Moschee, wo die Bretterwände der Häuser an die mittelalterlichen Moskauer Bezirke Samoskworetsche oder Marina Roschtscha erinnern.

Hier ist die Luft grau und rauchig, wie das reinliche Alter von Holz, das seine Farbe verloren hat und nur mit grauen Härchen glänzt, die an den Flaum einer Pusteblume erinnern; hier sind die verstaubten Fenster kalt, und das morgendliche Gemurmel von den Minaretten, unsanft, derb und resolut, klingt nicht wie ein Aufruf zum Gebet, sondern wie die Stimme der Gegenwart, geschäftig und unerbittlich.

Diese Gassen, diese Bretterwände wirken so, als hätten sie jene hergebracht, die Anfang der zwanziger Jahre die Krim, Moskau und den Kaukasus verließen; Wohnstätte für Flüchtlinge, deren Sachen in einen Koffer oder ein Bündel passen. Dort stand ich und dachte auf einmal an den Onkel meiner Großmutter, den Geistlichen, der womöglich mit Wrangels Truppen die Krim verlassen hatte, woraufhin diese in der Türkei Quartier nahmen. Dieser Onkel hatte meine Großmutter ein Leben lang wie ein Gespenst verfolgt – jederzeit konnte herauskommen, dass sie die Nichte eines Kirchenmannes war –, und mir fiel ein, dass ich nie daran gedacht hatte, ihn zu suchen, denn sicher gab es Nachkommen. Mir öffnete sich eine riesige Welt außerhalb von Russlands Grenzen, und auch hier war ich kein Fremder, auch hier hatte ich Wurzeln; es gab einen Ort, zu dem ich schwimmen konnte.

Mit diesen Gedanken ging ich zum Treffen mit Kastalski. Zunächst erkannte ich ihn nicht, obwohl er allein im Teegarten saß; ich suchte nach seinem unvergesslichen, durch die Explosion verunstalteten Gesicht, sah aber einen eleganten, jugendlich wirkenden Alten ohne jede Anzeichen einer Missbildung. Er hatte sich auch schon erhoben, um mich zu begrüßen, und mir wurde klar: Er war operiert worden. Eine plastische Operation in einer guten Klinik, und schon waren die Spuren von der Mine beseitigt, die in den Karpaten nach dem Krieg explodiert war; eine Operation reichte, und man war ein neuer Mensch!

»Ein neuer Mensch« – wiederholte ich innerlich, der Gedanke begeisterte mich; alles war heilbar, alles verging. Kastalski lächelte, er hatte offenbar mit einer solchen Reaktion gerechnet; und obwohl auffiel, dass er sich wie zuvor bemühte, sein Gesicht mit der Hand zu verdecken – diese Geste hatte den Grund, der sie hervorgebracht hatte, überlebt –, sah ich vor mir den großartigen Beweis, ein großartiges Beispiel dafür, dass die Vergangenheit rückgängig gemacht werden konnte.

Kastalski erzählte mir von Ausgrabungen in Afrika, vom illegalen Export alter Kunst aus dem Irak; von alten Heiligtümern im Regenwald des Amazonas.

»Ich muss jemanden nach Madagaskar schicken«, sagte er zum Schluss. »Dort hatte das Geschwader von Admiral Roschestwenski Station gemacht. Einige Monate später kamen sie dann in Tsushima* um. Man erzählt sich, dort gibt es bis heute Dinge, die die Einheimischen den Seeleuten abgekauft haben. Ich brauche einen Russen für dieses Geschäft. Sind Sie bereit?«

Ich konnte nur nicken. Und ich folgte meiner Intuition

und erzählte dem alten Mann wie einem Geistlichen auf einmal meine ganze Geschichte: Vom Hundezaren, von Mars, von »Klimow«, Annas Vater und Anna selbst – ohne meine Worte zu wählen oder mich um die Geschlossenheit meiner Erzählung zu scheren, durcheinander und verworren.

»Was meinen Sie, wie es den Antiquitätenhändlern in der UdSSR ging?«, fragte Kastalski sanft, nachdem er alles angehört hatte. »Genau so. Auch ich habe mit dem KGB zusammengearbeitet. Anders ging es nicht. Verlassen Sie Russland. Hier kriegt man Sie nicht. Und bringen Sie Ihre Freundin mit. Sollen die Toten bei den Toten bleiben. Sie haben meinen Vater gefunden, und jetzt werde ich Ihnen helfen – seinem Andenken zuliebe. Verlassen Sie Russland.«

Kastalskis Worte nahmen den Bann der Scham von mir; da saß mir dieser Mann gegenüber, er hatte gespitzelt – und nichts war dabei; das Gewissen quälte ihn nicht, niemand spuckte ihm ins Gesicht. Ich glaubte, ebenso entkommen zu können; und wenn Anna nicht weggehen wollte – nun ja, dann war es ihre Entscheidung.

Als ich nach Moskau zurückkam und unsere Wohnung betrat, saß Anna vor dem Fernseher. Die letzten Wochen hatte ich befürchtet, Anna könne aus einer Laune heraus die Nachrichten sehen wollen, und man würde dort über den Prozess gegen Mars berichten, auch wenn »Klimow« gesagt hatte, der Prozess fände unter Ausschluss der Öffentlichkeit statt.

Sie saß dort – und über den Bildschirm fuhren Panzer, flogen Kampfhubschrauber; was war das – ein Dokumentarfilm über den Krieg in Tschetschenien? Aber warum zeigten sie ihn zu der Zeit, in der die Nachrichten laufen sollten?

Erst da bemerkte ich, dass Anna die Bilder ohne Ton sah;

vorsichtig trat ich auf sie zu – sie hatte sich nicht einmal zu mir umgedreht – und stellte langsam, ganz langsam den Ton laut.

»Eindringen der Rebellen nach Dagestan«, sagte die Stimme des Sprechers schneidend. »Die russische Armee leistet den Terroristen Widerstand. Der Ministerpräsident versprach, entschiedene Maßnahmen einzuleiten.«

Man zeigte den neuen Premier: Ein Leiter des FSB hatte den Posten von einem anderen Leiter des FSB übernommen. Der Neue wirkte jugendlich, dynamisch; der Alte hatte mit seinem Patron Jelzin förmlich dessen Krankheit und Schwäche geteilt. Der Neue hingegen wurde umso stärker, je mehr der Präsident an Kraft verlor.

Anna – sie hielt die Fernbedienung in den Händen – drückte mechanisch auf einen Knopf, und die Stimme verschwand. Wie eine Puppe saß sie da und sah Bilder – Panzer, Hubschrauber, Artillerie –, die genauso waren wie vor fünf Jahren, als sie versucht hatte, auf die Rückseite dieser Bilder zu schauen, ihren Vater dort zu finden. »Da braut sich was zusammen«, hatte »Klimow« gesagt; was für eine Untertreibung! Es war Krieg, ein richtiger Krieg. Deswegen dachten sie also, Annas Vater wolle von dort fliehen und seinen Fluchtweg nutzen. Das würde ich ihm nicht erlauben. Sollte er wieder verschwinden. Er brachte Anna in Gefahr.

»Du«, rief ich sie, »he, du!«

Du – das war die zärtlichste Form, sie anzusprechen; sie reagierte nicht. Ich hob sie hoch und trug sie aufs Bett; sie rollte sich zusammen wie ein Embryo und erstarrte.

Am Morgen fuhr ich sie zur Arbeit; Anna schien dankbar zu sein, dass ich mich um sie kümmerte.

Kastanajewskaja – die Straße, in der sie arbeitete, war

nach Kastanajew benannt; die noch unreifen Dolden einer Eberesche hingen starr herab wie ein schwerer Regenfall; ich hatte Anna schon früher hier abgeholt, dachte aber das erste Mal darüber nach, woher ich den Namen der Straße kannte, warum er bei mir alte Erinnerungen weckte. Anna musste längst aussteigen, aber ich erzählte von meiner Kindheit, von einem zerfledderten Buch über die Polarpiloten, die Helden der dreißiger Jahre, über das verschollene Flugzeug von Sigismund Lewanewski, der auf seinem Flug nach Amerika den Nordpol überquert hatte … Auf einmal erinnerte ich mich an alles, und mein Instinkt sagte mir: Das war er, der einzig richtige Moment für dieses Gespräch, der Moment, in dem ich Anna überzeugen konnte, von hier wegzugehen.

»Weißt du, wer Kastanajew war?«, fragte ich.

Anna lächelte, mein pedantisches Interesse hatte ihr noch nie gefallen, sie meinte, dieses schulmeisterliche Wissen – wem zu Ehren eine Straße benannt war, wer in einem bestimmten Haus gelebt hatte – mache das Leben notorisch langweilig.

»Stell dir vor«, sagte ich zu Anna, »wir hätten jetzt das Jahr 1937, es ist der 12. August …

Vor zwei Wochen hat das NKWD den Geheimbefehl Nr. 00447 ausgegeben. Für Regionen und Republiken wurden Erschießungsquoten festgelegt. Hunderttausende Menschen sind zum Tode verurteilt. Er ist da, der Tod. Er schwebt über Betten und Wiegen, fährt Fahrstühle hinauf, reist in Autos und Zügen, wirbelt den Staub der Feldwege auf, sattelt Pferde, prüft seine Waffen und das Farbband in den Schreibmaschinen – man wird viel, sehr viel tippen müssen.

Und auf dem Flughafen in Moskau wird am 12. August

die Maschine mit der Nummer H-209 zum Abflug vorbereitet. Die Crew besteht aus sechs Personen, der Zielort ist Fairbanks auf Alaska. Kastanajew ist Copilot der Crew.

Ob sie wussten, was in ihrem Land vor sich ging, ob sie sich bewusst waren, welche Chance ihnen das Schicksal bot?

Die H-209 verschwand. Angeblich haben Eskimos sie an der Küste von Alaska gehört, angeblich haben Jakuten sie über einem Taigasee gesehen. Sie wurde von einer Unmenge an Flugzeugen, Schiffen und von Bodenrettungsmannschaften gesucht – umsonst.

Nach Lewanewski wurden später Dutzende Straßen, Schulen, ein Stadtbezirk und ein Motorschiff benannt; Jahrzehnte später suchte man sein Flugzeug in der Taiga, der Tundra und im Eis, wobei man auch Mystiker und Hellseher zu Hilfe holte und die alten Einheimischen befragte – doch niemand fand etwas.

Sie waren aus *dem Jahr 1937 weggeflogen*, als hätten sie den Absturz ins Unbekannte einer möglichen Verhaftung vorgezogen. Manchmal glaube ich, sie haben alles vorher durchdacht und sind in Wirklichkeit auf Grönland oder den unbewohnten Inseln von Kanada gelandet; damals gab es weder Radars noch Sputniks, die den gesamten Luftraum hätten kontrollieren können, sie waren für die ganze Welt verschwunden, zu verschollenen Helden geworden – und hatten dabei vielleicht in Wirklichkeit ihre Namen geändert, sich in entfernten Gegenden versteckt.«

Am liebsten hätte ich Anna jetzt ein Foto von Lewanewski gezeigt, dem Piloten mit Pasternaks Gesicht, dem Piloten mit einem Dichtergesicht; ich zitierte aus dem Gedächtnis die Zeilen:

Wenn – ohne zurückzubleiben –
Die Nacht schmilzt, der Pilot
will den Weltenschlaf umkreisen,
taucht hinein ins Wolkenrot.

Wenn man die Verse hörte, konnte man meinen, nicht Lewanewski, sondern Pasternak sei davongeflogen, oder zumindest mit ihm zusammen.

Ich erzählte ihr, wie sie abgehoben war, die H-209, wie sie Richtung Nordosten über entkulakisierte Dörfer, Zwangsarbeiterkanäle, Sträflingslager flog, wie Häftlinge ihr nachschauten, beim mühevollen Baumfällen, auf Sammelbahnhöfen, wo man im Morgengrauen gerade eine weitere Häftlingsgruppe aus dem Waggon trieb; über Bergwerke und Gruben, über die Siedlungen der Nomaden, denen man für jeden gefassten Ausreißer einen Sack Mehl gab.

Ich erzählte ihr, wie sie hinunterschauten, die Davonfliegenden, die ihre tödliche Heimat verließen; wie sie vielleicht an die schlafenden Wachhunde dachten, an die eingeschlummerten, in ihre Joppen gemummten Aufseher – oder an den einen von ihnen, der vor Überschuss an jugendlichen Kräften nicht schlief, von seinem Posten aus verwegen das Gewehr hob und auf das Flugzeug hoch am Himmel zielte, ohne zu wissen, dass er rechtens zielte, dass die Equipage schon alles beschlossen hatte und nur im Heckraum einer lag, der nicht einverstanden gewesen und mit einer sanften Fallschirmleine erstickt worden war; und seine Leiche würden sie ins ewige Eis werfen.

Die H-209, das Flugzeug der Freiheit, ich hatte es erfunden, weil ich selbst gern aus der Geschichte über den Hintereingang verschwinden wollte, im rechten Moment, wenn es noch nicht zu spät war.

»Lass uns weggehen«, sagte ich zu Anna, nachdem meine Erzählung beendet war, in die ich alle meine Kräfte gelegt hatte.

»Wir gehen weg«, antwortete Anna. »Wir gehen weg. Unbedingt. Ich will nicht hierbleiben.«

Mir war eine Last von der Seele genommen.

Das Schwierigste war nun, bis September durchzuhalten, die Frist abzuwarten, die »Klimow« mir gesetzt hatte – ich wollte ihn nicht unnötig reizen. Ich ließ unsere Pässe mit anderem Namen duplizieren (Anna war jetzt Irina) und überlegte mir eine Fahrtroute durch die Ukraine, wo man die Grenze überqueren konnte, indem man einfach über ein Feld ging – aber mir fiel nichts ein, wie ich Anna diese Winkelzüge erklären sollte.

»Klimow« rief mich noch einmal zu sich, wieder über Mussa.

Ich saß da und erwartete seine Fragen, und er schaute mich scheinbar zerstreut an: Offensichtlich hatte man ihnen das so beigebracht, um den anderen nervös zu machen. Aber ich war mir ganz sicher, dass »Klimow« nichts über Kastalski wusste und auch nicht, dass ich in Istanbul gewesen war; schließlich konnte er nicht alles sehen.

»Sag mal«, fing »Klimow« auf einmal an, »weiß deine Freundin eigentlich, was du in Karelien gemacht hast?« Sein Ton hätte besser zum Erzieher in einem Kindergarten gepasst.

»Ja«, antwortete ich fest, »das habe ich ihr erzählt.«

»Ich glaube eher nein«, sagte »Klimow« und fuhr in hartem Ton fort: »Weshalb ich das sage? Die Zeit rennt. Was ist mit ihrem Vater?«

»Nichts«, antwortete ich. »Keine Anrufe, keine Briefe. Was in ihrer Arbeitszeit vor sich geht, weiß ich nicht.«

»Um ihre Arbeitszeit brauchst du dich nicht zu kümmern«, antwortete »Klimow«, »in ihrer Arbeitszeit achten andere auf sie.«

Anna arbeitete in einem großen Touristikunternehmen, war für die Werbung zuständig; Touristik, Pässe, Dokumente, Auslandsreisen ... Zwei Abteilungsleiter kamen noch von »Intourist«, Anna hatte es einmal erzählt ... Was für ein Idiot ich doch war, dass ich Eins und Eins nicht zusammengerechnet hatte! »Intourist« hatte quasi dem KGB gehört, wahrscheinlich waren es noch dieselben Leute ... Und sowieso musste es in einem Touristikunternehmen einen Informanten geben; oder machte »Klimow« sich über mich lustig? Nein, das sah nicht so aus.

»Also, halt die Augen offen«, sagte »Klimow«. »Übrigens. Das Archiv hat die Dokumente zusammengesucht, du kannst sie abholen. Allerdings wird es teurer, sag das deinem Klienten. Er muss dreitausend drauflegen«, er grinste.

Ich war auch damit einverstanden; alle meine Versprechen gegenüber »Klimow« hatten keine Bedeutung – in einer Woche oder sogar früher würden Anna und ich in der Ukraine sein, auf dem Weg nach Polen.

Zu Hause sah Anna wieder fern; im diesem August war sie den Nachrichten aus dem Kaukasus verfallen wie einer Droge.

Buinaksk ... ein Terroranschlag ... eine Detonation ... TNT-Äquivalent drei Tonnen ... Dutzende von Toten ... Nach Moskau gebracht – der Fernseher zeigte die Ruine eines fünfstöckigen Hauses.

Ich war kurz zuvor in Buinaksk gewesen, als ich Annas

Vater suchte, hatte mich dort mit einem ehemaligen Sonderermittler der Staatsanwaltschaft unterhalten; Anna wusste davon – aber nicht von diesem Gespräch, sondern von meinem Besuch in der Stadt – und sah mich forschend an: Ob ich etwas wüsste, was man im Fernsehen verschwieg?

Mir wurde klar, dass ich auf die Terroristen hätte treffen können, falls sie den Anschlag schon geplant hatten. Schließlich hatten sie das Haus vorher ausgewählt – einem Plan folgend, zufällig, intuitiv? Jemand hatte sie auf dieses Haus gebracht – bewusst oder unbewusst, durch eine Erwähnung in einem Gespräch? Waren sie dort gewesen, hatten sie die Menschen gesehen, die einige Tage später durch ihre Hand sterben würden?

Und auf einmal fühlte ich, dass unter den vielen Menschen, mit denen ich in den sechs Republiken gesprochen hatte, tatsächlich jemand mit dem Untergrund in Verbindung gestanden haben konnte. Ich hatte Dutzende von Händen gedrückt, die ich nicht hätte drücken sollen, hatte auf die traditionellen Fragen an einen Gast von mir, von Moskau, von meiner Freundin erzählt und dabei, ohne es zu merken, auf gefährliche Weise zwei Welten zueinandergebracht, sie durch einen Pfad miteinander verbunden, der in zwei Richtungen führte. Ich war über diesen Pfad *dorthin* gegangen, aber es konnte ja auch jemand *von dort* kommen. Ich war wie ein unerfahrener Zauberer aus einem Fantasy-Roman, der den Weg in andere Welten eröffnet und nicht merkt, dass er von der anderen Seite das Böse eingelassen hat, dass es durch eine Ritze zwischen den Dimensionen gedrungen ist. Und wenn es schon hier war, sich umschaute, suchte, schnüffelte, blind umherspürte, sich wie ein wahnsinniger Kreisel drehte – auf wen würde der Zeiger dann weisen?

»Du bist irre«, sagte ich mir selbst, »du bist irre.«

Anna schaltete den Fernseher aus, und die Vision von den zwei vereinigten Welten verschwand, fiel in sich zusammen wie das Fernsehbild; es blieben nur wir beide, unsere Wohnung, unsere Zukunft – in der Schublade lagen neue Pässe, Geld, Kastalskis Visitenkarte –, wir mussten uns aussprechen und fliehen.

Am nächsten Tag holte ich die Dokumente über Großvater Michail, die das Archiv herausgesucht hatte; es war der Schlusspunkt, meine letzte Erledigung in Moskau, das ich gedanklich schon verlassen hatte.

Am Nachbareingang traf ich auf die alte Frau, die das ganze Haus kannte; sie lebte allein, und wenn sie etwas einkaufen musste, ging sie hinunter und bat andere Hausbewohner, sie zum Laden zu führen. Diese Frau – sie mochte um die achtzig sein – fand ich abstoßend; einmal hatte ich sie geführt, und sie hatte mir erzählt, sie habe früher am Kontrollpunkt des Flughafens Scheremetjewo gearbeitet, wo die Auslandsreisenden durchsucht wurden. Da wurde mir klar, warum sie bei jedem neuen Menschen, auf den sie traf, dessen Figur ertastete, und ich dachte: Was war nach Tausenden von Kontrollen in ihren Händen, in ihrer Seele geblieben, lag darin das Geheimnis ihres hohen Alters? Hatte sie denen, die sie durchsuchte, immer ein Körnchen ihres Lebens geraubt?

Die Alte erinnerte sich nie daran, wer sie am Tag zuvor begleitet hatte, schloss jedes Mal aufs Neue Bekanntschaft. Und auch jetzt tastete sie mich ab, blieb mit ihren geöffneten Händen bei meinem Gesicht und sagte mit junger Stimme, als habe sie von mir etwas Lebenskraft geschöpft:

»Ich merke, Sie sind einer von uns.«

Einer von uns … für die alte Frau waren das die Zollkontrolleure und der KGB; war ich etwa schon von deren Geist durchdrungen?

»Ich habe eine wichtige Angabe zu machen«, sagte die Alte.

Ich ahnte, sie würde jetzt anfangen, zu lästern. Und richtig:

»Gestern«, sagte sie nach einer Atempause, »wurden am Keller Säcke abgeladen. ›Zucker‹ stand darauf. Aus einem ist etwas herausgerieselt …« Gleich wird sie sich über die Packer beschweren, dachte ich und ging weiter, ohne das Flüstern der Alten zu beachten: Sollte sie heute jemand anderes in den Laden führen.

»Klimow« gab mir eine dünne Mappe, die mit einem Bändchen zugeschnürt war, und sagte:

»Der Mann hatte ein sehr interessantes Leben.« Er klopfte mit dem Fingernagel auf die Mappe. »Das ist Stoff für einen Roman. Was ist mit Ihrer Freundin? Wir brauchen ihren Vater, unbedingt. Gibt's was Neues?«

Ich schüttelte den Kopf.

»Na gut«, sagte »Klimow« unerwartet friedfertig. »Wir überlegen uns was. Wo ist das Geld?«

Ich gab ihm einen Packen Geldscheine.

»Du kannst gehen«, »Klimow« wies mit der Hand zum Ausgang.

»Ich kann gehen«, wiederholte ich lautlos; dieser Dummkopf ahnte ja gar nicht, wie recht er hatte.

Über Großvater Michail wusste ich zwei wesentliche Dinge nicht: woher er kam und wohin er verschwand. Jetzt würde ich sie erfahren. Ich blätterte in einem Café die Papiere durch, ich sah, wie sein Leben verlaufen war; ich sah alles, was Großmutter Tanja hatte verbergen wollen und was sie nicht gewusst hatte; ich sah, wie sie die Erzählung ihres Lebens redigiert, die Felder von Licht und Schatten festgelegt, einiges verschlüsselt und anderes sichtbar gelassen hatte, wobei sie sich sicher gewesen war, ihr Geheimnis würde sich selbst zur Wehr setzen; die Röntgenstrahlen der Akte durchdrang alle Schichten der Erinnerung.

Michail hatte als Halbblut, zur Hälfte von Kosaken, zur anderen von einem Bergvolk abstammend, von Anfang an eine gespaltene, gebrochene Existenz geführt, als habe diese seiner Natur am meisten entsprochen.

1918 trat er mit sechzehn Jahren den TschON-Sondertruppen der Rotarmisten bei und wurde gleichzeitig Mitarbeiter der WeTscheKa; die entstehende sowjetische Staatssicherheit hatte die Armee bereits im Blick.

An der Front des Bürgerkriegs kämpfte er nicht, seine TschON-Einheit wurde zur Niederschlagung von Aufständen eingesetzt.

An diesem Punkt war er in der Erzählung meiner Großmutter aufgetaucht; sie hatte ihn als zweitrangige Figur eingeführt, für jedermann sichtbar gemacht, weil sie wusste, dass sie kein Risiko einging.

In seiner Akte gab es eine Notiz, er habe in einer Kreisstadt im Gouvernement von Tambow gedient, wo er sich aus einem von Banditen überfallenen Militärzug rettete.

Er war mit Großmutter Tanja über den Totenhof gegangen, hatte nach ihrem Vater gesucht; deswegen konnte sie ihn im Herbst 1939 sofort wiedererkennen, als sie erneut aufeinandertrafen.

Aber was hatte er in diesem Militärzug zu suchen? Warum gab er sich als freiwilligen Rekruten aus, wenn er doch schon drei Jahre in der Armee diente, dazu noch bei den

Sondertruppen? Wieder diese unklaren Spielereien, wieder diese Masken.

Nach dem Bürgerkrieg diente er in der Armee – und gleichzeitig in der OGPU, später NKWD; wahrscheinlich lieferte er Informationen über seine Kameraden. Vermutlich wollte das NKWD ihn zur Militärakademie schicken, ihn sozusagen auf die nächsthöhere Dienstetage heben – daraus wurde nichts. Während der Repressionen wurde er nicht verhaftet, deswegen hatte er danach wahrscheinlich einen besonderen Nimbus, man rätselte, worin das Geheimnis seiner Unverwundbarkeit bestand.

Moralisch unzuverlässig, Zechereien, Frauen … Und dann geschah etwas mit ihm im Finnischen Krieg. Vielleicht hatte er dort den *neuen* Krieg gesehen, der anders war, als der Pferde-Säbel-Bürgerkrieg? Oder hatte er durch die Verletzung seine Verwundbarkeit zu spüren bekommen, an Rettung gedacht?

Von diesem Moment an schreibt Großmutter Tanja in ihrem Tagebuch über ihn: Die Begegnung im Lazarett, ein Jahr des Zusammenlebens, der Kriegsbeginn … Das Tagebuch stimmte darin überein: Zweimal geriet er in eine Einkesselung, und einmal kam er ins Strafbataillon, er wurde verwundet, schlug sich tapfer durch, wurde mit Orden ausgezeichnet – der Große Krieg schien ihm geholfen zu haben, seine Gespaltenheit zu vergessen.

1944 – das Jahr seines Verschwindens; »als Angehöriger einer verfolgten Nationalität von den Frontstreitkräften abgezogen«; das väterliche Blut der Berge wog schwerer als das russische seiner Mutter. Er wurde zu einem Sammelpunkt geschickt und nach Kasachstan verbannt, ohne Recht auf Korrespondenz.

Das war also geschehen, als Großmutter Tanja gewünscht hatte, er möge nicht zurückkehren. Einige Tschetschenen, Inguschen, Balkaren durften weiter dienen, sie wurden von der Kommandoleitung ihrer Einheiten geschützt; andere wurden einfach entlassen, wiederum andere wurden Arbeitssoldaten, mussten Bäume fällen. Aber unter Michail tat sich förmlich eine Klappe nach der anderen auf, und er fiel bis auf den Grund: Er wurde nach Kasachstan deportiert, das System hatte in aller Ruhe *»einen von uns«* gefressen.

Man ließ ihn in Kasachstan zur Ansiedlung, er wurde als Agent an die örtliche Lagerverwaltung übergeben; man schleuste ihn in eine Bande von ehemaligen Frontkämpfern ein, dort wurde er entlarvt und erstochen.

Hatte diese Bande wirklich existiert oder wollten die operativen Mitarbeiter der Miliz über einen eingeschleusten Agenten Material sammeln, das ausreichte, um diese Bande auf dem Papier zu konstruieren? Vielleicht war es dieselbe Bande, der Kastalskis Vater angehört hatte, vielleicht waren sie sich dort begegnet? Dazu schwieg die Akte.

Was hatte er bei seiner Deportation gefühlt? Konnte er den Verdacht gehegt haben, Großmutter Tanja habe gegen ihn ausgesagt? Was hatte er im Schilde geführt?

Ich hatte alle seine Fehler wiederholt, bis auf einen: Ich konnte noch weggehen. Wie Kastalski würde ich ein neues Gesicht und ein neues Leben haben.

Anna war nicht zu Hause. Ich fand die Schubladen aufgezogen, den Schrank geöffnet. Unsere Sachen waren auf das Bett geworfen. Sie hatte für die Flucht gepackt – nur das Notwendigste. War etwas geschehen? Ich sah ins Fach, wo sie Geld und Dokumente aufbewahrte. Leer. Der Schmuck, den ich ihr geschenkt hatte, war da.

Nirgends eine Notiz.

Sie war weg.

Ganz.

Wir überlegen uns was, hatte »Klimow« versprochen. Wir überlegen uns was.

Sie waren hier gewesen. Wahrscheinlich Mussa. Anna hatte ihm die Tür geöffnet. Was hatten sie ihr gesagt? Dass ich sie denunziert hatte? Nein, was hätte das gebracht? Sie haben gesagt, dass ihr Vater am Leben ist. Ich stellte mir vor, wie es gewesen war.

Hat Sie und die Mutter verlassen … Terrorismus … Sie haben ihn überhaupt nicht gekannt … Sie oder du? Du, wahrscheinlich. Du hast ihn überhaupt nicht gekannt. Er ist Abschaum.

Sie werden ihr mit Haft gedroht, Kooperation gefordert haben. Hat Anna abgelehnt? Zugestimmt? »Klimow« hat das alles schon gewusst, als er mir die Akte von Großvater Michail gab. Warum jetzt? Früher hatten sie Anna für gefährlich gehalten und über mich agiert … Ein Befehl? Irgendein Befehl? Erst hatten sie keine Eile gehabt, und nun brauchten sie Annas Vater ganz dringend? Wo war sie? Wie konnte sie fliehen? Suchte man sie schon? Hatte sie so getan, als sei sie am Boden zerstört, sich einen Aufschub ergaunert? Was hatten sie ihr über mich erzählt? Was dachte sie jetzt von mir, wo sie wusste, dass ihr Vater lebte? Verfluchtes, verfluchtes Gespenst … Vielleicht hatte sie auch gar nichts begriffen, mich gerettet – vor sich selbst …

Es ist schon merkwürdig, dachte ich distanziert – Großvater Michail hat schließlich nie ganz verstehen können, was ihm widerfahren war; er wusste nicht, dass Großmutter Tanja sich gewünscht hatte, er möge nicht zurückkehren.

Für ihn war einfach sein Leben zerbrochen, nachdem es sich in eine Kette unerklärlicher Katastrophen verwandelt hatte, in einen üblen Traum, in dem man in einen Brunnen fällt und versucht, sich an den Wänden festzuhalten, aber der Fall hört nie auf.

So lagen nun auch für mich die Antworten auf alle Fragen hinter dem Horizont des Verstehens. Ich stürzte in einen Brunnen, ohne zu wissen, *was* Anna mir wünschte, welches Gefühl sie in ihre gedankliche Abschiedsbotschaft gelegt hatte; was sie bewegte – Verachtung oder Edelmut.

Ich ging zum Fenster und hoffte, in der Dunkelheit der Stadt die imaginäre Spur ihrer Anwesenheit zu spüren.

Der Zeitzünder im Keller zeigte 23:59:58. Und die Welt hörte auf zu existieren.

Es wird an einem Tag sein, der sich von der Nacht nicht unterscheidet; es wird in einer Nacht sein, die sich vom Tag nicht unterscheidet. Auf den Dächern der Stadt leuchten Funken von Feuerskörpern auf – aller Feuerskörper, die je den Moskauer Himmel erleuchtet haben.

Von der Jausa und dem Moskwa-Fluss steigt Nebel auf. Vor langer Zeit verstummte Fabriksirenen fangen an zu heulen und stoßen Rost und Ruß aus ihren Kehlen; im Norden, im Süden, in den Häfen singen die Signalhörner der Flussschlepper. Die Straßenbahnschienen stöhnen auf, blaue, frisch duftende Funken rieseln von den Drähten der Oberleitungsbusse. Auf den Bahnhöfen hebt und senkt sich das Echo aller ankommenden und abfahrenden Züge; den Himmel über den Flughäfen erleuchten Landescheinwerfer Tausender Flugzeuge.

In den dunklen, undurchsichtigen Gewässern der kanalisierten, unterirdischen Flüsse spiegeln sich Häuser, Bäume, Laternen, gelb leuchtende Fenster, die einst an ihren Ufern standen. Der Asphalt erzittert von den Metrozügen, die unter der Erde vorbeifahren, Vogelschwärme fliegen von entfernten Müllhalden und Friedhofsbäumen auf, dichter grauer Rauch zieht aus den Schornsteinen des Bezirks Kapotnja.

In den Parks, an Teichen und Niederungen erzittern die mit Frostrissen übersäten alten Bäume. Auf den leeren Straßen breiten sich die Laute des verschwundenen Lebens aus: Reifenquietschen, Schlurfen von Sohlen, Husten, Kleiderrascheln, Klappern von Absätze; Bellen, Katzenschreie, Knirschen des Dachblechs, Gemurmel der Wasserleitungen und Heizkörper, Gerassel der Fahrstühle, Klappern der Schlösser, Pfeifen der Zugluft auf Dachböden, schweres Platschen von nasser Wäsche an den Leinen.

Über den Vogelhäusern inmitten der Elendsviertel fliegen Tauben auf, scheppern die Briefkastenklappen, riecht es nach Tinte und Siegellack, nach Brot aus der Bäckerei.

Alle Gerüche und Geräusche fließen zusammen, verschmelzen mit dem Nebel, und in diesem Dickicht des Gewesenen und Ungewesenen, in dem Gemisch von vorgestrigem Licht und der verklungenen Musik der Militärorchester ist kein Platz mehr für Menschen.

Rauch von Brandstätten, Drehen von Warnleuchten, letzte Blicke durch die Taxischeibe, Minuten des Wartens unter einer Straßenuhr, das Gedächtnis der Gassen und Höfe, der Tordurchgänge und Löcher im Zaun, Gedanken an frühere Wohnungen, in denen jetzt Fremde leben – alles vereint sich mit allem, und dann heult schrecklich und widerhallend, als ströme Wasser durch ein Leck, die Windtunnelanlage des

Zentralen Aerohydrodynamischen Instituts auf. Der viele Jahre zuvor stehengebliebene Zeiger der Uhr des Nördlichen Flussbahnhofs rückt vor, und auch das Bahnhofsgebäudeschiff ruckt an.

An diesem Tag, der sich von der Nacht nicht unterscheidet, in dieser Nacht, die sich vom Tag nicht unterscheidet, treffen wir uns wieder: Ich komme zu dir aus den Schatten der Straßen, aus den Rissen im Ziegelstein, aus der Leere hinter abgeblättertem Putz.

Leb wohl.

ANHANG

Anmerkungen des Autors und der Übersetzerin

S. 12 **Wlassow-Anhänger** – Mitglieder militärischer Gruppen von ehemaligen sowjetischen und anderen Bürgern, die auf der Seite Deutschlands gegen die UdSSR kämpften. Bezeichnet nach dem Namen von Generalleutnant Andrej Wlassow, der 1942 in Gefangenschaft geriet und zu den Deutschen wechselte. Später führte er die Russische Befreiungsarmee ROA an, wichtigste Streitkraft der Kollaborateure. Die Anführer wurden später hingerichtet, die Mehrheit der Soldaten verbannt.

S. 19 **Schlacht auf dem Kulikowo Pole** – Gefecht zwischen dem vereinigten russischen Heer unter Kommando des Großfürsten von Moskau Dmitri und dem Heer des Emirs der Goldenen Horde Mamai, das am 8. September 1380 auf dem Kulikowo Pole (Schnepfenfeld) ausgetragen wurde. Historisch gilt sie als Beginn der Befreiung des russischen Bodens von der Macht der Goldenen Horde.

S. 19 **Michail Tuchatschewski** (1893–1937) – sowjetischer Heerführer. Während des Bürgerkriegs leitete er insbesondere die Niederschlagung der antibolschewistischen Aufstände in Kronstadt und Tambow. 1937 wurde er im Rang eines Marschalls der Sowjetunion der Zusammenarbeit mit der deutschen Spionage beschuldigt und erschossen. Rehabilitiert 1957.

S. 22 **Schlacht von Schipka** – ein Ereignis des Russisch-Osmanischen Kriegs 1877–78. Die russischen Truppen verteidigten den Schipkapass im heutigen Bulgarien, die türkische Armee wollte ihn erobern. Die Kämpfe fanden im Gebirge statt, die Truppen erlitten größere Verluste durch die Wetterbedingungen als unmittelbar durch die Kampfhandlungen.

S. 22 **Alexander Koltschak** (1874–1920) – Admiral der russischen Marine, Politiker, Wissenschaftler. Während des Bürgerkriegs einer der Anführer der Weißen Bewegung, 1918–1920 Oberster Regent Russlands, wurde von den Bolschewiki erschossen.

S. 22 **Pjotr Wrangel** (1878–1928) – russischer Feldherr, einer der Anführer der Weißen Bewegung, Oberbefehlshaber der sogenannten Russischen Armee auf der Krim. Zog nach der Niederlage gegen die Rote Armee seine verbliebenen Truppenteile sowie Flüchtlinge von der Krim nach Konstantinopel ab, starb in Brüssel.

S. 36 **Bauernaufstand von Tambow** – einer der größten Aufstände gegen die Bolschewiki im Bürgerkrieg, ereignete sich 1920–1921 im Gebiet des Gouvernements Tambow. Benannt nach Alexander Antonow, einem der Anführer des Aufstands und Mitglied der Partei der Sozialrevolutionäre. Grund des Aufstands war die Zwangsrequirierung von Lebensmitteln durch die Bolschewiki. Schätzungsweise beteiligten sich maximal 50 000 Menschen. Niedergeschlagen wurde der Aufstand von Truppen unter dem Kommando von Michail Tuchatschewski.

S. 36 »**Grüne**« – allgemeine Bezeichnung für bewaffnete Formationen, die in der Zeit des Bürgerkriegs in Russland weder zu den Roten (Bolschewiki) noch zu den Weißgardisten gehörten. Der Begriff wurde vornehmlich für Banditen gebraucht, die gegen alle kämpften.

S. 40 **WeTscheKa** – Allrussische Außerordentliche Kommission zum Kampf gegen Konterrevolution und Sabotage. Wurde 1917 unter der Leitung von Feliks Dzierżyński gebildet. Mit dem Beginn des Bürgerkriegs erhielt sie Sondervollmachten und gehörte zu den wesentlichen Instrumenten des sowjetischen Staatsterrors. Später wurde sie mehrfach umformiert und umbenannt (1923 OGPU – Vereinigte Staatliche Politische Verwaltung, 1934 NKWD – Volkskommissariat des Inneren, später MGB – Ministerium für Staatssicherheit und KGB – Komitee für Staatssicherheit).

S. 44 **TschON** – Sondertruppen, speziell militarisierte Formationen der bolschewistischen Partei mit Aufgaben im Wachschutz, für

Bestrafungsaktionen und militärische Einsätze. Gegründet 1919, aufgelöst 1925, zeichnete sich durch besondere Grausamkeit aus.

S. 57 »**Im Reich der Tiere**« – populärwissenschaftliche Sendung des sowjetischen und später russischen Fernsehens. Ihre musikalische Introduktion, gespielt vom Orchester Paul Mauriat, war einer der bekanntesten musikalischen Codes der sowjetischen Kultur.

S. 60 **Jewgeni Onegin** – Dieses und die folgenden Zitate aus »Jewgeni Onegin« stammen aus der Ausgabe: Alexander Puschkin. Jewgeni Onegin. Aus dem Russischen von Rolf-Dietrich Keil. Insel Verlag Frankfurt am Main und Leipzig, 1999. Anm. d. Ü.

S. 64 »**Erschießung des Weißen Hauses**« – volkstümliche Bezeichnung für den Konflikt zwischen Anhängern Präsident Jelzins und Vertretern des Obersten Sowjets, der sich im September und Oktober 1993 in Moskau ereignete. Die bewaffnete Phase des Konflikts endete mit dem Sturm der Residenz des Obersten Sowjets, an dem Armee-Einheiten und Panzer beteiligt waren. Politisches Ergebnis des Konflikts war die Abschaffung des Vizepräsidentenpostens und die Übertragung von Machtbefugnissen des Parlaments auf den Präsidenten.

S. 67 **Alexej Surkow** (1899–1983) – sowjetischer Lyriker, zweifacher Stalinpreisträger, erster Sekretär des Sowjetischen Schriftstellerverbands von 1953 bis 1959. Autor von Texten beliebter militärisch-patriotischer Lieder.

S. 68 **Konstantin Simonow** (1915–1979) – sowjetischer Lyriker und Schriftsteller, Leninpreisträger und sechsfacher Stalinpreisträger. Autor populärer Kriegslyrik.

S. 73 **NKWD** – Volkskommissariat für Innere Angelegenheiten der UdSSR, gegründet 1934. Zu seinen Aufgaben gehörten politische Fahndungen, Strafvollzug, Außenaufklärung, Grenzbewachung und Spionageabwehr innerhalb der Armee. Das NKWD durfte außergerichtliche Urteile verhängen. Außerdem baute es große Industrieobjekte und besaß industrielle Unternehmen, war faktisch ein Staat im Staat. In der zweiten Hälfte der dreißiger Jahre übte das NKWD massenhaft Repressionen gegen die Bevölkerung der UdSSR aus, die unter dem Namen »Großer Terror« in die Geschichte eingingen.

S. 77 **Das 8. Mechanisierte Korps der Roten Armee** war eine Militäreinheit innerhalb der 26. Armee des Kiewer Militärsonderbezirks. Das Korps trat am 22. Juni 1941 in den Kampf gegen die deutschen Truppen ein. Bereits zum 30. Juni hatte sich das Korps in einige Gruppen aufgespalten, die in der Umzingelung ohne Kontakt zueinander kämpften. Im Verlauf der Kampfhandlungen und bei der Durchbrechung der Umzingelung erlitt das Korps schwere Verluste, mehr als 5000 Menschen galten als vermisst. In der Folge wurde das Korps aufgelöst.

S. 82 **Bürgerwehr** – militärische Einheiten (Divisionen), die im Sommer 1941 auf Grundlage einer »freiwilligen Beteiligung« aus Personen zusammengestellt wurden, die nicht der gesetzlichen Wehrpflicht unterstanden. Schlecht ausgebildet und bewaffnet wurden diese Einheiten im Herbst 1941 Teil der regulären Armee und erlitten schwere Verluste bei der Schlacht um Moskau.

S. 83 **Wissenschaftliches Forschungsinstitut für Goldabbau** – eine in Wirklichkeit nicht existierende Institution, deren Name während des Zweiten Weltkriegs als Tarnung des sowjetischen militärischen Nachrichtendienstes diente.

S. 83 **Lend-Lease Act** – staatliches Programm, mit dem die USA ihre Verbündeten im Zweiten Weltkrieg mit Munition, Technik, Lebensmitteln und Rohstoffen ausrüsteten.

S. 88 **»Eingekesselter«** – Jargonausdruck für Militärpersonen der Roten Armee, die in deutsche Einkesselung geraten waren und sich daraus befreien konnten, was negative Folgen haben konnte: Häufig sahen die Behörden Eingekesselte als Verbrecher. Ein »Einkesselungsvermerk« in der Personalakte konnte eine Karriere zum Stillstand bringen oder als erschwerender Umstand gelten.

Die »**Filtration**« der Eingekesselten wurde vom NKWD durchgeführt, dabei wurden die Gesetze missachtet: Man sah in ihnen entweder Spione oder Deserteure, die sie »entlarvten« und zu Falschaussagen zwangen.

S. 103 **Polnische Aktion des NKWD** – eine Serie von Verhaftungen von Personen polnischer Nationalität, die nach Erlass des NKWD-Befehls Nr. 00485 vom 11. August 1937 begann und die Staatssicherheitsorgane beauftragte, einen in der UdSSR ansässigen Agentenring der erfundenen Polnischen Militärorganisation (POW) zu verhaften. Insgesamt wurden mehr als 36000 Menschen inhaftiert und verurteilt.

S. 109 **Stepan Bandera** (1909–1959) – einer der Anführer der Organisation Ukrainischer Nationalisten (OUN), der für die Schaffung eines unabhängigen ukrainischen Staates eintrat. 1941, nach Beginn des Krieges gegen die Sowjetunion, versuchte er, zusammen mit anderen Anhängern der Nationalbewegung die Unabhängigkeit der Ukraine auszurufen, woraufhin er verhaftet wurde und sich bis 1944 im Konzentrationslager Sachsenhausen befand. Später lebte er in Westdeutschland und wurde 1959 in München von einem KGB-Agenten getötet. In der sowjetischen Geschichtsschreibung war Banderas Name traditionell ein Synonym für einen hinterlistigen Feind und Verräter.

S. 127 **SMERSCH** – Abkürzung für »Tod den Spionen!«, ein 1943 nach der Verwaltungsreform entstandener militärischer Nachrichtendienst der UdSSR mit Abteilungen in Armee, Flotte und NKWD.

S. 128 **FSK – Föderaler Dienst für Gegenaufklärung Russlands**, gegründet 1993 nach Abschaffung des Ministeriums für Staatssicherheit Russlands, wurde 1995 in den Föderalen Sicherheitsdienst (FSB) umstrukturiert. Befand sich im ehemaligen sowjetischen KGB-Gebäude auf der Lubjanka und erfüllte faktisch dessen Funktionen.

S. 129 **Basmatschen**, von türkisch »bosmoq« – angreifen, ausrauben – Sammelbegriff für Aufständische militärischer Partisaneneinheiten, die in Zentralasien nach der Einsetzung der Macht der Bolschewiki entstanden. Sie hatten sich zum Ziel gesetzt, gegen die Sowjetmacht, den Wandel der islamischen Lebensweise und der Zwangskollektivierung Widerstand zu leisten. Die Basmatschen wurden mit unterschiedlicher Intensität in den zwanziger und dreißiger Jahren bekämpft.

S. 135 **Baikonur** – größtes Kosmodrom der UdSSR und der Welt. Nach dem Zerfall der Sowjetunion blieb der Status des Kosmodroms von 1991 bis 1993 ungeklärt, was zu Schwierigkeiten bei der technischen Nutzung und der Versorgung des Komplexes führte: Es gab Unregelmäßigkeiten bei der Energieversorgung, im Winter sank die Temperatur in einigen Wohnräumen unter null Grad. Baikonur wird seit 1994 von Russland gepachtet.

S. 136 **Aufstand von Karaganda** – nicht genehmigter Studentenprotest in Karaganda im Dezember 1986 als Folge der Ereignisse in Alma-Ata, der Hauptstadt der Kasachischen Sowjetrepublik, wo es Massenproteste von Jugendlichen mit Forderungen nach Selbstbestimmung der kasachischen Nation gegeben hatte, die mit dem Sturm des Gebäudes des ZK der Kommunistischen Partei von Kasachstan endeten.
In Karaganda protestierten Schätzungen zufolge 150–200 Menschen. Viele wurden später verhaftet und exmatrikuliert.
Faktisch waren die Ereignisse in Kasachstan der erste öffentliche Protest in der UdSSR, bei dem die Autonomie einer Sowjetrepublik gefordert wurde.

S. 140 **OUN** – Organisation Ukrainischer Nationalisten. Während des Zweiten Weltkriegs und danach führten verschiedene Strömungen der OUN einen bewaffneten Kampf gegen die Sowjetmacht und ihre Truppen.

S. 156 **»Weiße Sonne der Wüste«** (1970) – sowjetischer Kinofilm, der vom Kampf der Rotarmisten gegen die Basmatschen in den letzten Jahren des Bürgerkriegs erzählt. Kultfilm sowohl in der UdSSR als auch für Russland, in den Sprachgebrauch wurden viele Ausdrücke und Sätze übernommen. Der Film handelt von der Rettung der Haremsfrauen des Basmatschen Abdullah durch den Rotarmisten Fjodor Suchow.

S. 174 **Mussa Dschalil** (1906–1944) – sowjetischer Lyriker tatarischer Abstammung. Geriet 1942 in deutsche Kriegsgefangenschaft, trat der von Deutschen geschaffenen Legion Idel-Ural bei und gründete dort eine geheime Untergrundgruppe. Dafür wurde er verhaftet und 1944 in das Berliner Gefängnis Moabit gebracht. Nach dem Krieg galt er in der UdSSR als Verräter. In den fünfziger Jahren ließ man die Anschuldigungen gegen Dschalil fallen, und durch Bemühungen von Konstantin Simonow wurde Dschalil zu einem Symbol des Untergrundkampfes. Nach Mussa Dschalil benannte man Straßen in vielen sowjetischen Städten.

S. 215 »**Weißes Haus**« – inoffizielle Bezeichnung für das Gebäude des Parteikomitees der Tschetscheno-Inguschischen Autonomen Sozialistischen Sowjetrepublik, später Präsidentenpalast von Dschochar Dudajew. Das Gebäude hatte architektonische Ähnlichkeit mit dem Weißen Haus in Moskau, dem Regierungsgebäude der Russischen Föderation. Während des Ersten Tschetschenienkriegs wurden erbitterte Kämpfe um das Gebäude geführt, es wurde teilweise zerstört und dann abgetragen.

S. 260 **Friedensvertrag von Chasawjurt** – gemeinsame Erklärung offizieller Vertreter Russlands und der Tschetschenischen Republik. Sah den Abzug der russischen Truppen von tschetschenischem Territorium und die Verschiebung einer Entscheidung zum Status von Tschetschenien auf das Jahr 2001 vor. Das Datum der Unterzeichnung des Friedensvertrags gilt als offizielles Ende des Ersten Tschetschenienkriegs.

S. 283 **Chankala** – Siedlung und Militärflughafen in einem Vorort von Grosny, Tschetschenien. Während des Zweiten Tschetschenienkriegs befand sich in Chankala der Hauptmilitärstützpunkt der russischen Truppen.

S. 311 **Lied** – Den Text dieses in Dissidentenkreisen beliebten Liedes schrieb Ende der 1960er Jahre Nikolaj Williams (1926–2006), ein Mathematiker, der 1977 aus der Sowjetunion ausgebürgert wurde, in die USA emigrierte und 1993 nach Russland zurückkehrte. Anm. d. Ü.

S. 313 **FSB** – Föderaler Dienst für Sicherheit der Russischen Föderation, gebildet 1995 als Nachfolger des Komitees für Staatssicherheit der UdSSR (KGB). Untergebracht im ehemaligen KGB-Gebäude auf dem Lubjanka-Platz (der Name »Lubjanka« wurde in der UdSSR und in Russland zum Begriff für die Maschinerie des Staatsterrors). Bis zu seiner Ernennung zum Ministerpräsidenten Russlands war Wladimir Putin Leiter des Inlandsgeheimdiensts FSB.

S. 340 **Seeschlacht bei Tsushima** – Gefecht zwischen russischen und japanischen Geschwadern während des Russisch-Japanischen Kriegs 1904–1905. Die Schlacht endete mit der vernichtenden Niederlage der russischen Einheiten. Eine entscheidende Rolle bei der Niederlage spielte die Tatsache, dass die japanische Flotte in heimischen Gewässern operierte und die russischen Schiffe hingegen einen mehrmonatigen Weg von den baltischen Stützpunkten über Afrika zurücklegen mussten – England hatte dem russischen Geschwader die Durchfahrt durch den Suezkanal verweigert.